COMMENTAIRE

DE LA

LOI DU 10 AOUT 1871

RELATIVE

A L'ORGANISATION ET AUX ATTRIBUTIONS

DES

CONSEILS GÉNÉRAUX

CONTENANT :

Le texte de cette loi avec les textes des lois anciennes placés en regard de chaque article,
La loi sur l'organisation provisoire du Conseil général du département de la Seine,
L'analyse de la discussion à l'Assemblée nationale (première, deuxième et troisième délibération),
Les rapports de la commission avec le texte primitif du projet de loi

PAR E. CÉLIÈRES

Sous-préfet de Lavaur (Tarn), ancien secrétaire général de la préfecture de Tarn-et-Garonne, chevalier de la Légion d'honneur, auteur du *Manuel du contribuable*.

PARIS
AU DÉPOT DES LOIS
LIBRAIRIE MUZARD
PLACE DAUPHINE, 26
Versailles, rue des Réservoirs, 15.

1871.

COMMENTAIRE DE LA LOI

SUR LES

CONSEILS GÉNÉRAUX

DU 10 AOUT 1871.

Paris. — Imprimerie Adolphe Lainé, rue des Saints-Pères, 19.

COMMENTAIRE

DE LA

LOI DU 10 AOUT 1871

RELATIVE

A L'ORGANISATION ET AUX ATTRIBUTIONS

DES

CONSEILS GÉNÉRAUX

CONTENANT :

Le texte de cette loi avec les textes des lois anciennes placés en regard de chaque article,

La loi sur l'organisation provisoire du Conseil général du département de la Seine,

L'analyse de la discussion à l'Assemblée nationale (première, deuxième et troisième délibération),

Les rapports de la commission avec le texte primitif du projet de loi

PAR E. CÉLIÈRES

Sous-préfet de Lavaur (Tarn), ancien secrétaire général de la préfecture de Tarn-et-Garonne, chevalier de la Légion d'honneur, auteur du *Manuel du contribuable*.

PARIS

AU DÉPOT DES LOIS

LIBRAIRIE MUZARD

PLACE DAUPHINE, 26

Versailles, rue des Réservoirs, 15.

—

1871.

AVANT-PROPOS.

Il est peu de projets de loi qui aient donné lieu à un examen aussi approfondi, à des discussions aussi intéressantes et parfois aussi vives, que le projet de loi relatif à l'organisation et aux attributions des Conseils généraux.

Ces longs débats, qui ont révélé des talents réels, s'expliquent facilement, lorsqu'on songe qu'il s'agissait de substituer à un principe, autour duquel gravitait l'administration départementale depuis environ trois quarts de siècle, un principe tout à fait nouveau. Depuis la loi du 28 pluviôse an VIII la gestion des affaires départementales, en effet, était réservée aux préfets, et les Conseils généraux n'en avaient, à peu de chose près, que le contrôle.

Dans le système qui vient de prévaloir, les Conseils généraux, au contraire, confèrent à une commission élue dans leur sein l'administration des départements, et les préfets ne restent plus chargés, dans le domaine des intérêts départementaux, que de leur préparer l'instruction des affaires et d'exécuter ensuite leurs décisions.

Il n'entre ni dans le cadre, ni dans l'esprit de ce travail, d'un caractère essentiellement sommaire, d'indiquer les principales causes qui ont contribué à dicter le nouveau projet de loi à l'initiative parlementaire. Je dirai seulement que l'Assemblée est entrée, à peu près tout entière, dans ce courant de décentralisation qui germait depuis longtemps dans les esprits, et auquel les derniers événements ont donné une plus grande force d'impulsion.

Comme preuve de cette assertion, je ne saurais mieux faire du reste que de rappeler les paroles prononcées dans le cours de la discussion par M. Lambrecht, ministre de l'intérieur : *Nous voulons tous décentraliser ; il n'y a de divergence d'opinion que dans l'application.*

Je ne rechercherai pas non plus si, d'un côté, les reproches adressés à la législation qui nous a régis depuis l'an VIII, n'ont pas été quelquefois exagérés, et si, de l'autre, les résultats que l'on attend de la loi nouvelle n'amèneront pas quelques déceptions.

Il serait d'ailleurs difficile de préjuger avec certitude ce qui sortira de ce déplacement de pouvoirs. Toutefois, je ne suis pas de ceux qui craignent que les commissions départementales ne puissent jamais utilement fonctionner. Il y aura peut-être au début quelques hésitations sur les attributions de chacun, mais elles seront de courte durée, et n'entraîneront aucune difficulté sérieuse.

Un membre de la commission, M. Reverchon, a dit du reste à ce propos : *Je suis persuadé que, bien loin de gêner l'administration, lorsque le préfet sera laborieux et conciliant, la commission départementale sera pour lui un aide et non point une entrave.*

Je pense avec lui, qu'aidées par l'expérience et animées par le désir du bien, les commissions départementales ne tarderont pas à comprendre le véritable caractère de leur mission, et qu'il s'établira bien vite entre les deux pouvoirs, destinés à marcher côte à côte, une entente et une bonne harmonie qui tourneront au profit de la chose publique.

Lorsqu'on est bien pénétré du but que l'on doit atteindre, il est presque impossible de s'éloigner de la voie qui doit y conduire.

Un dernier mot sur cette publication.

C'est en suivant attentivement les débats auxquels a donné lieu la loi nouvelle, et en notant les points les plus saillants de la discussion, que j'ai conçu la pensée de coordonner et de publier ce travail.

Il n'a d'autre mérite que d'être le reflet fidèle des discussions qui se sont produites, ou des explications qui ont été échangées, avant d'arriver au vote définitif de chaque article de la loi.

Il pourra faciliter aux uns, je l'espère, l'interprétation des dispositions que laisserait obscures la simple lecture du texte, et servir de guide à ceux qui voudraient rechercher et replacer sous leurs yeux des développements plus approfondis.

LOI

SUR LES

CONSEILS GÉNÉRAUX

DU 10 AOUT 1871

AVEC

LES TEXTES DES LOIS ANCIENNES

placés en regard de chaque article.

a

L'Assemblée nationale a adopté, le Président du Conseil, Chef du Pouvoir exécutif de la République française, promulgue la loi dont la teneur suit :

TITRE PREMIER.

DISPOSITIONS GÉNÉRALES.

Article premier.

Il y a dans chaque département un Conseil général.

Art. 2.

Le Conseil général élit dans son sein une commission départementale.

Art. 3.

Le préfet est le représentant du Pouvoir exécutif dans le département.

Il est, en outre, chargé de l'instruction préalable des affaires qui intéressent le département, ainsi que de l'exécution des décisions du Conseil général et de la commission départementale, conformément aux dispositions de la présente loi.

TITRE II.

DE LA FORMATION DES CONSEILS GÉNÉRAUX.

Art. 4.

Chaque canton du département élit un membre du Conseil général.

Il y a dans chaque département un Conseil général. (Loi du 22 juin 1833, art. 1.)

Il y aura dans chaque département un préfet, un conseil de préfecture et un Conseil général de département, lesquels rempliront les fonctions exercées maintenant par les administrations et commissaires de département. — Le préfet sera chargé seul de l'administration. (Loi du 28 pluviôse an VIII, art. 2 et 3.)

Il sera élu un membre du Conseil général dans chaque canton. (Décret du 3 juillet 1848, art. 1er.)

Art. 5.

L'élection se fait au suffrage universel, dans chaque commune, sur les listes dressées pour les élections municipales.

Art. 6.

Sont éligibles au Conseil général tous les citoyens inscrits sur une liste d'électeurs ou justifiant qu'ils devaient y être inscrits avant le jour de l'élection, âgés de vingt-cinq ans accomplis, qui sont domiciliés dans le département, et ceux qui, sans y être domiciliés, y sont inscrits au rôle d'une des contributions directes, au 1er janvier de l'année dans laquelle se fait l'élection, ou justifient qu'ils devaient y être inscrits à ce jour ou ont hérité depuis la même époque d'une propriété foncière dans le département.

Toutefois, le nombre des conseillers généraux non domiciliés ne pourra dépasser le quart du nombre total dont le conseil doit être composé.

Art. 7.

Ne peuvent être élus au Conseil général les citoyens qui sont pourvus d'un conseil judiciaire.

Art. 8.

Ne peuvent être élus membres du Conseil général :

1° Les préfets, sous-préfets, secrétaires généraux et conseillers de préfecture, dans le département où ils exercent leurs fonctions;

2° Les procureurs généraux, avocats généraux et substituts du procureur général près les Cours d'appel, dans l'étendue du ressort de la Cour;

3° Les présidents, vice-présidents, juges titulaires, juges d'instruction et membres du parquet des tribunaux de première instance, dans l'arrondissement du tribunal;

4° Les juges de paix, dans leurs cantons;

5° Les généraux commandant les divisions ou les subdivisions territoriales, dans l'étendue de leurs commandements;

6° Les préfets maritimes, majors-généraux de la marine et commissaires de l'inscription maritime, dans les départements où ils résident;

L'élection des membres des Conseils généraux aura lieu par commune, sur les listes dressées pour l'élection des députés au Corps législatif, conformément aux dispositions du décret du 2 février 1852. (Loi du 7 juillet 1852, art. 3.)

Sont éligibles aux Conseils généraux les électeurs, âgés de vingt-cinq ans au moins, domiciliés dans le département, et les citoyens, ayant atteint le même âge, qui, sans y être domiciliés, y payent une contribution directe. Néanmoins, le nombre de ces derniers ne pourra dépasser le quart desdits conseils. (Loi du 3 juillet 1848, art. 14.)

Ne pourront être nommés membres des Conseils généraux :

1° *Les préfets, sous-préfets, secrétaires généraux et conseillers de préfecture ;*

2° *Les agents et comptables employés à la recette, à la perception ou au recouvrement des contributions et au payement des dépenses publiques de toute nature ;*

3° *Les ingénieurs des ponts et chaussées et les architectes actuellement employés par l'administration dans le département ;*

4° *Les agents forestiers en fonctions dans le département et les employés des bureaux des préfectures et sous-préfectures.* (Loi du 22 juin 1833, art. 5.)

Ne pourront être élus membres des Conseils généraux :

1° *Les juges de paix dans les cantons où ils exercent leurs fonctions ;*

7° Les commissaires et agents de police, dans les cantons de leur ressort ;

8° Les ingénieurs en chef de département et les ingénieurs ordinaires d'arrondissement, dans le département où ils exercent leurs fonctions ;

9° Les ingénieurs du service ordinaire des mines, dans les cantons de leur ressort ;

10° Les recteurs d'académie, dans le ressort de l'académie ;

11° Les inspecteurs d'académie et les inspecteurs des écoles primaires, dans le département où ils exercent leurs fonctions ;

12° Les ministres des différents cultes, dans les cantons de leur ressort ;

13° Les agents et comptables de tout ordre, employés à l'assiette, à la perception et au recouvrement des contributions directes ou indirectes, et au payement des dépenses publiques de toute nature, dans le département où ils exercent leurs fonctions;

14° Les directeurs et inspecteurs des postes, des télégraphes et des manufactures de tabac, dans le département où ils exercent leurs fonctions;

15° Les conservateurs, inspecteurs et autres agents des eaux et forêts, dans les cantons de leur ressort;

16° Les vérificateurs des poids et mesures, dans les cantons de leur ressort.

Art. 9.

Le mandat de conseiller général est incompatible, dans toute la France, avec les fonctions énumérées aux numéros 1 et 7 de l'article 8.

Art. 10.

Le mandat de conseiller général est incompatible, dans le département, avec les fonctions d'architecte départemental, d'agent-voyer, d'employé des bureaux de la préfecture ou d'une sous-préfecture, et généralement de tous les agents salariés ou subventionnés sur les fonds départementaux.

La même incompatibilité existe à l'égard des entrepreneurs des services départementaux.

Art. 11.

Nul ne peut être membre de plusieurs Conseils généraux.

2° *Les membres amovibles et inamovibles des tribunaux civils de première instance dans l'arrondissement de ces tribunaux.* (Loi du 20 mars 1871, art. 3.)

Ne peuvent être nommés membres des Conseils généraux : les juges de paix dans les cantons où ils exercent leurs fonctions. (Loi du 23 juillet 1870, art. 4.)

(Voir ci-dessus l'art. 5 de la loi du 22 juin 1833, page xiij.)

(Idem.)

Nul ne peut être membre de plusieurs Conseils généraux. (Loi du 22 juin 1833, art. 6.)

Art. 12.

Les collèges électoraux sont convoqués par le Pouvoir exécutif.

Il doit y avoir un intervalle de quinze jours francs, au moins, entre la date du décret de convocation et le jour de l'élection, qui sera toujours un dimanche. Le scrutin est ouvert à sept heures du matin et clos le même jour à six heures. Le dépouillement a lieu immédiatement.

Lorsqu'un second tour de scrutin est nécessaire, il y est procédé le dimanche suivant.

Art. 13.

Immédiatement après le dépouillement du scrutin, les procès-verbaux de chaque commune, arrêtés et signés, sont portés au chef-lieu du canton par deux membres du bureau. Le recensement général des votes est fait par le bureau du chef-lieu, et le résultat est proclamé par son président, qui adresse tous les procès-verbaux et les pièces au préfet.

Art. 14.

Nul n'est élu membre du Conseil général au premier tour de scrutin, s'il n'a réuni :

1° La majorité absolue des suffrages exprimés;

2° Un nombre de suffrages égal au quart de celui des électeurs inscrits.

Au second tour de scrutin, l'élection a lieu à la majorité relative, quel que soit le nombre des votants. Si plusieurs candidats obtiennent le même nombre de suffrages, l'élection est acquise au plus âgé.

Art. 15.

Les élections peuvent être arguées de nullité par tout électeur du canton.

Si la réclamation n'a pas été consignée au procès-verbal, elle doit être déposée au secrétariat général de la préfecture. Il en est donné récépissé.

Les assemblées électorales sont convoquées par le préfet. (Loi du 22 juin 1833, art. 34.)

Le préfet pourra, par un arrêté, diviser en sections électorales les communes, quelle que soit leur population. (Loi du 7 juillet 1852, art. 3.)

Dans les communes qui comptent 2,500 âmes et plus, le scrutin durera deux jours; il sera ouvert le samedi et clos le dimanche. (Idem.)

Dans les communes d'une population moindre, le scrutin ne durera qu'un jour; il sera ouvert et clos le dimanche. (Idem.)

S'il n'y a pas d'élection lors de la première convocation, il sera procédé à de nouvelles élections huit jours après, et dans les formes indiquées ci-dessus. (Loi du 3 juillet 1848, art. 17.)

Le recensement des votes, pour l'élection des membres des Conseils généraux et des conseils d'arrondissement, sera fait au chef-lieu de canton. (Loi du 7 juillet 1852, art. 3.)

Les procès-verbaux des opérations des assemblées, remis par les présidents, sont par l'intermédiaire du sous-préfet transmis au préfet.... (Loi du 22 juin 1833, art. 50.)

Nul n'est élu membre desdits conseils au premier tour de scrutin, s'il n'a réuni :

1° *La majorité absolue des suffrages exprimés;*

2° *Un nombre de suffrages égal au quart de celui des électeurs inscrits.*

Au second tour de scrutin, l'élection a lieu à la majorité relative, quel que soit le nombre des votants. Si plusieurs candidats obtiennent le même nombre de suffrages, l'élection est acquise au plus âgé. (Loi du 7 juillet 1852, art. 4.)

*Les procès-verbaux des opérations des assemblées remis par les présidents sont, par l'intermédiaire du sous-préfet, transmis au préfet, qui, s'il croit que les conditions et formalités légalement prescrites n'ont pas été observées, doit dans le délai de quinze jours, à dater de la réception des procès-verbaux, déférer le juge-

Art. 16.

Le Conseil général vérifie les pouvoirs de ses membres. Il n'y a pas de recours contre ses décisions.

Art. 17.

Le conseiller général élu dans plusieurs cantons est tenu de déclarer son option au président du Conseil général dans les trois jours qui suivront la vérification de ses pouvoirs. A défaut d'option dans ce délai, le Conseil général détermine, en séance publique et par la voie du sort, à quel canton le conseiller appartiendra.

Lorsque le nombre des conseillers non domiciliés dans le département dépasse le quart du conseil, le Conseil général procède de la même façon pour désigner celui ou ceux dont l'élection doit être annulée.

Art. 18.

Tout conseiller général qui, par une cause survenue postérieurement à son élection, se trouve dans un des cas prévus par les articles 7, 8, 9 et 10, ou se trouve frappé de l'une des incapacités qui *ment de la nullité au conseil de préfecture, lequel prononcera dans le mois.* (Loi du 22 juin 1833, art. 50.)

Tout membre de l'assemblée électorale a le droit d'arguer les opérations de nullité. Si sa réclamation n'a pas été consignée au procès-verbal, elle est déposée dans le délai de cinq jours, à partir du jour de l'élection, au secrétariat de la sous-préfecture, et jugée, sauf recours, par le conseil de préfecture, dans le délai d'un mois, à compter de sa réception à la préfecture. (Loi du 22 juin 1833, art. 51.)

Si la réclamation est fondée sur l'incapacité légale d'un ou de plusieurs membres élus, la question est portée devant le tribunal de l'arrondissement, qui statue, sauf l'appel. L'acte d'appel devra, sous peine de nullité, être notifié dans les dix jours à la partie, quelle que soit la distance des lieux. La cause sera jugée sommairement et conformément au paragraphe 4 de l'article 33 de la loi du 19 avril 1831. (Loi du 22 juin 1833, art. 52.)

Le recours au conseil d'État sera exercé par la voie contentieuse, jugé publiquement et sans frais. (Loi du 22 juin 1833, art. 53.)

Le recours devant le conseil d'État sera suspensif, lorsqu'il sera exercé par le conseiller élu.

L'appel des jugements des tribunaux ne sera pas suspensif, lorsqu'il sera interjeté par le préfet. (Loi du 22 juin 1833, art. 54.)

Le conseiller de département élu dans plusieurs cantons..... sera tenu de déclarer son option au préfet dans le mois qui suivra les élections entre lesquelles il doit opter. A défaut d'option dans ce délai, le préfet, en conseil de préfecture et en séance publique, décidera par la voie du sort à quel canton le conseiller appartiendra.

Il sera procédé de la même manière, lorsqu'un citoyen aura été élu à la fois membre du Conseil général et membre d'un ou plusieurs conseils d'arrondissement. (Loi du 22 juin 1833, art. 10.)

Tout conseiller municipal qui, par une cause survenue postérieurement à sa nomination, se trouve dans un des cas prévus par les articles 9, 10 et 11 (ces articles déterminent les cas d'incapacité et font perdre la qualité d'électeur, est déclaré démissionnaire par le Conseil général, soit d'office, soit sur les réclamations de tout électeur.

Art. 19.

Lorsqu'un conseiller général aura manqué à une session ordinaire, sans excuse légitime admise par le conseil, il sera déclaré démissionnaire par le Conseil général, dans la dernière séance de la session.

Art. 20.

Lorsqu'un conseiller général donne sa démission, il l'adresse au président du Conseil général ou au président de la commission départementale, qui en donne immédiatement avis au préfet.

Art. 21.

Les conseillers généraux sont nommés pour six ans; ils sont renouvelés par moitié tous les trois ans, et indéfiniment rééligibles. En cas de renouvellement intégral, à la session qui suit ce renouvellement, le Conseil général divise les cantons du département en deux séries, en répartissant, autant que possible dans une proportion égale, les cantons de chaque arrondissement dans chacune des séries, et il procède ensuite à un tirage au sort pour régler l'ordre du renouvellement des séries.

Art. 22.

En cas de vacance par décès, option, démission, par une des causes énumérées aux articles 17, 18 et 19, ou par toute autre cause, les électeurs devront être réunis dans le délai de trois mois.

Toutefois, si le renouvellement légal de la série à laquelle appartient le siége vacant doit avoir lieu avant la prochaine session ordinaire du Conseil général, l'élection partielle se fera à la même époque.

La commission départementale est chargée de veiller à l'exécution du présent article. Elle adresse ses réquisitions au préfet et, s'il y a lieu, au ministre de l'intérieur.

d'incompatibilité pour le mandat de conseiller municipal), *est déclaré démissionnaire par le préfet, sauf recours au conseil de préfecture.* (Loi du 5 mai 1855, art. 12.)

Lorsqu'un membre du Conseil général aura manqué à deux sessions consécutives sans excuses légitimes ou empêchement admis par le Conseil, il sera considéré comme démissionnaire, et il sera procédé à une nouvelle élection, conformément à l'article 11. (Loi du 22 juin 1833, art. 7.)

Les membres des Conseils généraux sont nommés pour neuf ans; ils sont renouvelés par tiers tous les trois ans, et sont indéfiniment rééligibles.

A la session qui suivra la première élection des Conseils généraux, le Conseil général divisera les cantons ou circonscriptions électorales du département en trois séries, en répartissant, autant qu'il sera possible, dans une proportion égale les cantons..... dans chacune des séries. Il sera procédé à un tirage au sort pour régler l'ordre de renouvellement entre les séries. Ce tirage se fera par le préfet, en conseil de préfecture et en séance publique..... (Loi du 22 juin 1833, art. 8.)

En cas de vacance par option, décès, démission, perte des droits civils ou politiques, l'assemblée électorale, qui doit pourvoir à la vacance, sera réunie dans le délai de deux mois. (Loi du 22 juin 1833, art. 11.)

TITRE III.

DES SESSIONS DES CONSEILS GÉNÉRAUX.

Art. 23.

Les Conseils généraux ont chaque année deux sessions ordinaires.

La session dans laquelle sont délibérés le budget et les comptes commence de plein droit le premier lundi qui suit le 15 août et ne pourra être retardée que par une loi.

L'ouverture de l'autre session a lieu au jour fixé par le Conseil général dans la session du mois d'août précédent. Dans le cas où le Conseil général se serait séparé sans avoir pris aucune décision à cet égard, le jour sera fixé et la convocation sera faite par la commission départementale, qui en donnera avis au préfet.

La durée de la session d'août ne pourra excéder un mois; celle de l'autre session ordinaire ne pourra excéder quinze jours.

Art. 24.

Les Conseils généraux peuvent être réunis extraordinairement :

1° Par décret du chef du Pouvoir exécutif;

2° Si les deux tiers des membres en adressent la demande écrite au président.

Dans ce cas, le président est tenu d'en donner avis immédiatement au préfet, qui devra convoquer d'urgence.

La durée des sessions extraordinaires ne pourra excéder huit jours.

Art. 25.

A l'ouverture de la session d'août, le Conseil général, réuni sous la présidence du doyen d'âge, le plus jeune membre faisant fonctions de secrétaire, nomme au scrutin secret et à la majorité absolue son président, un ou plusieurs vice-présidents et ses secrétaires.

Leurs fonctions durent jusqu'à la session d'août de l'année suivante.

Un Conseil général ne peut se réunir s'il n'a été convoqué par le préfet, en vertu d'une ordonnance du Roi qui détermine l'époque et la durée de la session.

Au jour indiqué pour la réunion du Conseil général, le préfet donnera lecture de l'ordonnance de convocation, recevra le serment des conseillers nouvellement élus et déclarera, au nom du Roi, que la session est ouverte.

Les membres nouvellement élus, qui n'ont pas assisté à l'ouverture de la session, ne prennent séance qu'après avoir prêté serment entre les mains du président du conseil... (Loi du 22 1833, art. 12.)

Les président, vice-président et secrétaires sont nommés pour chaque session, et choisis parmi les membres du conseil par le Président de la République pour les Conseils généraux, et par le préfet pour les conseils d'arrondissement. (Loi du 7 juillet 1852, art. 5.)

A l'ouverture de chaque session, le plus âgé des membres présents du Conseil général remplit les fonctions de président; le plus jeune remplit les fonctions de secrétaire.

Art. 26.

Le Conseil général fait son règlement intérieur.

Art. 27.

Le préfet a entrée au Conseil général ; il est entendu quand il le demande, et assiste aux délibérations, excepté lorsqu'il s'agit de l'apurement de ses comptes.

Art. 28.

Les séances des Conseils généraux sont publiques.

Néanmoins, sur la demande de cinq membres, du président ou du préfet, le Conseil général, par assis et levé, sans débats, décide s'il se formera en comité secret.

Art. 29.

Le président a seul la police de l'assemblée.

Il peut faire expulser de l'auditoire ou arrêter tout individu qui trouble l'ordre.

En cas de crime ou de délit, il en dresse procès-verbal, et le procureur de la République en est immédiatement saisi.

Art. 30.

Le Conseil général ne peut délibérer si la moitié plus un des membres dont il doit être composé n'est présente.

Les votes sont recueillis au scrutin public, toutes les fois que le sixième des membres présents le demande. En cas de partage, la voix du président est prépondérante.

Il est procédé immédiatement à l'élection du président, des vice-présidents et des secrétaires.

L'élection a lieu à la majorité absolue des suffrages.

Si les deux premiers tours de scrutin n'ont pas donné de résultat, il est procédé à un scrutin de ballottage entre les deux candidats qui ont obtenu le plus de voix. En cas d'égalité de suffrages, le plus âgé est nommé. (Loi du 23 juillet 1870, art. 1er.)

Le Conseil général règle l'ordre de ses délibérations.

Il peut, s'il le juge convenable, adopter un règlement intérieur. (Loi du 23 juillet 1870, art. 2.)

Le préfet a entrée au Conseil général; il est entendu quand il le demande, et assiste aux délibérations, excepté lorsqu'il s'agit de l'apurement de ses comptes. (Loi du 22 juin 1833, art. 12.)

Les séances des conseils de département seront publiques, à moins que la majorité des membres du conseil ne demande le comité secret. (Loi du 3 juillet 1848, art. 18.)

Les séances du Conseil général ne sont pas publiques. (Loi du 22 juin 1833, art. 13.)

Le Conseil général peut se former en comité secret. Dans ce cas, ses délibérations ne sont pas publiées. (Loi du 23 juillet 1870, art. 3.)

Le Conseil général ne peut délibérer que si la moitié plus un des conseillers sont présents; les votes sont recueillis au scrutin secret toutes les fois que quatre conseillers présents le réclament. (Loi du 22 juin 1833, art. 13.)

Néanmoins, les votes sur les nominations et sur les validations d'élections contestées ont toujours lieu au scrutin secret.

Le résultat des scrutins publics, énonçant les noms des votants, est reproduit au procès-verbal.

Art. 31.

Les Conseils généraux devront établir jour par jour un compte-rendu sommaire et officiel de leurs séances, qui sera tenu à la disposition de tous les journaux du département, dans les quarante-huit heures qui suivront la séance.

Les journaux ne pourront apprécier une discussion du Conseil général sans reproduire en même temps la portion du compte-rendu afférente à cette discussion.

Toute contravention à cette disposition sera punie d'une amende de cinquante à cinq cents francs.

Art. 32.

Les procès-verbaux des séances, rédigés par un des secrétaires, sont arrêtés au commencement de chaque séance, et signés par le président et le secrétaire.

Ils contiennent les rapports, les noms des membres qui ont pris part à la discussion et l'analyse de leurs opinions.

Tout électeur ou contribuable du département a le droit de demander la communication sans déplacement et de prendre copie de toutes les délibérations du Conseil général, ainsi que des procès-verbaux des séances publiques, et de les reproduire par la voie de la presse.

Art. 33.

Tout acte et toute délibération d'un Conseil général relatifs à des objets qui ne sont pas légalement compris dans ses attributions sont nuls et de nul effet.

La nullité est prononcée par un décret rendu dans la forme des règlements d'administration publique.

Art. 34.

Toute délibération prise hors des réunions du Conseil, prévues ou autorisées par la loi, est nulle et de nul effet.

Le préfet, par un arrêté motivé, déclare la réunion illégale,

Le Conseil général peut ordonner la publication de tout ou partie de ses délibérations ou procès-verbaux.

Les procès-verbaux, rédigés par le secrétaire et arrêtés au commencement de chaque séance, contiendront l'analyse de la discussion : les noms des membres qui ont pris part à cette discussion n'y seront pas insérés. (Loi du 10 mai 1838, art. 26.)

Il (le Conseil général) *décide tout ce qui concerne la rédaction et le mode de publication de ses procès-verbaux.*

Un compte-rendu quotidien des séances est rédigé sous la surveillance du président.

Ce compte-rendu sommaire est le seul qui puisse être publié par la presse. Toute contravention à cette disposition sera punie par une amende de 500 francs à 1,000 francs.

Les procès-verbaux et les comptes-rendus mentionnent les noms des membres qui ont pris part aux discussions. (L. du 23 juillet 1870, art. 2.)

Tout habitant ou contribuable du département a le droit de demander communication sans déplacement et de prendre copie des délibérations. (Loi du 23 juillet 1870, art. 3.)

Tout acte ou toute délibération d'un Conseil général relatifs à des objets qui ne sont pas légalement compris dans ses attributions sont nuls et de nul effet. La nullité sera prononcée par une ordonnance du Roi. (Loi du 22 juin 1833, art. 14.)

Toute délibération prise hors de la reunion légale du Conseil général est nulle de droit.

Le préfet, par un arrêté pris en conseil de préfecture, déclare prononce la nullité des actes, prend toutes les mesures nécessaires pour que l'assemblée se sépare immédiatement et transmet son arrêté au procureur général du ressort pour l'exécution des lois et l'application, s'il y a lieu, des peines déterminées par l'article 258 du Code pénal. En cas de condamnation, les membres condamnés sont déclarés par le jugement exclus du Conseil et inéligibles pendant les trois années qui suivront la condamnation.

Art. 35.

Pendant les sessions de l'Assemblée nationale, la dissolution d'un Conseil général ne peut être prononcée par le chef du pouvoir exécutif, que sous l'obligation expresse d'en rendre compte à l'Assemblée, dans le plus bref délai possible. En ce cas, une loi fixe la date de la nouvelle élection, et décide si la commission départementale doit conserver son mandat jusqu'à la réunion du nouveau Conseil général, ou autorise le pouvoir exécutif à en nommer provisoirement une autre.

Art. 36.

Dans l'intervalle des sessions de l'Assemblée nationale, le chef du pouvoir exécutif peut prononcer la dissolution d'un Conseil général pour des causes spéciales à ce conseil.

Le décret de dissolution doit être motivé.

Il ne peut jamais être rendu par voie de mesure générale. Il convoque en même temps les électeurs du département pour le *la réunion illégale, prononce la nullité des actes, prend toutes les mesures nécessaires pour que l'assemblée se sépare immédiatement, et transmet son arrêté au procureur général du ressort pour l'exécution des lois et l'application, s'il y a lieu, des peines déterminées par l'article* 258 *du Code pénal. En cas de condamnation, les membres sont exclus du Conseil et inéligibles aux conseils de département et d'arrondissement pendant les trois années qui suivront la condamnation.* (Loi du 22 juin 1833, art. 15.)

Il est interdit à tout Conseil général de faire ou de publier aucune proclamation ou adresse. En cas d'infraction à cette disposition, le préfet déclarera par arrêté que la session du Conseil général est suspendue : il sera statué définitivement par ordonnance royale. (Loi du 22 juin 1833, art. 17.)

Dans les cas prévus par les deux articles précédents, le préfet transmettra son arrêté au procureur général du ressort, pour l'exécution des lois et l'application, s'il y a lieu, des peines déterminées par l'article 123 *du Code pénal.* (Loi du 22 juin 1833, art. 18.)

Tout éditeur, imprimeur, journaliste ou autre, qui rendra publics les actes interdits au Conseil général par les articles 15, 16 *et* 17, *sera passible des peines portées par l'article* 123 *du Code pénal.* (Loi du 22 juin 1833, art. 19.)

La dissolution des Conseils généraux et des conseils d'arrondissement peut être prononcée par le Président de la République. En ce cas il est procédé à une nouvelle élection avant la session annuelle et au plus tard dans le délai de trois mois, à dater du jour de la dissolution. (Loi du 7 juillet 1852, art. 6.)

quatrième dimanche qui suivra sa date. Le nouveau Conseil général se réunit de plein droit le deuxième lundi après l'élection et nomme sa commission départementale.

TITRE IV.

DES ATTRIBUTIONS DES CONSEILS GÉNÉRAUX.

Art. 37.

Le Conseil général répartit chaque année, à sa session d'août, les contributions directes, conformément aux règles établies par les lois.

Avant d'effectuer cette répartition, il statue sur les demandes délibérées par les conseils compétents en réduction de contingent.

Art. 38.

Le Conseil général prononce définitivement sur les demandes en réduction de contingent formées par les communes et préalablement soumises au Conseil compétent.

Art. 39.

Si le Conseil général ne se réunissait pas, ou s'il se séparait sans avoir arrêté la répartition des contributions directes, les mandements des contingents seront délivrés par le préfet, d'après les bases de la répartition précédente, sauf les modifications à porter dans le contingent en exécution des lois.

Art. 40.

Le Conseil général vote les centimes additionnels dont la perception est autorisée par les lois.

Il peut voter des centimes extraordinaires dans la limite du maximum fixé annuellement par la loi de finances.

Il peut voter également les emprunts départementaux remboursables dans un délai qui ne pourra excéder quinze années, sur les ressources ordinaires et extraordinaires.

Le conseil général du département répartit, chaque année, les contributions directes entre les arrondissements, conformément aux règles établies par les lois.

Avant d'effectuer cette répartition, il statue sur les demandes délibérées par les conseils d'arrondissement en réduction du contingent assigné à l'arrondissement. (Loi du 10 mai 1838, art. 1er.)

Le Conseil général prononce définitivement sur les demandes en réduction du contingent formées par les communes et préalablement soumises au conseil d'arrondissement. (Loi du 10 mai 1838, art. 2.)

Si le Conseil général ne se réunissait pas, ou s'il se séparait sans avoir arrêté la répartition des contributions directes, les mandements des contingents assignés à chaque arrondissement seraient délivrés par le préfet, d'après les bases de la répartition précédente, sauf les modifications à porter dans le contingent en exécution des lois. (Loi du 10 mai 1838, art. 27.)

Le Conseil général vote les centimes additionnels dont la perception est autorisée par les lois. (Loi du 10 mai 1838, art 3.)

Les Conseils généraux peuvent voter, dans la limite d'un maximum qui sera annuellement fixé par la loi de finances, des centimes extraordinaires affectés à des dépenses extraordinaires d'utilité départementale.

Ils peuvent voter également les emprunts départementaux remboursables dans un délai qui ne pourra excéder douze années, sur

Art. 41.

Dans le cas où le Conseil général voterait une contribution extraordinaire ou un emprunt au-delà des limites déterminées dans l'article précédent, cette contribution ou cet emprunt ne pourrait être autorisé que par une loi.

Art. 42.

Le Conseil général arrête, chaque année, à sa session d'août, dans les limites fixées annuellement par la loi de finances, le maximum du nombre des centimes extraordinaires que les conseils municipaux sont autorisés à voter pour en affecter le produit à des dépenses extraordinaires d'utilité communale.

Si le Conseil général se sépare sans l'avoir arrêté, le maximum fixé pour l'année précédente est maintenu jusqu'à la session d'août de l'année suivante.

Art. 43.

Chaque année, dans sa session d'août, le Conseil général, par un travail d'ensemble comprenant toutes les communes du département, procède à la révision des sections électorales et en dresse le tableau.

Art. 44.

Le Conseil général opère la reconnaissance, détermine la largeur et prescrit l'ouverture et le redressement des chemins vicinaux de grande communication et d'intérêt commun.

ces centimes extraordinaires ou sur les ressources ordinaires. (Loi du 18 juillet 1866, art. 2.)

Dans le cas où le Conseil général voterait un emprunt pour subvenir à des dépenses du département, cet emprunt ne peut être contracté qu'en vertu d'une loi. (Loi du 10 mai 1838, art. 34, à combiner avec l'art. 2 ci-dessus de la loi du 18 juillet 1866.)

Le Conseil général fixe, chaque année, le maximum du nombre des centimes extraordinaires que les conseils municipaux sont autorisés à voter pour en affecter le produit à des dépenses extraordinaires d'utilité communale. Si le Conseil général se sépare sans l'avoir fixé, le maximum arrêté pour l'année précédente est maintenu jusqu'à la session suivante.

Le maximum ne peut dépasser 20 *centimes.* (Loi du 18 juillet 1866, art. 4.)

Les élections (pour le renouvellement des conseils municipaux) *auront lieu au scrutin de liste pour toute la commune. Néanmoins la commune pourra être divisée en sections dont chacune élira un nombre de conseillers proportionné au chiffre de la population. — En aucun cas, ce fractionnement ne pourra être fait de manière qu'une section ait à élire moins de deux conseillers. Le fractionnement sera fait par le Conseil général sur l'initiative, soit du préfet, soit d'un membre du Conseil général, ou enfin du conseil municipal de la commune intéressée. Chaque année, dans sa session ordinaire, le Conseil général procédera, par un travail d'ensemble comprenant toutes les communes du département, à la révision des sections et en dressera un tableau qui sera permanent pour les élections municipales à faire dans l'année. En attendant qu'il ait été procédé à la réélection des Conseils généraux, la division en sections sera faite par arrêtés du préfet.* (Loi du 14 avril 1871, art. 3.)

Les arrêtés du préfet portant reconnaissance et fixation de la largeur d'un chemin vicinal attribuent définitivement au chemin le sol compris dans les limites qu'ils déterminent. — Le droit des

Les délibérations qu'il prend à cet égard produisent les effets spécifiés aux articles 15 et 16 de la loi du 21 mai 1836.

Art. 45.

Le Conseil général, sur l'avis motivé du directeur et de la commission de surveillance, pour les écoles normales, du proviseur ou du principal et du bureau d'administration, pour les lycées ou collèges, du chef d'institution, pour les institutions d'enseignement libre, nomme et révoque les titulaires des bourses entretenues sur les fonds départementaux.

L'autorité universitaire, ou le chef d'institution libre, peut prononcer la révocation dans les cas d'urgence; ils en donnent avis immédiatement au président de la commission départementale et en font connaître les motifs.

Le Conseil général détermine les conditions auxquelles seront tenus de satisfaire les candidats aux fonctions rétribuées exclusivement sur les fonds départementaux et les règles des concours d'après lesquels les nominations devront être faites.

propriétaires riverains se résout en une indemnité qui sera réglée à l'amiable ou par le juge de paix du canton, sur le rapport d'experts nommés conformément à l'article 17. (Loi du 21 mai 1836, art. 15.)

Les travaux d'ouverture et de redressement des chemins vicinaux seront autorisés par arrêté du préfet.

Lorsque, pour l'exécution du présent article, il y aura lieu de recourir à l'expropriation, le jury spécial chargé de régler les indemnités ne sera composé que de quatre jurés. Le tribunal d'arrondissement, en prononçant l'expropriation, désignera, pour présider et diriger le jury, l'un de ses membres ou le juge de paix du canton. Ce magistrat aura voix délibérative en cas de partage.

Le tribunal choisira, sur la liste générale prescrite par l'article 29 *de la loi du* 7 *juillet* 1833, *quatre personnes pour former le jury spécial, et trois jurés supplémentaires. L'administration et la partie intéressée auront respectivement le droit d'exercer une récusation péremptoire.*

Le juge recevra les acquiescements des parties.

Son procès-verbal emportera translation définitive de propriété.

Le recours en cassation, soit contre le jugement qui prononcera l'expropriation, soit contre la déclaration du jury qui réglera l'indemnité, n'aura lieu que dans les cas prévus et selon les formes déterminées par la loi du 7 *juillet* 1833. (Loi du 22 mai 1836, art. 16.)

Néanmoins, sont maintenus les droits des archivistes paléographes, tels qu'ils sont réglés par l'ordonnance de 1833.

Art. 46.

Le Conseil général statue définitivement sur les objets ci-après désignés, savoir :

1° Acquisition, aliénation et échange des propriétés départementales, mobilières ou immobilières, quand ces propriétés ne sont pas affectées à l'un des services énumérés au n° 4 ;

2° Mode de gestion des propriétés départementales ;

3° Baux de biens donnés ou pris à ferme ou à loyer, quelle qu'en soit la durée ;

4° Changement de destination des propriétés et des édifices départementaux autres que les hôtels de préfecture et de sous-préfectures, et des locaux affectés aux cours d'assises, aux tribunaux, aux écoles normales, au casernement de la gendarmerie et aux prisons ;

5° Acceptation ou refus de dons et legs faits au département, quand ils ne donnent pas lieu à réclamation ;

6° Classement et direction des routes départementales ;

Projets, plans et devis des travaux à exécuter pour la construction, la rectification ou l'entretien desdites routes ;

Désignation des services qui seront chargés de leur construction et de leur entretien ;

7° Classement et direction des chemins vicinaux de grande communication et d'intérêt commun ; désignation des communes qui doivent concourir à la construction et à l'entretien desdits chemins, et fixation du contingent annuel de chaque commune ; le tout sur l'avis des conseils compétents ;

Répartition des subventions accordées, sur les fonds de l'État ou du département, aux chemins vicinaux de toute catégorie ;

Désignation des services auxquels sera confiée l'exécution des travaux sur les chemins vicinaux de grande communication et d'intérêt commun, et mode d'exécution des travaux à la charge du département ;

Taux de la conversion en argent des journées de prestation ;

8° Déclassement des routes départementales, des chemins vicinaux de grande communication et d'intérêt commun ;

Les Conseils généraux statuent définitivement sur les affaires ci-après désignées, savoir :

1° *Acquisitions, aliénation et échange de propriétés départementales mobilières ou immobilières, quand ces propriétés ne sont pas affectées à l'un des services énumérés au n° 4 ;*

2° *Mode de gestion des propriétés départementales ;*

3° *Baux de biens donnés ou pris à ferme ou à loyer, quelle qu'en soit la durée ;*

4° *Changement de destination des propriétés et des édifices départementaux autres que les hôtels de préfecture et de sous-préfecture et les locaux affectés aux cours et tribunaux, au casernement de la gendarmerie et aux prisons ;*

5° *Acceptation ou refus de dons et legs faits au département sans charges ni affectation immobilière, quand ces dons et legs ne donnent pas lieu à réclamation ;*

6° *Classement et direction des routes départementales, lorsque le tracé desdites routes ne se prolonge pas sur le territoire d'un autre département ; projets, plans et devis des travaux à exécuter pour la construction, la rectification ou l'entretien des routes départementales ; le tout sauf l'exécution des lois et règlements sur l'expropriation pour cause d'utilité publique ;*

7° *Classement et direction des chemins vicinaux de grande communication ; désignation des chemins vicinaux d'intérêt commun ; désignation des communes qui doivent concourir à la construction et à l'entretien desdits chemins, le tout sur l'avis des conseils municipaux et d'arrondissement ;*

Répartition des subventions accordées sur les fonds départementaux aux chemins vicinaux de grande communication ou d'intérêt commun. (Loi du 18 juillet 1866, art. 1er.)

10° *Désignation des services auxquels sera confiée l'exécution des travaux sur les chemins vicinaux de grande communication et d'intérêt commun, et mode d'exécution des travaux à la charge du département autres que ceux des routes départementales ;*

9° *Déclassement des routes départementales, des chemins vicinaux de grande communication et d'intérêt commun, lorsque leur*

9° Projets, plans et devis de tous autres travaux à exécuter sur les fonds départementaux et désignation des services auxquels ces travaux seront confiés;

10° Offres faites par les communes, les associations ou les particuliers pour concourir à des dépenses quelconques d'intérêt départemental;

11° Concessions à des associations, à des compagnies ou à des particuliers de travaux d'intérêt départemental;

12° Direction des chemins de fer d'intérêt local, mode et conditions de leur construction, traités et dispositions nécessaires pour en assurer l'exploitation;

13° Établissement et entretien des bacs et passages d'eau sur les routes et chemins à la charge du département; fixation des tarifs de péage;

14° Assurances des bâtiments départementaux;

15° Actions à intenter ou à soutenir au nom du département, sauf les cas d'urgence, danslesquels la commission départementale pourra statuer;

16° Transactions concernant les droits des départements;

17° Recettes de toute nature et dépenses des établissements d'aliénés appartenant au département; approbation des traités passés avec des établissements privés ou publics pour le traitement des aliénés du département;

18° Service des enfants assistés;

19° Part de la dépense des aliénés et des enfants assistés qui sera mise à la charge des communes, et bases de la répartition à faire entre elles;

20° Créations d'institutions départementales d'assistance publique, et service de l'assistance publique dans les établissements départementaux;

21° Établissement et organisation des caisses de retraite ou de tout autre mode de rémunération en faveur des employés des préfectures et des sous-préfectures et des agents salariés sur les fonds départementaux;

tracé ne se prolonge pas sur le territoire d'un ou de plusieurs départements ;

6° *Projets, plans et devis de tous autres travaux à exécuter sur les fonds départementaux ;*

8° *Offres faites par des communes, par des associations ou des particuliers pour concourir à la dépense des routes départementales ou d'autres travaux à la charge des départements.* (Loi du 18 juillet 1866, art. 1er.)

Le Conseil général délibère...

11° *Sur la concession à des associations, à des compagnies ou à des particuliers, de travaux d'intérêt départemental.* (Loi du 10 mai 1838, art. 4.)

(Voir la loi du 12 juillet 1865.)

Les Conseils généraux statuent définitivement sur les affaires ci-après désignées, savoir :...

12° *Assurances des bâtiments départementaux ;*

13° *Actions à intenter ou à soutenir au nom du département, sauf les cas d'urgence, dans lesquels le préfet pourra agir conformément à l'article 36 de la loi du 10 mai 1838 ;*

14° *Transactions concernant les droits des départements ;*

15° *Recettes et dépenses des établissements d'aliénés appartenant au département ; approbation des traités passés avec des établissements privés ou publics pour le traitement des aliénés du département.*

16° *Service des enfants assistés.* (Loi du 18 juillet 1866, art 1er.)

Le Conseil général délibère...

15° *Sur la part de la dépense des aliénés et des enfants trouvés et abandonnés qui sera mise à la charge des communes, et sur les bases de la répartition à faire entre elles.* (Loi du 10 mai 1838, art. 4.)

14° *Sur l'établissement et l'organisation des caisses de retraite ou autre mode de rémunération en faveur des employés des préfectures et des sous-préfectures ;*

22° Part contributive du département aux dépenses des travaux qui intéressent à la fois le département et les communes;

23° Difficultés élevées relativement à la répartition de la dépense des travaux qui intéressent plusieurs communes du département;

24° Délibérations des conseils municipaux ayant pour but l'établissement, la suppression ou les changements de foires et marchés;

25° Délibérations des conseils municipaux ayant pour but la prorogation des taxes additionnelles d'octroi actuellement existantes, ou l'augmentation des taxes principales au-delà d'un décime, le tout dans les limites du maximum des droits et de la nomenclature des objets fixés par le tarif général, établi conformément à la loi du 24 juillet 1867;

26° Changements à la circonscription des communes d'un même canton et à la désignation de leurs chefs-lieux, lorsqu'il y a accord entre les conseils municipaux.

Art. 47.

Les délibérations par lesquelles les Conseils généraux statuent définitivement sont exécutoires si, dans le délai de vingt jours, à partir de la clôture de la session, le préfet n'en a pas demandé l'annulation pour excès de pouvoir ou pour violation d'une disposition de la loi ou d'un règlement d'administration publique.

Le recours formé par le préfet doit être notifié au président du Conseil général et au président de la Commission départementale. Si, dans le délai de deux mois, à partir de la notification, l'annulation n'a pas été prononcée, la délibération est exécutoire.

Cette annulation ne peut être prononcée que par un décret rendu dans la forme des règlements d'administration publique.

13° *Sur la part contributive du département aux dépenses des travaux qui intéressent à la fois le département et les communes.* (Loi du 10 mai 1838, art. 4.)

Le Conseil général donne son avis :

2° *Sur les difficultés élevées relativement à la répartition de la dépense des travaux qui intéressent plusieurs communes;*

3° *Sur l'établissement, la suppression ou le changement des foires et marchés.* (Loi du 10 mai 1838, art. 6.)

Sont exécutoires, sur l'approbation du préfet, lesdites délibérations (des conseils municipaux) *ayant pour but :*

La prorogation des taxes additionnelles actuellement existantes;

L'augmentation des taxes principales au-delà d'un décime;

Dans les limites du maximum des droits et la nomenclature des objets fixés par le tarif général. (Loi du 24 juillet 1867, art. 10.)

Les changements dans la circonscription territoriale des communes faisant partie du même canton sont définitivement approuvés par les préfets, après accomplissement des formalités prévues au titre Ier de la loi du 18 juillet 1837, en cas de consentement des conseils municipaux et sur avis conforme du Conseil général.

Si l'avis du Conseil général est contraire, ou si les changements proposés dans les circonscriptions communales modifient la composition d'un département, d'un arrondissement ou d'un canton, il est statué par une loi.

Tous autres changements dans la circonscription territoriale des communes sont autorisés par des décrets rendus dans la forme des règlements d'administration publique. (Loi du 24 juillet 1867, art. 13.)

Les délibérations prises par les Conseils généraux sur les matières énoncées aux nos 6, 7, 15 et 16 ci-dessus sont exécutoires, si, dans le délai de deux mois, à partir de la clôture de la session, un décret impérial n'en a pas suspendu l'exécution. (Loi du 18 juillet 1866, art. 1er.)

Les délibérations par lesquelles les Conseils généraux statuent définitivement sont exécutoires, si, dans un délai de deux mois, à partir de la clôture de la session, elles n'ont pas été annulées pour excès de pouvoir ou pour violation d'une disposition de la loi ou d'un règlement d'administration publique.

Cette annulation ne peut être prononcée que par un décret rendu

Art. 48.

Le Conseil général délibère :

1° Sur l'acquisition, l'aliénation et l'échange des propriétés départementales affectées aux hôtels de préfecture et de sous-préfectures, aux écoles normales, aux cours d'assises et tribunaux, au casernement de la gendarmerie et aux prisons;

2° Sur le changement de destination des propriétés départementales affectées à l'un des services ci-dessus énumérés;

3° Sur la part contributive à imposer au département dans les travaux exécutés par l'État qui intéressent le département;

4° Sur les demandes des conseils municipaux : 1° pour l'établissement ou le renouvellement d'une taxe d'octroi sur des matières non comprises dans le tarif général indiqué à l'article 46; 2° pour l'établissement ou le renouvellement d'une taxe excédant le maximum fixé par ledit tarif; 3° pour l'assujettissement à la taxe d'objets non encore imposés dans le tarif local; 4° pour les modifications aux règlements ou aux périmètres existants;

5° Sur tous les autres objets sur lesquels il est appelé à délibérer par les lois et règlements, et généralement sur tous les objets d'intérêt départemental dont il est saisi, soit par une proposition du préfet, soit sur l'initiative d'un de ses membres.

Art. 49.

Les délibérations prises par le Conseil général, sur les matières énumérées à l'article précédent, sont exécutoires si, dans le délai de trois mois, à partir de la clôture de la session, un décret motivé n'en a pas suspendu l'exécution.

Art. 50.

Le Conseil général donne son avis :

1° Sur les changements proposés à la circonscription du territoire du département, des arrondissements, des cantons et des communes, et à la désignation des chefs-lieux, sauf le cas où il statue définitivement, conformément à l'article 46, n° 26;

dans la forme des règlements d'administration publique. (Loi du 18 juillet 1866, art. 3.)

Le Conseil général délibère :

2° *Sur les acquisitions, aliénations et échanges des propriétés départementales ;*

3° *Sur le changement de destination ou d'affectation des édifices départementaux ;*

12° *Sur la part contributive à imposer au département dans la dépense des travaux exécutés par l'État et qui intéressent le département ;*

16° *Sur tous les autres objets sur lesquels il est appelé à délibérer par les lois et règlements.* (Loi du 10 mai 1838, art. 4.)

L'établissement des taxes d'octroi votées par les conseils municipaux, ainsi que les règlements relatifs à leur perception, sont autorisés par décrets impériaux rendus sur l'avis du conseil d'État.

Il en sera de même en ce qui concerne :

1° *Les modifications aux règlements ou aux périmètres existants ;*

2° *L'assujettissement à la taxe d'objets non encore imposés dans le tarif local ;*

3° *L'établissement ou le renouvellement d'une taxe sur des objets non compris dans le tarif général indiqué ci-après ;*

4° *L'établissement ou le renouvellement d'une taxe excédant le maximum fixé par ledit tarif général.* (Loi du 24 juillet 1867, art. 8.)

Les délibérations du Conseil général sont soumises à l'approbation du roi, du ministre compétent ou du préfet, selon les cas déterminés par les lois ou par les règlements d'administration publique. (Loi du 10 mai 1838, art. 5.)

Le Conseil général donne son avis :

1° *Sur les changements proposés à la circonscription du territoire du département, des arrondissements, des cantons et des communes, et à la désignation des chefs-lieux ;*

4° *Et généralement sur tous les objets sur lesquels il est appelé à*

2° Sur l'application des dispositions de l'article 90 du Code forestier, relatives à la soumission au régime forestier des bois, taillis ou futaies appartenant aux communes, et à la conversion en bois de terrains en pâturages ;

3° Sur les délibérations des conseils municipaux relatives à l'aménagement, au mode d'exploitation, à l'aliénation et au défrichement des bois communaux ;

Et généralement sur tous les objets sur lesquels il est appelé à donner son avis en vertu des lois et règlements, ou sur lesquels il est consulté par les ministres.

Art. 51.

Le Conseil général peut adresser directement au ministre compétent, par l'intermédiaire de son président, les réclamations qu'il aurait à présenter dans l'intérêt spécial du département, ainsi que son opinion sur l'état et les besoins des différents services publics, en ce qui touche le département.

Il peut charger un ou plusieurs de ses membres de recueillir sur les lieux les renseignements qui lui sont nécessaires pour statuer sur les affaires qui sont placées dans ses attributions.

Tous vœux politiques lui sont interdits. Néanmoins, il peut émettre des vœux sur toutes les questions économiques et d'administration générale.

Art. 52.

Les chefs de service des administrations publiques dans le département sont tenus de fournir verbalement ou par écrit tous les renseignements qui leur seraient réclamés par le Conseil général, sur les questions qui intéressent le département.

Art. 53.

Le préfet accepte ou refuse les dons et legs faits au département, en vertu, soit de la décision du Conseil général, quand il n'y a pas de réclamations des familles, soit de la décision du gouvernement, quand il y a réclamation.

Le préfet peut toujours, à titre conservatoire, accepter les dons et legs. La décision du Conseil général ou du gouvernement, qui intervient ensuite, a effet du jour de cette acceptation.

donner son avis en vertu des lois et règlements, ou sur lesquels il est consulté par l'administration. (Loi du 10 mai 1838, art. 6.)

Le Conseil général peut adresser directement au ministre chargé de l'administration départementale, par l'intermédiaire de son président, les réclamations qu'il aurait à présenter dans l'intérêt spécial du département, ainsi que son opinion sur l'état et les besoins des différents services publics, en ce qui touche le département. (Loi du 10 mai 1838, art. 7.)

L'acceptation ou le refus des legs et donations faits au département ne peuvent être autorisés que par une ordonnance royale, le conseil d'Etat entendu.

Le préfet peut toujours, à titre conservatoire, accepter les legs et dons faits au département : l'ordonnance d'autorisation qui intervient ensuite a effet du jour de cette acceptation. (Loi du 10 mai 1838, art 31.)

Art. 54.

Le préfet intente les actions en vertu de la décision du Conseil général, et il peut, sur l'avis conforme de la commission départementale, défendre à toute action intentée contre le département.

Il fait tous actes conservatoires et interruptifs de déchéance.

En cas de litige entre l'État et le département, l'action est intentée ou soutenue, au nom du département, par un membre de la commission départementale, désigné par elle.

Le préfet, sur l'avis conforme de la commission départementale, passe les contrats au nom du département.

Art. 55.

Aucune action judiciaire, autre que les actions possessoires, ne peut, à peine de nullité, être intentée contre un département, qu'autant que le demandeur a préalablement adressé au préfet un mémoire exposant l'objet et les motifs de sa réclamation.

Il lui en est donné récépissé.

L'action ne peut être portée devant les tribunaux que deux mois après la date du récépissé, sans préjudice des actes conservatoires.

La remise du mémoire interrompra la prescription, si elle est suivie d'une demande en justice dans le délai de trois mois.

Art. 56.

A la session d'août, le préfet rend compte au Conseil général, par un rapport spécial et détaillé, de la situation du département et de l'état des différents services publics.

A l'autre session ordinaire, il présente au Conseil général un rapport sur les affaires qui doivent lui être soumises pendant cette session.

Ces rapports sont imprimés et distribués à tous les membres du Conseil général huit jours au moins avant l'ouverture de la session.

Les actions du département sont exercées par le préfet, en vertu des délibérations du Conseil général et avec l'autorisation du roi en son conseil d'État.

Le département ne peut se pourvoir devant un autre degré de juridiction qu'en vertu d'une nouvelle autorisation.

Le préfet peut, en vertu des délibérations du Conseil général, et sans autre autorisation, défendre à toute action.

En cas d'urgence, le préfet peut intenter toute action ou y défendre, sans délibération du Conseil général ni autorisation préalable.

Il fait tous actes conservatoires ou interruptifs de la déchéance.

En cas de litige entre l'Etat et le département, l'action est intentée ou soutenue au nom du département par le membre du conseil de préfecture le plus ancien en fonctions. (Loi du 10 mai 1838, art. 36.)

Aucune action judiciaire, autre que les actions possessoires, ne peut, à peine de nullité, être intentée contre un département qu'autant que le demandeur a préalablement adressé au préfet un mémoire exposant l'objet et les motifs de sa réclamation.

Il lui en est donné récépissé.

L'action ne peut être portée devant les tribunaux que deux mois après la date du récépissé, sans préjudice des actes conservatoires.

Durant cet intervalle, le cours de toute prescription demeurera suspendu. (Loi du 10 mai 1838, art. 37.)

Les transactions délibérées par le Conseil général ne peuvent être autorisées que par ordonnance du roi, le conseil d'Etat entendu. (Loi du 10 mai 1838, art. 38.)

TITRE V.

DU BUDGET ET DES COMPTES DU DÉPARTEMENT.

Art. 57.

Le projet de budget du département est préparé et présenté par le préfet, qui est tenu de le communiquer à la commission départementale, avec les pièces à l'appui, dix jours au moins avant l'ouverture de la session d'août.

Le budget, délibéré par le Conseil général, est définitivement réglé par décret.

Il se divise en budget ordinaire et budget extraordinaire.

Art. 58.

Les recettes du budget ordinaire se composent :

1° Du produit des centimes ordinaires additionnels, dont le nombre est fixé annuellement par la loi de finances ;

2° Du produit des centimes autorisés pour les dépenses des chemins vicinaux et de l'instruction primaire, par les lois des 21 mai 1836, 15 mars 1850 et 10 avril 1867, dont l'affectation spéciale est maintenue ;

3° Du produit des centimes spéciaux affectés à la confection du cadastre par la loi du 2 août 1829 ;

4° Du revenu et du produit des propriétés départementales ;

5° Du produit des expéditions d'anciennes pièces ou d'actes de la préfecture déposés aux archives ;

6° Du produit des droits de péage des bacs et passages d'eau sur les routes et chemins à la charge du département, des autres droits de péage et de tous autres droits concédés au département par les lois ;

7° De la part allouée au département sur le fonds inscrit annuellement au budget du ministère de l'intérieur et réparti, conformément à un tableau annexé à la loi de finances, entre les départements qui, en raison de leur situation financière, doivent recevoir une allocation sur les fonds généraux du budget ;

8° Des contingents de l'État et des communes pour le service

Le budget départemental est divisé en budget ordinaire et budget extraordinaire.

Les dépenses comprises aujourd'hui dans les première, deuxième, quatrième et cinquième sections des budgets départementaux forment le budget ordinaire.

Les recettes du budget ordinaire se composent :

1° *Du produit des centimes additionnels portant sur les contributions foncière et personnelle mobilière, votés annuellement par le Conseil général dans les limites déterminées par la loi de finances.*

Ces centimes comprendront à l'avenir les 7 centimes qui forment aujourd'hui le fonds commun;

2° *Des produits éventuels énoncés aux nos* 5, 6, 7 *et* 8 *de l'article* 10 *de la loi du* 10 *mai* 1838;

3° *Du produit des centimes autorisés pour les dépenses des chemins vicinaux et de l'instruction primaire, dont l'affectation spéciale est maintenue.* (Loi du 18 juillet 1866, art. 6.)

Il est créé, sur les ressources générales du budget, un fonds sur lequel les départements dont la situation financière l'exige reçoivent une allocation.

Le fonds est fixé à la somme de quatre millions de francs (4,000,000 *fr.*). *Il est inscrit au budget du ministère de l'intérieur; la répartition en est réglée annuellement par un décret impérial rendu en conseil d'État.* (Loi du 18 juillet 1866, art. 7.)

(Voir la loi du 5 mai 1869.)

des aliénés et des enfants assistés, et de toute autre subvention applicable au budget ordinaire;

9° Du contingent des communes et autres ressources éventuelles pour le service vicinal et pour les chemins de fer d'intérêt local.

Art. 59.

Les recettes du budget extraordinaire se composent :

1° Du produit des centimes extraordinaires votés annuellement par le Conseil général, dans les limites déterminées par la loi de finances, ou autorisés par des lois spéciales;

2° Du produit des emprunts;

3° Des dons et legs;

4° Du produit des biens aliénés;

5° Du remboursement des capitaux exigibles et des rentes rachetées;

6° De toutes autres recettes accidentelles.

Sont comprises définitivement parmi les propriétés départementales les anciennes routes impériales de troisième classe, dont l'entretien a été mis à la charge des départements par le décret du 16 décembre 1811 ou postérieurement.

Art. 60.

Le budget ordinaire comprend les dépenses suivantes :

1° Loyer, mobilier et entretien des hôtels de préfecture et de sous-préfectures, du local nécessaire à la réunion du conseil départemental d'instruction publique et du bureau de l'inspecteur d'académie;

2° Casernement ordinaire des brigades de gendarmerie;

3° Loyer, entretien, mobilier et menues dépenses des cours d'assises, tribunaux civils et tribunaux de commerce, et menues dépenses des justices de paix;

4° Frais d'impression et de publication des listes pour les élections consulaires, frais d'impression des cadres pour la formation des listes électorales et des listes du jury;

Les recettes du budget extraordinaire se composent :

1° *Du produit des centimes extraordinaires votés annuellement par le Conseil général dans les limites déterminées par la loi de finances, ou autorisés par des lois spéciales ;*

2° *Du produit des biens aliénés ;*

3° *Des dons et legs ;*

4° *Du remboursement des capitaux exigibles et des rentes rachetées ;*

5° *Du produit des emprunts ;*

6° *De toutes autres recettes accidentelles.*

A l'avenir, les forêts et les bois de l'État acquitteront les centimes additionnels ordinaires et extraordinaires affectés aux dépenses des départements dans la proportion de la moitié de leur valeur imposable, le tout sans préjudice des dispositions de l'article 13 de la loi du 21 mai 1836 et de l'article 3 de la loi du 12 juillet 1865.

Tout centime additionnel, soit ordinaire, soit extraordinaire, qui serait ultérieurement établi en sus de ceux actuellement autorisés, portera sur toutes les contributions directes. (Loi du 18 juillet 1866, art. 6.)

(Voir art. 61.)

Les frais d'impression et de publication des listes d'électeurs pour les juges des tribunaux de commerce, les frais d'impression des cadres pour la formation des listes électorales et des listes du jury,

5° Dépenses ordinaires d'utilité départementale;

6° Dépenses imputées sur les centimes spéciaux établis en vertu des lois des 2 août 1829, 21 mai 1836, 15 mars 1850 et 10 avril 1867.

Néanmoins les départements qui, pour assurer le service des chemins vicinaux et de l'instruction primaire, n'auront pas besoin de faire emploi de la totalité des centimes spéciaux, pourront en appliquer le surplus aux autres dépenses de leur budget ordinaire. L'affectation de l'excédant du produit des trois centimes spéciaux de l'instruction primaire à des dépenses étrangères à ce service ne pourra avoir lieu qu'à l'une des sessions de l'année suivante, et lorsque cet excédant aura été constaté en fin d'exercice.

Les départements qui seraient en situation d'user de la faculté autorisée par le paragraphe précédent, et qui n'en feraient pas usage, ne pourront recevoir aucune allocation sur le fonds mentionné au numéro 7 de l'article 58.

Art. 61.

Si un Conseil général omet d'inscrire au budget un crédit suffisant pour l'acquittement des dépenses énoncées aux numéros 1, 2, 3 et 4 de l'article précédent, ou pour l'acquittement de dettes exigibles, il y est pourvu au moyen d'une contribution spéciale, portant sur les quatre contributions directes, et établie par un décret, si elle est dans les limites du maximum fixé annuellement par la loi de finances, ou par une loi, si elle doit excéder ce maximum.

Le décret est rendu dans la forme des règlements d'administration publique et inséré au *Bulletin des Lois.*

Aucune autre dépense ne peut être inscrite d'office dans le budget ordinaire, et les allocations qui y sont portées par le Conseil général ne peuvent être ni changées ni modifiées par le décret qui règle le budget.

des cartes d'électeurs, seront à la charge du département. (Loi des 7-14 août 1850, art. 1er.)

Les départements qui, pour assurer le service des chemins vicinaux et de l'instruction primaire, n'auront pas besoin de faire emploi de la totalité des centimes spéciaux établis en exécution des lois des 21 mai 1836 et 15 mars 1850, pourront en appliquer le surplus aux autres dépenses de leur budget ordinaire.

Les départements qui seraient en situation d'user de la faculté autorisée par le paragraphe précédent, et n'en feraient pas usage, ne pourront recevoir aucune allocation. (Loi du 18 juillet 1866, art. 8.)

Si un Conseil général omet d'inscrire au budget un crédit suffisant pour l'acquittement des dépenses suivantes :

1° *Loyer et entretien des hôtels de préfecture et de sous-préfecture ;*

2° *Casernement ordinaire des brigades de gendarmerie ;*

3° *Loyer, mobilier et menues dépenses des cours et tribunaux, et menues dépenses des justices de paix ;*

Il y est pourvu au moyen d'une contribution spéciale portant sur les quatre contributions directes et établie par un décret impérial dans les limites du maximum fixé annuellement par la loi de finances, ou par une loi, si la contribution doit excéder ce maximum.

Le décret est rendu dans la forme des règlements d'administration publique. Il est inséré au Bulletin des lois. (Loi du 18 juillet 1866, art. 10.)

Aucune dépense autre que celles énoncées en l'article précédent ne peut être inscrite d'office dans le budget ordinaire, et les allocations qui y sont portées par le Conseil général ne peuvent être ni changées ni modifiées par le décret impérial qui règle le budget. (Loi du 18 juillet 1866, art. 11.)

Art. 62.

Le budget extraordinaire comprend les dépenses qui sont imputées sur les recettes énumérées en l'article 59.

Art. 63.

Les fonds qui n'auront pu recevoir leur emploi dans le cours de l'exercice seront reportés, après clôture, sur l'exercice en cours d'exécution, avec l'affectation qu'ils avaient au budget voté par le Conseil général.

Les fonds libres provenant d'emprunts, de centimes ordinaires et extraordinaires recouvrés ou à recouvrer dans le cours de l'exercice, ou de toute autre recette, seront cumulés, suivant la nature de leur origine, avec les ressources de l'exercice en cours d'exécution, pour recevoir l'affectation nouvelle qui pourra leur être donnée par le Conseil général dans le budget rectificatif de l'exercice courant.

Les Conseils généraux peuvent porter au budget un crédit pour dépenses imprévues.

Art. 64.

Le comptable chargé du recouvrement des ressources éventuelles est tenu de faire, sous sa responsabilité, toutes les diligences nécessaires pour la rentrée de ces produits.

Les rôles et états des produits sont rendus exécutoires par le préfet, et par lui remis au comptable.

Les oppositions, lorsque la matière est de la compétence des tribunaux ordinaires, sont jugées comme affaires sommaires.

Art. 65.

Le comptable chargé du service des dépenses départementales

Les fonds qui n'auront pu recevoir leur emploi dans le cours de l'exercice seront reportés, après clôture, sur l'exercice en cours d'exécution, avec l'affectation qu'ils avaient au budget voté par le Conseil général, et les fonds restés libres seront cumulés avec les ressources du budget nouveau, suivant la nature de leur origine. (Loi du 10 mai 1838, art. 21.)

Les Conseils généraux statuent définitivement sur les affaires ci-après désignées, savoir :....

11° *Emploi de fonds libres provenant d'emprunts ou de centimes extraordinaires recouvrés ou à recouvrer dans le cours de l'exercice.* (Loi du 18 juillet 1866, art. 1er.)

Les fonds qui n'auront pu recevoir leur emploi dans le cours de l'exercice seront reportés, après clôture, sur l'exercice en cours d'exécution, avec l'affectation qu'ils avaient au budget voté par le Conseil général.

Les fonds libres seront cumulés, suivant la nature de leur origine, avec les ressources de l'exercice en cours d'exécution, pour recevoir l'affectation nouvelle qui pourra leur être donnée par le Conseil général dans le budget rectificatif de l'exercice courant.

Les Conseils généraux peuvent porter au budget un crédit pour dépenses imprévues. (Loi du 18 juillet 1866, art. 9.)

Le comptable chargé du recouvrement des ressources éventuelles est tenu de faire, sous sa responsabilité, toutes les diligences nécessaires pour la rentrée de ces produits.

Les rôles et états de produits sont rendus exécutoires par le préfet, et par lui remis au comptable.

Les oppositions, lorsque la matière est de la compétence des tribunaux ordinaires, sont jugées comme affaires sommaires. (Loi du 10 mai 1838, art. 22.)

Le comptable chargé du service des dépenses départementa-

ne peut payer que sur les mandats délivrés par le préfet, dans la limite des crédits ouverts par les budgets du département.

Art. 66.

Le Conseil général entend et débat les comptes d'administration qui lui sont présentés par le préfet, concernant les recettes et les dépenses du budget départemental.

Les comptes doivent être communiqués à la commission départementale, avec les pièces à l'appui, dix jours au moins avant l'ouverture de la session d'août.

Les observations du Conseil général sur les comptes présentés à son examen sont adressés directement par son président au ministre de l'intérieur.

Ces comptes, provisoirement arrêtés par le Conseil général, sont définitivement réglés par décret.

A la session d'août, le préfet soumet au Conseil général le compte annuel de l'emploi des ressources municipales affectées aux chemins de grande communication et d'intérêt commun.

Art. 67.

Les budgets et les comptes du département définitivement réglés sont rendus publics par la voie de l'impression.

Art. 68.

Les secours pour travaux concernant les églises et presbytères;

Les secours généraux à des établissements et institutions de bienfaisance;

Les subventions aux communes pour acquisition, construction et réparation de maisons d'écoles et de salles d'asile;

Les subventions aux comices et associations agricoles, ne pourront être alloués par le ministre compétent que sur la proposition du Conseil général du département.

A cet effet, le Conseil général dressera un tableau collectif des propositions en les classant par ordre d'urgence.

les ne peut payer que sur des mandats délivrés par le préfet dans la limite des crédits ouverts par les budgets du département. (Loi du 10 mai 1838, art. 23.)

Le Conseil général entend et débat les comptes d'administration qui lui sont présentés par le préfet :

1° *Des recettes et dépenses, conformément au budget du département;*

2° *Du fonds de non-valeurs;*

3° *Du produit des centimes additionnels spécialement affectés, par les lois générales, à diverses branches du service public.*

Les observations du Conseil général sur les comptes présentés à son examen sont adressées directement, par son président, au ministre chargé de l'administration départementale.

Ces comptes, provisoirement arrêtés par le Conseil général, sont définitivement réglés par ordonnances royales. (Loi du 10 mai 1838, art. 24.)

Les budgets et les comptes du département définitivement réglés sont rendus publics par la voie de l'impression. (Loi du 10 mai 1838, art. 25.)

TITRE VI.

DE LA COMMISSION DÉPARTEMENTALE.

Art. 69.

La commission départementale est élue chaque année, à la fin de la session d'août.

Elle se compose de quatre membres au moins et de sept au plus, et elle comprend un membre choisi, autant que possible, parmi les conseillers élus ou domiciliés dans chaque arrondissement.

Les membres de la commission sont indéfiniment rééligibles.

Art. 70.

Les fonctions de membre de la commission départementale sont incompatibles avec celles de maire du chef-lieu du département et avec le mandat de député.

Art. 71.

La commission départementale est présidée par le plus âgé de ses membres. Elle élit elle-même son secrétaire. Elle siége à la préfecture, et prend, sous l'approbation du Conseil général et avec le concours du préfet, toutes les mesures nécessaires pour assurer son service.

Art. 72.

La commission départementale ne peut délibérer si la majorité de ses membres n'est présente.

Les décisions sont prises à la majorité absolue des voix.

En cas de partage, la voix du président est prépondérante.

Il est tenu procès-verbal des délibérations. Les procès-verbaux font mention du nom des membres présents.

Art. 73.

La commission départementale se réunit au moins une fois par mois, aux époques et pour le nombre de jours qu'elle détermine elle-même, sans préjudice du droit qui appartient à son président et au préfet de la convoquer extraordinairement.

Art. 74.

Tout membre de la commission départementale qui s'absente des séances pendant deux mois consécutifs, sans excuse légitime admise par la commission, est réputé démissionnaire.

Il est pourvu à son remplacement à la plus prochaine session du Conseil général.

Art. 75.

Les membres de la commission départementale ne reçoivent pas de traitement.

Art. 76.

Le préfet ou son représentant assiste aux séances de la commission; ils sont entendus quand ils le demandent.

Les chefs de service des administrations publiques dans le département sont tenus de fournir, verbalement ou par écrit, tous les renseignements qui leur seraient réclamés par la commission départementale, sur les affaires placées dans ses attributions.

Art. 77.

La commission départementale règle les affaires qui lui sont renvoyées par le Conseil général, dans les limites de la délégation qui lui est faite.

Elle délibère sur toutes les questions qui lui sont déférées par la loi, et elle donne son avis au préfet sur toutes les questions qu'il lui soumet ou sur lesquelles elle croit devoir appeler son attention dans l'intérêt du département.

Art. 78.

Le préfet est tenu d'adresser à la commission départementale, au commencement de chaque mois, l'état détaillé des ordonnances de délégation qu'il a reçues et des mandats de payement qu'il a délivrés pendant le mois précédent, concernant le budget départemental.

La même obligation existe pour les ingénieurs en chef, sous-ordonnateurs délégués.

Art. 79.

A l'ouverture de chaque session ordinaire du Conseil général, la commission départementale lui fait un rapport sur l'ensemble de

ses travaux et lui soumet toutes les propositions qu'elle croit utiles.

A l'ouverture de la session d'août, elle lui présente dans un rapport sommaire ses observations sur le budget proposé par le préfet.

Ces rapports sont imprimés et distribués, à moins que la commission n'en décide autrement.

Art. 80.

Chaque année, à la session d'août, la commission départementale présente au Conseil général le relevé de tous les emprunts communaux et de toutes les contributions extraordinaires communales qui ont été votées depuis la précédente session d'août, avec indication du chiffre total des centimes extraordinaires et des dettes dont chaque commune est grevée.

Art. 81.

La commission départementale, après avoir entendu l'avis ou les propositions du préfet :

1° Répartit les subventions diverses portées au budget départemental, et dont le Conseil général ne s'est pas réservé la distribution, les fonds provenant des amendes de police correctionnelle et les fonds provenant du rachat des prestations en nature sur les lignes que ces prestations concernent ;

2° Détermine l'ordre de priorité des travaux à la charge du département, lorsque cet ordre n'a pas été fixé par le Conseil général ;

3° Fixe l'époque et le mode d'adjudication ou de réalisation des emprunts départementaux, lorsqu'ils n'ont pas été fixés par le Conseil général ;

4° Fixe l'époque de l'adjudication des travaux d'utilité départementale.

Art. 82.

La commission départementale assigne à chaque membre du Conseil général et aux membres des autres conseils électifs le canton pour lequel ils devront siéger dans le conseil de révision.

Chaque année, le préfet présente au Conseil général le relevé de tous les emprunts communaux et de toutes les contributions extraordinaires communales qui ont été votés depuis sa session précédente, avec indication du chiffre total des centimes extraordinaires et des dettes dont chaque commune est grevée.

Le préfet soumet également au Conseil général le compte annuel de l'emploi des ressources municipales affectées aux chemins vicinaux de grande communication et d'intérêt commun. (Loi du 18 juillet 1866, art. 5.)

Art. 83.

La commission départementale vérifie l'état des archives et celui du mobilier appartenant au département.

Art. 84.

La commission départementale peut charger un ou plusieurs de ses membres d'une mission relative à des objets compris dans ses attributions.

Art. 85.

En cas de désaccord entre la commission départementale et le préfet, l'affaire peut être renvoyée à la plus prochaine session du Conseil général qui statuera définitivement.

En cas de conflit entre la commission départementale et le préfet, comme aussi dans le cas où la commission aurait outre-passé ses attributions, le Conseil général sera immédiatement convoqué conformément aux dispositions de l'article 24 de la présente loi, et statuera sur les faits qui lui auront été soumis.

Le Conseil général pourra, s'il le juge convenable, procéder dès-lors à la nomination d'une nouvelle commission départementale.

Art. 86.

La commission départementale prononce, sur l'avis des conseils municipaux, la déclaration de vicinalité, le classement, l'ouverture et le redressement des chemins vicinaux ordinaires, la fixation de la largeur et de la limite desdits chemins.

Elle exerce à cet égard les pouvoirs conférés au préfet par les articles 15 et 16 de la loi du 21 mai 1836.

Le Conseil général vérifie l'état des archives et celui du mobilier appartenant au département. (Loi du 10 mai 1838, art. 8.)

Les arrêtés du préfet portant reconnaissance et fixation de la largeur d'un chemin vicinal attribuent définitivement au chemin le sol compris dans les limites qu'ils déterminent. — Le droit des propriétaires riverains se résout en une indemnité qui sera réglée à l'amiable ou par le juge de paix du canton, sur le rapport d'experts nommés conformément à l'article 17. (Loi du 21 mai 1836, art. 15.)

Les travaux d'ouverture et de redressement des chemins vicinaux seront autorisés par arrêté du préfet.

Lorsque, pour l'exécution du présent article, il y aura lieu de recourir à l'expropriation, le jury spécial chargé de régler les indemnités ne sera composé que de quatre jurés. Le tribunal d'arrondissement, en prononçant l'expropriation, désignera, pour présider et diriger le jury, l'un de ses membres ou le juge de paix du canton. Ce magistrat aura voix délibérative en cas de partage.

Le tribunal choisira, sur la liste générale prescrite par l'article 29 de la loi du 7 juillet 1833, quatre personnes pour former le

Elle approuve les abonnements relatifs aux subventions spéciales pour la dégradation des chemins vicinaux, conformément au dernier paragraphe de l'article 14 de la même loi.

Art. 87.

La commission départementale approuve le tarif des évaluations cadastrales, et elle exerce à cet égard les pouvoirs attribués au préfet en conseil de préfecture par la loi du 15 septembre 1807 et le règlement du 15 mars 1827.

Elle nomme les membres des commissions syndicales, dans le cas où il s'agit d'entreprises subventionnées par le département, conformément à l'article 23 de la loi du 21 juin 1865.

jury spécial, et trois jurés supplémentaires. L'administration et la partie intéressée auront respectivement le droit d'exercer une récusation péremptoire.

Le juge recevra les acquiescements des parties.

Son procès-verbal emportera translation définitive de propriété.

Le recours en cassation, soit contre le jugement qui prononcera l'expropriation, soit contre la déclaration du jury qui réglera l'indemnité, n'aura lieu que dans les cas prévus et selon les formes déterminées par la loi du 7 juillet 1833. (Loi du 21 mai 1836, art. 16.)

Toutes les fois qu'un chemin vicinal entretenu à l'état de viabilité par une commune sera habituellement ou temporairement dégradé par des exploitations de mines, de carrières, de forêts ou de toute ntreprise industrielle appartenant à des particuliers, à des établissements publics, à la Couronne ou à l'État, il pourra y avoir lieu à imposer aux entrepreneurs ou propriétaires, suivant que l'exploitation ou les transports auront eu lieu pour les uns ou les autres, des subventions spéciales, dont la quotité sera proportionnée à la dégradation extraordinaire qui devra être attribuée aux exploitations.

Ces subventions pourront, au choix des subventionnaires, être acquittées en argent ou en prestations en nature, et seront exclusivement affectées à ceux des chemins qui y auront donné lieu.

Elles seront réglées annuellement, sur la demande des communes, par les conseils de préfecture, après des expertises contradictoires et recouvrées comme en matière de contributions directes.

Les experts seront nommés suivant le mode déterminé par l'article 17 ci-après.

Ces subventions pourront aussi être déterminées par abonnement : elles seront réglées, dans ce cas, par le préfet en conseil de préfecture. (Loi du 21 mai 1836, art. 14.)

Le préfet... sur un rapport du directeur des contributions et après avoir pris l'avis du conseil de préfecture, statuera sur les réclamations par un arrêté qui fixera définitivement l'allivrement cadastral de chacune des communes intéressées, et répartira entre elles la masse de leurs contingents actuels, au prorata de leur allivrement cadastral. (Loi du 15 septembre 1807, art. 33. — Voir également les articles 24 et 26 de la même loi.)

Dans le cas où, sur la demande du syndicat, il est accordé une

Art. 88.

Les décisions prises par la commission départementale, sur les matières énumérées aux articles 86 et 87 de la présente loi, seront communiquées au préfet en même temps qu'aux conseils municipaux et autres parties intéressées.

Elles pourront être frappées d'appel devant le Conseil général, pour cause d'inopportunité ou de fausse appréciation des faits, soit par le préfet, soit par les conseils municipaux ou par toute autre partie intéressée. L'appel doit être notifié au président de la commission, dans le délai d'un mois, à partir de la communication de la décision. Le Conseil général statuera définitivement à sa plus prochaine session.

Elles pourront aussi être déférées au conseil d'État, statuant au contentieux, pour cause d'excès de pouvoir ou de violation de la loi ou d'un règlement d'administration publique.

Le recours au conseil d'État doit avoir lieu dans le délai de deux mois, à partir de la communication de la décision attaquée. Il peut être formé sans frais, et il est suspensif dans tous les cas.

TITRE VII.

DES INTÉRÊTS COMMUNS A PLUSIEURS DÉPARTEMENTS.

Art. 89.

Deux ou plusieurs Conseils généraux peuvent provoquer entre eux, par l'entremise de leurs présidents, et après en avoir averti les préfets, une entente sur les objets d'utilité départementale compris dans leurs attributions et qui intéressent à la fois leurs départements respectifs.

Ils peuvent faire des conventions, à l'effet d'entreprendre ou de conserver à frais communs des ouvrages ou des institutions d'utilité commune.

Art. 90.

Les questions d'intérêt commun seront débattues dans des conférences, où chaque Conseil général sera représenté, soit par sa commission départementale, soit par une commission spéciale nommée à cet effet.

subvention par l'État, par le département ou par une commune, cette subvention donne droit à la nomination, par le préfet, d'un nombre de syndics proportionné à la part que la subvention représente dans l'ensemble de l'entreprise. (Loi du 21 juin 1865, art. 23.)

Il est interdit à tout Conseil général de se mettre en correspondance avec un ou plusieurs conseils d'arrondissement ou de département.

En cas d'infraction à cette disposition, le Conseil général sera suspendu par le préfet, en attendant que le Roi ait statué. (Loi du 28 juin 1833, art. 16.)

Les préfets des départements intéressés pourront toujours assister à ces conférences.

Les décisions qui y seront prises ne seront exécutoires qu'après avoir été ratifiées par tous les Conseils généraux intéressés, et sous les réserves énoncées aux articles 47 et 49 de la présente loi.

Art. 91.

Si des questions autres que celles que prévoit l'article 89 étaient mises en discussion, le préfet du département où la conférence a lieu déclarerait la réunion dissoute.

Toute délibération prise après cette déclaration donnerait lieu à l'application des dispositions et pénalités énoncées à l'article 34 de la présente loi.

DISPOSITIONS SPÉCIALES OU TRANSITOIRES.

Art. 92.

Sont et demeurent abrogés les titres Ier et II de la loi du 22 juin 1833, le titre Ier de la loi du 10 mai 1838, la loi du 18 juillet 1866, et généralement toutes les dispositions de lois ou de règlements contraires à la présente loi.

Art. 93.

Les articles 86 et 87 et le deuxième paragraphe de l'article 23 de la présente loi ne seront exécutoires qu'à partir du 1er janvier 1872.

Art. 94.

La présente loi n'est pas applicable au département de la Seine. Il sera statué à son égard par une loi spéciale.

Délibéré en séance publique, à Versailles, les 28 juin, 28 juillet et 10 août 1871.

Le Président,
Signé JULES GRÉVY.

Les Secrétaires,
Signé Bon DE BARANTE, Vte DE MEAUX, PAUL BETHMONT, Mis DE CASTELLANE, PAUL DE RÉMUSAT, N. JOHNSTON.

Le Président du Conseil,
Chef du Pouvoir exécutif de la République française,
Signé A. THIERS.

Le Ministre de l'Intérieur,
Signé LAMBRECHT.

(Voir à la page suivante la loi du 16 septembre 1871.)

LOI DU 16 SEPTEMBRE 1871.

Sur l'organisation provisoire du Conseil général du département de la Seine.

L'Assemblée nationale a adopté,

Le Président de la République française promulgue la loi dont la teneur suit :

Art. 1er. Provisoirement, et, au plus tard, jusqu'au 31 décembre 1872, le Conseil général du département de la Seine sera composé :

Des 80 membres du conseil municipal de Paris; plus de 8 membres élus dans les arrondissements de Sceaux et de Saint-Denis, à raison d'un membre par canton, conformément à la loi du 20 avril 1834;

Art. 2. Les lois des 22 juin 1833, 10 mai 1838 et 18 juillet 1866 sont applicables au département de la Seine, en ce qu'elles n'ont rien de contraire à la présente loi.

La loi du 15 avril 1871 et le titre II de celle du 10 août 1871 sont applicables au Conseil général de la Seine, concernant les conditions de l'électorat et de l'éligibilité.

Le titre II de la loi du 22 juin 1833 est applicable à la tenue des sessions du Conseil général de la Seine.

Sont maintenues les dispositions des lois du 10 mai 1838 et 18 juillet 1866, en ce qui regarde les attributions du Conseil général de la Seine.

Délibéré en séance publique, à Versailles, le 16 septembre 1871.

Le Président,
Signé JULES GRÉVY.

Les Secrétaires,
Signé PAUL BETHMONT, Vte DE MEAUX, N. JOHNSTON, Mis DE CASTELLANE.

Le Président de la République,
Signé A. THIERS.

Par le Président de la République,
Le Ministre de l'intérieur,
Signé F. LAMBRECHT.

COMMENTAIRE DE LA LOI ORGANIQUE

SUR LES

CONSEILS GÉNÉRAUX

VOTÉE LE 10 AOUT 1871.

TITRE I.

Dispositions générales.

ARTICLE PREMIER.

Il y a dans chaque département un Conseil général.

Cet article n'a donné lieu et ne pouvait donner lieu à aucune difficulté, ainsi que l'a dit M. Lucien Brun, en présentant quelques observations générales favorables au principe de la loi. (Deuxième délibération, *Officiel* du 8 juillet.)

A la troisième délibération (*Officiel* du 1er août), M. Baze a proposé une nouvelle rédaction des articles 1 et 2, d'après laquelle les deux articles étaient fondus en un seul. L'amendement n'a pas été pris en considération.

ART. 2.

Le Conseil général élit dans son sein une commission départementale.

L'article 2 a été l'objet des discussions les plus vives et les plus approfondies. C'est dans cet article au surplus que réside la différence radicale entre l'ancienne et la nouvelle législation. Il était donc assez naturel que les partisans et les adversaires d'une décentralisation aussi absolue se livrassent, au sujet de cet article, à une lutte ardente.

Parmi ceux qui, sans être hostiles à la loi, voulaient, quant à présent du moins, en tempérer les effets, il faut placer M. Target. Ce dernier, de concert avec M. de Jouvenel, avait présenté un article additionnel (deuxième délibération, *Officiel* des 8, 9 et 11 juillet) ainsi conçu :

..... *Chargée de contrôler pendant l'intervalle des sessions l'exécution des décisions du Conseil général, et donner son avis au préfet sur toutes les affaires qui intéressent le département.*

Cet amendement avait une grande portée. De son adoption ou de son rejet, la commission départementale restait commission purement consultative, ou devenait commission ayant des pouvoirs administratifs.

Les principaux motifs donnés à l'appui de cet amendement étaient que les pouvoirs qui n'ont pas pour contre-poids la responsabilité sont des pouvoirs funestes. Or, disait l'auteur de l'amendement, les responsabilités n'existent jamais, lorsqu'elles pèsent sur des corps délibérants.

M. Lambrecht, ministre de l'intérieur, soutint l'amendement. Il allait même plus loin, il ne voulait pas de commission départementale. M. Ernest Picard partageait cette manière de voir.

L'honorable rapporteur de la commission, M. Waddington, réfuta longuement les motifs invoqués en faveur de l'amendement Target (*Officiel* du 11 juillet), et dit en terminant : que la commission départementale devait avoir le droit de décider; si on ne lui donnait que des fonctions consultatives, les anciens abus signalés continueraient à se perpétuer.

L'amendement Target fut rejeté par 338 voix contre 220.

M. Paul Gillon avait également présenté un amendement ainsi conçu : *Le préfet, représentant supérieur du département, est en même temps le chef du Pouvoir exécutif sous l'autorité et le contrôle du Conseil général pour la gestion de tout ce qui concerne les intérêts spéciaux et purement administratifs du département.*

Son amendement ne fut pas adopté.

MM. de Clercq et de Marcère avaient présenté chacun un amendement, mais ils furent rapportés, du consentement de leurs auteurs, à des articles ultérieurs auxquels ils s'appliquaient plus exactement.

A la troisième délibération (*Officiel* du 1er août), M. Louis Blanc combattit très-vivement l'article 2, à ce point de vue surtout qu'il devait avoir pour conséquence d'affaiblir l'unité de la France

MM. Duvergier de Hauranne, Bertauld, Delille, de Lestapis et de Cambarieu produisirent, à cette même séance, un amendement ainsi conçu : *Le Conseil général se subdivise chaque année en trois commissions spéciales : 1° une commission de finances, 2° une commission de travaux publics, 3° une commission des affaires diverses.*

Chacune de ces commissions sera chargée de surveiller dans l'intervalle des sessions l'exécution des décisions prises par le Conseil général et pourra déléguer un de ses membres à cet effet.

Cet amendement tendait à établir, au lieu des commissions administratives permanentes, des commissions spéciales entre lesquelles le Conseil général serait réparti, et qui s'attribueraient l'examen des différentes affaires, concurremment avec l'administration préfectorale, avec la faculté de déléguer l'un de leurs membres pour discuter ces questions avec l'administration, dans l'intervalle des sessions, et d'adresser un rapport à ces commissions spéciales lorsque les sessions auraient lieu. Il n'y aura pas de la sorte, disait l'un des auteurs de l'amendement, M. Duvergier de Hauranne, de conflit possible, et le contrôle sera exercé d'une manière efficace.

L'amendement ne fut pas pris en considération, et l'Assemblée adopta l'article 2 de la loi par 426 voix contre 210.

ART. 3.

Le préfet est le représentant du pouvoir exécutif dans le département.

Il est en outre chargé de l'instruction préalable des affaires qui intéressent le département, ainsi que de l'exécution des décisions du Conseil général et de la commission départementale, conformément aux dispositions de la présente loi.

Article voté sans discussion ni observation.

TITRE II.

De la formation des Conseils généraux.

ART. 4.

Chaque canton du département élit un membre du Conseil général.

Deux amendements avaient été présentés sur cet article (deuxième délibération, *Officiel* du 12 juillet), l'un par M. Paul Besson, et l'autre par M. Malens.

L'amendement de M. Besson était ainsi conçu : *Le Conseil général se compose : 1° de tous les représentants du département, 2° d'autant de membres qu'il y a de cantons dans le département.*

L'auteur de cet amendement voulait, disait-il, que les mandataires du pays aux assemblées législatives fussent tous et de droit membres du Conseil général du département qu'ils représentaient, ou bien qu'ils n'eussent pas la faculté de faire partie de ce conseil.

Après quelques observations en sens contraire, présentées par M. Moulin, l'amendement fut rejeté.

L'amendement de M. Malens était ainsi conçu : *Chaque*

canton élit un membre du Conseil général; néanmoins les cantons ayant une population supérieure de moitié à la population moyenne du canton dans leur département auront le droit d'élire deux membres du Conseil général.

Cet amendement, très-peu important en apparence, contenait le germe d'une modification considérable dans l'expression politique du suffrage universel. Il tendait à favoriser les grands centres de population. Aussi fut-il été discuté avec une certaine énergie, mais repoussé par une très-forte majorité (441 voix sur 585 votants).

A la troisième délibération (*Officiel* du 2 août), M. Alfred Naquet présenta l'amendement suivant : *Chaque arrondissement élit au scrutin de liste un nombre de conseillers généraux proportionnel à la population de l'arrondissement, à raison d'un conseiller par* 5,000 *habitants, et fraction supérieure à* 3,000.

Cet amendement portait sur deux points principaux : d'abord la proportionnalité des membres du Conseil général à la population, ensuite la substitution du scrutin de liste par arrondissement, au scrutin individuel et cantonal.

Les motifs développés par l'auteur étaient : qu'avec le scrutin de circonscription cantonale, les majorités sont exposées à être opprimées par les minorités, ce qui n'aurait pas lieu si le nombre des représentants élus était proportionnel à la population du canton.

L'amendement ne fut pas pris en considération.

M. Malens reproduisit aussi à cette troisième délibération son amendement rejeté à la deuxième délibération, avec cette circonstance nouvelle que, pour qu'il pût être appliqué, il fallait 1° que le canton eût une population de moitié supérieure à la moyenne ; 2° qu'il payât des contributions directes dans la même proportion. Il était donc tenu compte à la fois de la population et des contributions à payer.

L'amendement Malens ainsi modifié ne fut pas pris en considération. Il en fut de même d'un amendement de M. Sansas, conçu dans le même esprit.

Art. 5.

L'élection se fait au suffrage universel, dans chaque commune, sur les listes dressées pour les élections municipales.

Une simple observation fut présentée à la troisième délibération (*Officiel* du 2 août), au sujet de cet article, par M. Ganivet. Il dit qu'il ne trouvait aucun texte dans la loi qui réglât le mode d'élection.

M. Waddington, *rapporteur*, répondit que les élections se feraient comme par le passé, c'est-à-dire que le décret du 2 février 1852 continuerait à régir la matière.

Art. 6.

Sont éligibles au Conseil général tous les citoyens inscrits sur une liste d'électeurs ou justifiant qu'ils devaient y être inscrits avant le jour de l'élection, âgés de 25 ans accomplis, qui sont domiciliés dans le département; et ceux qui, sans y être domiciliés, y sont inscrits au rôle d'une des contributions directes, au 1er janvier de l'année dans laquelle se fait l'élection, ou justifient qu'ils devaient y être inscrits à ce jour ou ont hérité depuis la même époque d'une propriété foncière dans le département.

Toutefois le nombre des conseillers généraux non domiciliés ne pourra dépasser le quart du nombre total dont le Conseil doit être composé.

A la troisième délibération (*Officiel* du 2 août), M. Sansas avait proposé deux suppressions dans le texte de l'article 6 :

D'abord celle des mots : *ou justifient qu'ils devaient y être inscrits avant le jour de l'élection*. Puis ces mots : *ou qui justifient qu'ils devaient y être inscrits à ce jour*.

Cette suppression ne fut pas admise.

Dans le projet primitif, le dernier membre de phrase du premier paragraphe de l'article 6, ainsi conçu : *ou ont hérité depuis cette époque d'une propriété foncière dans le département*, ne s'y trouvait pas. Il fut proposé à la troisième délibération par MM. du Breuil de Saint-Germain et Bérenger, et accepté par la commission, avec cette modification qu'au lieu des mots *propriété paternelle* qui se trouvaient dans le paragraphe additionnel, on y mettrait les mots *propriété foncière.*

C'est avec cette nouvelle rédaction, acceptée par MM. du Breuil de Saint-Germain et Bérenger que le paragraphe fut voté.

Art. 7.

Ne peuvent être élus au Conseil général les citoyens qui sont pourvus d'un conseil judiciaire.

Article voté sans discussion ni observations.

Art. 8.

Ne peuvent être élus membres du Conseil général :

1° Les préfets, sous-préfets, secrétaires généraux et conseillers de préfecture, dans le département où ils exercent leurs fonctions ;

2° Les procureurs généraux, avocats généraux et substituts du procureur général près les cours d'appel, dans l'étendue du ressort de la Cour ;

3° Les présidents, vice-présidents, juges titulaires, juges d'instruction et membres du parquet des tribunaux de première instance, dans l'arrondissement du tribunal ;

4° Les juges de paix, dans leur canton ;

5° Les généraux commandant les divisions ou les subdivisions territoriales, dans l'étendue de leurs commandements ;

6° Les préfets maritimes, majors-généraux de la marine et commissaires de l'inscription maritime, dans les départements où ils résident ;

7° Les commissaires et agents de police, dans les cantons de leur ressort ;

8° Les ingénieurs en chef de département et les ingénieurs ordinaires d'arrondissement, dans le département où ils exercent leurs fonctions ;

9° Les ingénieurs du service ordinaire des mines, dans les cantons de leur ressort ;

10° Les recteurs d'académie, dans le ressort de l'académie ;

11° Les inspecteurs d'académie et les inspecteurs des écoles primaires, dans le département où ils exercent leurs fonctions ;

12° Les ministres des différents cultes, dans les cantons de leur ressort ;

13° Les agents et comptables de tout ordre, employés à l'assiette, à la perception et au recouvrement des contributions directes ou indirectes, et au payement des dépenses publiques de toute nature, dans le département où ils exercent leurs fonctions ;

14° Les directeurs et inspecteurs des postes, des télégraphes et des manufactures de tabacs, dans le département où ils exercent leurs fonctions ;

15° Les conservateurs, inspecteurs et autres agents des eaux et forêts, dans les cantons de leur ressort ;

16° Les vérificateurs des poids et mesures, dans les cantons de leur ressort.

Les observations présentées et les explications fournies au sujet de l'article 8 méritent d'autant mieux d'être rappelées qu'il s'agit de l'incompatibilité ou de l'inéligibilité, dans certains cas, d'une nombreuse catégorie de fonctionnaires, et qu'il importe d'en bien préciser la portée.

Sur le troisième paragraphe, relatif aux membres des tribunaux de première instance, M. de Marcère fit observer qu'il y aurait danger d'éliminer sans motifs très-sérieux des magistrats qui apportaient dans la vie publique des éléments de considération et des connaissances spéciales d'une utilité incontestable dans la direction des affaires, et que, d'après lui, ces motifs n'existaient pas. (*Officiel* du 13 juillet.)

M. Limpérani répondit que ce qui devait préoccuper avant tout, c'était le degré d'influence abusive que pouvait exercer le magistrat dans son ressort; qu'il y avait, en outre, une question de dignité pour la magistrature dont il fallait se préoccuper, et qu'il ne fallait pas la compromettre dans des luttes locales.

M. Waddington, *rapporteur*, émit la même opinion que M. Limpérani, en ajoutant que d'ailleurs la vie publique n'était pas interdite aux magistrats, et qu'ils n'en étaient exclus que dans l'arrondissement du tribunal où ils siégeaient.

Ce paragraphe fut voté tel qu'il était proposé par la commission, et ne donna lieu à aucune nouvelle discussion à la troisième délibération.

A la troisième délibération (*Officiel* du 2 août), M. Malézieux avait proposé, après le § 6, une disposition additionnelle ainsi conçue : *Ne peuvent être élus, etc... les officiers de la gendarmerie et les officiers de la garde mobile, dans les cantons où ils exercent leur commandement.*

Il importe, disait M. Malézieux, pour le maintien de la discipline, que les officiers ne soient pas candidats dans les cantons où ils commandent.

La prise en considération de cette proposition additionnelle ne fut pas prononcée.

Sur le § 9, relatif aux ingénieurs (deuxième délibération,

Officiel du 13 juillet), M. Varroy demanda si les ingénieurs des services dits extraordinaires, tels que les ingénieurs des chemins de fer, des canaux, etc., échappaient aux exclusions de ce paragraphe.

M. Waddington, *rapporteur*, répondit que l'inéligibilité écrite dans la loi pour les ingénieurs ne s'appliquait qu'aux ingénieurs en chef et aux simples ingénieurs en service ordinaire dans les départements où ils exerçaient leurs fonctions.

M. Montgolfier demanda si la commission entendait rendre les ingénieurs d'arrondissement inéligibles dans toute l'étendue du département, ou seulement dans les cantons de l'arrondissement où ils exerçent leurs fonctions.

M. Ganivet répondit, au nom de la commission, que le motif de l'exclusion pour tout le département de cette catégorie de fonctionnaires provenait de ce que les ingénieurs d'arrondissement recevaient des remises sur les fonds du département.

Le § 12, relatif aux ministres des différents cultes, provoqua une observation de la part de M. le ministre de l'instruction publique et des cultes : « J'admets, dit-il, l'incompatibilité prononcée par la commission, mais je désire qu'il soit bien entendu, pour que dans la pratique cela ne fasse pas de difficulté, qu'il s'agit des ministres des cultes ayant autorité dans les paroisses, et non pas des simples prêtres *habitués*. »

M. le rapporteur de la commission répondit : « C'est ainsi que nous l'avons entendu. »

La commission avait proposé un § 15, ainsi conçu : Les *conservateurs des hypothèques dans l'arrondissement où ils exercent leurs fonctions.*

Un membre de l'Assemblée demanda, à la deuxième délibération (*Officiel* du 13 juillet), quel était le motif de l'exclusion des conservateurs des hypothèques ?

M. le rapporteur répondit qu'ils percevaient un droit pour le trésor. Ce paragraphe fut rejeté.

A la troisième délibération (*Officiel* du 2 août), M. de Ventavon fit remarquer que la suppression du § 15, relatif aux conservateurs des hypothèques, votée lors de la deuxième délibération, laisserait une certaine confusion dans l'interprétation du § 13 de l'article 8, portant que les agents comptables de tout ordre, etc., ne pourraient pas être élus au Conseil général, dans le département où ils exerçaient leurs fonctions, en ce sens qu'on pourrait considérer les conservateurs comme des agents comptables.

M. le rapporteur répondit que si, d'après le vote de l'Assemblée, les conservateurs des hypothèques pouvaient être éligibles dans leur propre arrondissement, ils étaient, *à fortiori*, éligibles dans le département.

Le § 15 (qui était le § 16 avant la suppression du § 15 primitif) et le § 16 ne donnèrent lieu à aucune observation.

A l'article 8 qui commence ainsi : « Ne peuvent être élus membres du Conseil général », M. de Castellane avait proposé d'ajouter : *à moins que les fonctionnaires compris dans les paragraphes ci-dessus n'aient cessé d'exercer leurs fonctions trois mois avant l'élection*. (Deuxième délibération, *Officiel* du 13 juillet.)

M. de Castellane disait, pour justifier son paragraphe additionnel, que, quand on fait une loi restrictive, il faut qu'elle puisse produire son effet. Il ajoutait que, sans l'addition qu'il proposait, un fonctionnaire qui aurait donné sa démission la veille des élections pourrait arguer de ce fait, et se faire admettre dans le sein du Conseil général.

Ce paragraphe additionnel ne fut pas adopté.

Art. 9.

Le mandat de conseiller général est incompatible, dans toute la France, avec les fonctions énumérées aux numéros 1 et 7 de l'article 8.

M. Langlois avait proposé un paragraphe additionnel ainsi conçu : ... *avec le mandat de membre de l'Assemblée nationale*. (Deuxième délibération, *Officiel* du 13 juillet.)

« Mon amendement, disait M. Langlois, s'appuie sur cette vérité incontestable que, lorsque l'exercice d'un mandat porte obstacle à l'exercice complet et intégral d'un autre mandat, il est impossible que ces deux mandats soient réunis dans une seule et même personne. C'est ce même principe, ajoutait M. Langlois, qui a décidé la commission à inscrire dans le projet l'article 70 qui établit l'incompatibilité entre la qualité de député et celle de membre de la commission départementale. » M. le rapporteur combattit cette proposition en disant qu'il n'y aurait en réalité qu'une session du Conseil général occupée et chargée, celle du mois d'août, c'est-à-dire au moment où l'Assemblée nationale est toujours en vacance. Il ajouta : qu'il était nécessaire, dans l'intérêt du Conseil général et dans l'intérêt de l'Assemblée nationale, qu'il y eût un échange de lumières et de communications entre ces deux corps électifs.

Le paragraphe additionnel, mis aux voix, ne fut pas adopté.

Art. 10.

Le mandat de conseiller général est incompatible, dans le département, avec les fonctions d'architecte départemental, d'agent voyer, d'employé des bureaux de la préfecture ou d'une sous-préfecture, et généralement de tous les agents salariés ou subventionnés sur les fonds départementaux.

La même incompatibilité existe à l'égard des entrepreneurs des services départementaux.

Article adopté sans discussion ni observations.

Art. 11.

Nul ne peut être membre de plusieurs Conseils généraux.

Article adopté sans discussion ni observations.

ART. 12.

Les collèges électoraux sont convoqués par le pouvoir exécutif.

Il doit y avoir un intervalle de quinze jours francs au moins entre la date du décret de convocation et le jour de l'élection, qui sera toujours un dimanche. Le scrutin est ouvert à 7 heures du matin et clos le même jour à 6 heures. Le dépouillement a lieu immédiatement.

Lorsqu'un second tour de scrutin est nécessaire, il y est procédé le dimanche suivant.

Il y eut à la troisième délibération (*Officiel* du 2 août) un amendement présenté par M. Sansas, amendement qui ne fut pas du reste discuté et que l'Assemblée ne prit pas en considération.

La première partie du second paragraphe ne figurait pas dans le texte primitif. Elle a été ajoutée à la troisième délibération.

ART. 13.

Immédiatement après le dépouillement du scrutin, les procès-verbaux de chaque commune, arrêtés et signés, sont portés au chef-lieu du canton par deux membres du bureau. Le recensement général des votes est fait par le bureau du chef-lieu, et le résultat est proclamé par son président, qui adresse tous les procès-verbaux et les pièces au préfet.

A la troisième délibération (*Officiel* du 2 août), M. Naquet proposa un amendement ainsi conçu : « *Immédiatement après le dépouillement du scrutin, les procès-verbaux de chaque commune, arrêtés et signés, sont portés au chef-lieu* d'arrondissement. *Le recensement général des votes est fait* trois jours après *par le bureau du chef-lieu* d'arrondissement, *et le résultat est proclamé par son président, qui adressse tous les procès-verbaux et les pièces au préfet.*

Cet amendement ne fut pas pris en considération.

Art. 14.

Nul n'est élu membre du Conseil général au premier tour de scrutin, s'il n'a réuni :

1° La majorité absolue des suffrages exprimés;

2° Un nombre de suffrages égal au quart de celui des électeurs inscrits.

Au second tour de scrutin, l'élection a lieu à la majorité relative, quel que soit le nombre des votants. Si plusieurs candidats obtiennent le même nombre de suffrages, l'élection est acquise au plus âgé.

Article adopté sans discussion ni observation.

Art. 15.

Les élections peuvent être arguées de nullité par tout électeur du canton.

Si la réclamation n'a pas été consignée au procès-verbal, elle doit être déposée au secrétariat général de la préfecture. Il en est donné récépissé.

Le deuxième paragraphe de cet article était d'abord rédigé ainsi qu'il suit : *Si la réclamation n'a pas été consignée au procès-verbal, elle doit être adressée au Conseil avant l'ouverture de la plus prochaine session.*

A la seconde délibération (*Officiel* du 13 juillet), M. Parent avait présenté un amendement au premier paragraphe de l'article. La rédaction proposée était celle-ci : *Les élections peuvent être arguées de nullité par tout électeur du département.*

M. Parent voulait substituer le mot *département* au mot *canton.*

Il disait, pour justifier cette substitution, que le conseiller général élu dans un canton représente tout le département. Il ajoutait que les électeurs d'un canton pourraient, par des motifs divers, ne pas vouloir ou ne pas oser arguer de nullité l'élection du conseiller général élu, et imposeraient ainsi à tout le département un conseiller général dont l'élection serait nulle.

L'amendement fut renvoyé à la commission qui proposa de le rejeter, par le motif qu'il a toujours été admis que les élections ne pouvaient être arguées de nullité que par les électeurs faisant partie de la circonscription électorale de l'élu. La Chambre adopta ces conclusions.

Au sujet de la rédaction primitive du deuxième paragraphe de l'article 15, M. Bozérian avait fait remarquer, avec juste raison, qu'il préjugeait une question très-grave, celle d'attribuer aux conseillers généraux la connaissance des contestations relatives à la validité des opérations électorales. Cette innovation, disait-il, sera-t-elle une innovation profitable?

D'après lui (deuxième délibération, *Officiel* du 13 juillet), il y aurait violation du principe de la séparation des pouvoirs qui veut qu'un corps administratif ne soit pas en même temps un corps judiciaire. Il ne peut pas y avoir assimilation avec les élections législatives, qui sont des élections politiques qui doivent être réservées au corps législatif. De plus, les parties pourront-elles se présenter devant la barre du Conseil général? Il n'y aura plus de débat oral; il y aura enfin moins de garanties que sous l'ancienne législation, puisqu'il n'y aura plus de recours.

M. Amédée Lefèvre-Pontalis prit la parole, au nom de la commission, pour répondre aux objections présentées par M. Bozérian. « Les Conseils généraux, dit-il, ont demandé depuis longtemps que la vérification de leurs pouvoirs leur appartînt. Personne ne voudrait aujourd'hui soutenir le système actuel, car les conseils de préfecture manquent d'indépendance et d'impartialité, au moins devant l'opinion publique, pour apprécier les questions de validité ou d'invalidité des membres élus du Conseil général. »

Après quelques développements fournis par M. Batbie, tout à fait compétent en matière de contentieux administratif, et quelques observations de M. Clément, l'article 15 fut renvoyé à la commission qui, dans la séance du 15 (*Officiel* du 16 juillet), proposa une nouvelle rédaction ainsi conçue :

Les élections peuvent être arguées de nullité par tout électeur du canton. La réclamation énonce les griefs. Si elle n'a pas été consignée au procès-verbal, elle doit être déposée au secrétariat général de la préfecture, dans le délai de dix jours, à partir du jour du recensement des votes. Il en est donné récépissé, et elle est immédiatement notifiée par la voie administrative à la partie intéressée. Le préfet peut également, dans le même délai, provoquer l'annulation de l'élection, s'il croit que les conditions et formalités légalement prescrites n'ont pas été observées.

Sur trois amendements déposés, l'un par M. Jozon, le second par M. Bienvenüe, et le troisième par M. Anisson-Duperon, il ne resta que ce dernier (les deux autres ayant été retirés par leurs auteurs). Il était ainsi conçu :

Les réclamations et contestations relatives à la validité de l'élection des membres du Conseil général seront portées devant la cour d'appel. Elles devront être déposées dans le délai d'un mois, à partir de l'élection, au greffe du tribunal civil de l'arrondissement. Elles seront jugées dans le délai d'un mois, à partir du jour du dépôt, sommairement et sans le ministère d'avoué.

M. Anisson-Dupéron, pour justifier son amendement, disait que le mode proposé aurait l'avantage d'éloigner du sein des Conseils généraux des discussions orageuses, passionnées, parce qu'elles seraient personnelles et quelquefois politiques; qu'en outre, si le système proposé par la commission venait à prévaloir, on verrait s'établir des jurisprudences différentes dans un grand nombre de conseils, ce qu'il importait d'éviter.

Il ajoutait que l'on trouverait plus de calme et d'impartialité devant la justice ordinaire.

M. Albert Christophle, membre de la commission, répondit que l'expérience avait démontré qu'il n'était pas sans danger de jeter les tribunaux dans la politique, en les appelant à prononcer sur des contestations ayant un caractère politique. La commission a pensé, ajoutait-il, que les Conseils généraux pouvaient seuls apprécier d'une façon équitable les questions de validité de l'élection de leurs membres, tout en reconnaissant que lorsqu'il s'élèverait des questions préjudicielles, surtout sur le domicile ou la capacité, ou bien des questions de forme, de régularité des opérations électorales, ces questions seraient renvoyées aux tribunaux ordinaires, en vertu d'une disposition spéciale de l'article 16, ou au conseil d'État.

M. Martel prit ensuite la parole pour faire remarquer que l'Assemblée cherchait depuis plusieurs jours le moyen de substituer une juridiction à celle du conseil de préfecture et du conseil d'État. Quant à lui, il trouverait plus de garanties d'impartialité, et moins de danger, de froissements personnels, en déférant les élections contestées des membres d'un Conseil général à un Conseil général voisin.

Finalement, l'amendement de M. Anisson-Dupéron fut rejeté.

MM. le marquis d'Andelarre et Amédée Lefèvre-Pontalis proposèrent un autre amendement ainsi rédigé : *Le Conseil général vérifie les pouvoirs de ses membres et juge les contestations qui s'élèvent à ce sujet*, amendement qui entraînait la suppression des articles 16 et 17.

M. Lefèvre-Pontalis dit qu'il ne comprenait que deux systèmes en matière de vérifications de pouvoirs : ou bien le Conseil général vérifiant les pouvoirs de ses membres, comme la Chambre vérifie les pouvoirs des membres de l'Assemblée, en véritable jury, ou bien une juridiction spéciale statuant comme juge des réclamations expressément soulevées et déterminées. La commission, d'après lui, avait voulu au contraire instituer un système mixte. Suivant, en effet, sa nouvelle rédaction, le

Conseil général n'aurait à statuer que sur les réclamations qui se produiraient. Ainsi, le Conseil général deviendrait un tribunal, et il faudrait que ses décisions pussent être déférées à un tribunal d'appel. Le Conseil général, dans cette hypothèse, jugerait en l'absence des parties, et, au second degré, les parties pourraient se faire défendre. C'était là une véritable anomalie qu'il fallait faire disparaître.

Il termina en disant que déjà l'intervention de la magistrature venait d'être écartée, et que personne ne voulant maintenir cette attribution aux conseils de préfecture, le système le plus vrai serait de laisser le Conseil général statuer lui-même, ainsi que le fait la Chambre.

Cet amendement, dont le principe devait bientôt prévaloir, ainsi qu'on le verra plus loin, ne fut pas alors adopté.

L'amendement de M. Martel, qui consistait à porter les réclamations devant le Conseil général d'un des départements voisins, fut également repoussé, et la rédaction de la commission admise.

A la troisième délibération sur l'article 15, M. Naquet proposa un amendement ainsi conçu : *Les élections peuvent être arguées de nullité par tout électeur de l'arrondissement.*

Cet amendement, non discuté et qui n'était que la conséquence d'un premier amendement, présenté par le même député, sur l'article 13 (*Officiel* du 2 août), ne fut pas pris en considération.

M. Ganivet fit observer, au sujet de cet article, que l'Assemblée, lors de la deuxième délibération de l'article 16, avait admis le principe que le Conseil général vérifiait les pouvoirs des élus de la même manière que l'Assemblée nationale, et que, par le fait, le droit *contentieux* des électeurs ayant disparu, il y aurait contradiction à conserver l'article 15.

M. le *rapporteur* répondit que la commission avait maintenu une partie seulement de l'article 15 comme article de précaution, pour indiquer à l'électeur le lieu où il devait déposer sa réclamation, pour qu'il en eût un reçu, et qu'il fût assuré qu'elle serait soumise au Conseil général.

M. du Breuil de Saint-Germain s'associa à M. Ganivet pour que le vote sur l'article 15 fût remis après l'article 16. Cet ajournement fut adopté.

Malgré le maintien de l'article 16 tel qu'il avait été voté à la deuxième délibération, l'article 15 fut conservé.

ART. 16.

Le Conseil général vérifie les pouvoirs de ses membres. Il n'y a pas de recours contre ses décisions.

La commission, modifiant son texte primitif qui accordait au Conseil général le droit de statuer souverainement sur les réclamations électorales, avait présenté à la deuxième délibération (*Officiel* du 16 juillet), la rédaction que voici :

Le Conseil général statue sur les réclamations relatives à la validité de l'élection de ses membres.

La décision du Conseil général doit être motivée ; elle est susceptible de recours au conseil d'État, statuant au contentieux, dans les cas d'excès de pouvoir, incompétence ou violation de la loi.

Le droit de prendre part aux votes est suspendu pour ceux dont l'élection est annulée ou dont l'élection est ajournée par le Conseil général. Toutefois cette suspension ne peut dépasser la durée de la session dans laquelle l'ajournement a été prononcé.

M. Ganivet, après M. Méplain, et répondant à ce dernier, qui avait demandé ce qu'on entendait par *excès de pouvoir*, expliqua que toutes les fois qu'un Conseil général statuerait sur une élection, sans qu'une réclamation l'eût investi du droit de juger, il commettrait un *excès de pouvoir*.

Se plaçant ensuite au point de vue *contentieux*, il dit que l'article 16 lui paraissait bien incomplet, et ne s'expliquait pas, par exemple, sur la question de savoir s'il y aurait, comme sous l'ancienne législation, un débat contradictoire.

M. Albert Christophle répondit que, dans la pensée de la

commission, le Conseil général se trouvait substitué comme tribunal de première instance aux conseils de préfecture ; que par conséquent la procédure suivie et en usage devant ces tribunaux administratifs se trouverait de plein droit applicable à la juridiction du Conseil général, et qu'enfin la jurisprudence du conseil d'État donnerait la solution de toutes les questions posées par M. Ganivet.

M. Victor Lefranc, *ministre de l'agriculture et du commerce*, soumit à son tour à l'Assemblée quelques observations, qui peuvent se résumer ainsi :

Le texte du projet de loi indique l'intention que l'on a eue de faire du Conseil général, non un corps délibérant jugeant souverainement l'admissibilité de ses membres, mais bien un tribunal qui n'aurait à juger que lorsqu'il serait saisi par une réclamation. Il trouve, *comme député*, cette innovation malheureuse, et engage la commission à examiner de nouveau cette question.

Le renvoi de l'article 16 fut en effet ordonné, et la commission proposa la rédaction suivante, qui est devenu le texte de l'art. 16 :

Le Conseil général vérifie les pouvoirs de ses membres. Il n'y a pas de recours contre ses décisions. (*Officiel* du 20 juillet.)

M. le marquis d'Andelarre développa les motifs qui avaient porté la commission à s'arrêter à cette nouvelle rédaction.

Avant d'arriver à l'article de la commission, M. le Président fixa d'abord la délibération sur les amendements.

Un premier amendement était présenté par MM. Delille et René Brice ; il portait :

Le Conseil général statue sur les réclamations relatives à la validité de l'élection de ses membres et vérifie leurs pouvoirs, le tout sauf appel devant l'Assemblée nationale.

La décision du Conseil général contre laquelle on voudra se pourvoir sera, dans les vingt jours, déférée à l'Assemblée, par requête énonçant les griefs. Cette requête sera remise sur récépissé dans les bureaux de la questure ; elle sera ensuite signi-

fiée par voie d'huissier, au nom du réclamant, à la partie intéressée qui pourra, dans les dix jours suivants, présenter un mémoire en réponse. L'Assemblée statuera sur le rapport d'une commission nommée par les bureaux.

Cet amendement, pas plus qu'un amendement de M. Rivet, disposant que les réclamations contre la validité des élections du Conseil général continueraient à être portées devant le conseil de préfecture, assisté de magistrats inamovibles désignés par la Cour d'appel du ressort, en nombre égal à celui de ses membres, ne fut adopté et le nouvel article de la commission fut au contraire voté.

Lors de la troisième délibération (*Officiel* du 2 août), M. du Breuil de Saint-Germain proposa un amendement qui consistait à remplacer l'article 16 par la disposition suivante :

Les réclamations ci-dessus sont portées devant une commission de trois ou cinq membres choisis chaque année par le Conseil général, parmi ses membres.

Cette commission siège et statue dans les formes et suivant les règles actuellement en vigueur pour les conseils de préfecture.

M. du Breuil de Saint-Germain rappela le grand nombre de systèmes qui s'étaient produits. Son amendement était né, dit-il, des débats mêmes qui avaient eu lieu devant l'Assemblée. Il lui avait paru que le reproche le plus sérieux adressé au système actuel venait de la suspicion dans laquelle on tenait le conseil de préfecture.

Mon amendement, ajoutait-il, répond à cette préoccupation. Les intérêts des justiciables seront mieux sauvegardés par une commission siégeant judiciairement, obligée de motiver ses jugements, que par un Conseil général émettant des votes non motivés.

Malgré la valeur réelle de cette argumentation, l'amendement ne fut pas pris en considération, et l'article 16 fut maintenu tel qu'il avait été voté à la deuxième délibération.

L'article 16 prit, par suite de ce vote, la place des articles 16 et 17 du projet primitif.

ART. 17.

Le conseiller général élu dans plusieurs cantons est tenu de déclarer son option au président du Conseil général, dans les trois jours qui suivront la vérification de ses pouvoirs. A défaut d'option dans ce délai, le Conseil général détermine, en séance publique et par la voie du sort, à quel canton le conseiller appartiendra.

Lorsque le nombre de conseillers non domiciliés dans le département dépasse le quart du conseil, le Conseil général procède de la même façon pour désigner celui ou ceux dont l'élection doit être annulée.

A la deuxième délibération (*Officiel* du 20 juillet), M. Ganivet demanda quel serait le Conseil général compétent, si le conseiller général qui devrait être l'objet d'un tirage au sort avait été élu dans deux départements différents.

M. le rapporteur répondit que le cas ne s'était encore jamais présenté, et M. le président ajouta : que les deux conseils seraient compétents.

A la troisième délibération (*Officiel* du 2 août), M. Naquet avait présenté un amendement qui consistait à remplacer dans le premier paragraphe : *le conseiller général élu dans plusieurs cantons* par : *le conseiller général élu dans plusieurs arrondissements.*

Et à substituer au bas du même paragraphe aux mots :

... *et par la voie du sort à quel canton le conseiller appartiendra*, les mots :

... *et par la voie du sort, à quel arrondissement le conseiller appartiendra.*

Cet amendement, qui n'était que la conséquence du système déjà soutenu par M. Naquet et qui ne fut pas d'ailleurs défendu par son auteur, fut rejeté.

ART. 18.

Tout conseiller général qui, par une cause survenue postérieurement à son élection, se trouve dans un des cas prévus par les articles 7, 8, 9 et 10, ou se trouve frappé de l'une des incapacités qui font perdre la qualité d'électeur, est déclaré démissionnaire par le Conseil général, soit d'office, soit sur la réclamation de tout électeur.

Cet article a été voté sans discussion ni observation.

ART. 19.

Lorsqu'un conseiller général aura manqué à une session ordinaire, sans excuse légitime admise par le Conseil, il sera déclaré démissionnaire par le Conseil général dans la dernière séance de la session.

L'article proposé par la commission portait : «... aura manqué à *deux* sessions ordinaires et consécutives. »

A la troisième délibération (*Officiel* du 2 août), M. Langlois fit observer qu'on ne pouvait pas admettre qu'un conseiller général manquât à une seule session, sans excuse légitime. L'amendement fut pris en considération et renvoyé à la commission, qui en proposa l'adoption. (*Officiel* du 3 août.)

ART. 20.

Lorsqu'un conseiller général donne sa démission, il l'adresse au président du Conseil général ou au président de la Commission départementale qui en donne immédiatement avis au Préfet.

Article adopté sans discussion ni observation.

Art. 21.

Les conseillers généraux sont nommés pour six ans; ils sont renouvelés par moitié tous les trois ans, et indéfiniment rééligibles. En cas de renouvellement intégral, à la session qui suit ce renouvellement, le Conseil général divise les cantons du département en deux séries, en répartissant autant que possible, dans une proportion égale, les cantons de chaque arrondissement dans chacune des séries, et il procède ensuite à un tirage au sort pour régler l'ordre de renouvellement des séries.

Le projet primitif de la commission était ainsi conçu :

Les conseillers généraux sont nommés pour neuf *ans. Ils sont renouvelés par tiers tous les* trois *ans, et indéfiniment rééligibles.*

En cas de renouvellement intégral, à la session qui suit ce renouvellement, le Conseil général divise les cantons du département en trois *séries, en répartissant autant que possible, dans une proportion égale, les cantons de chaque arrondissement dans chacune des séries, et il procède ensuite à un tirage au sort pour régler l'ordre du renouvellement des séries.*

A la deuxième délibération (*Officiel* du 14 juillet), M. Oscar de La Fayette présenta un amendement qui consistait à substituer au renouvellement par tiers tous les trois ans le renouvellement par moitié tous les trois ans.

M. Oscar de La Fayette disait, à l'appui de son amendement, que les mandats de trop longue durée sont inconciliables avec les institutions qui nous régissent.

Le mandat de neuf ans, ajoutait-il, est une inamovibilité d'une nouvelle espèce, car les conseillers généraux seront inattaquables de deux côtés : ils ne pourront être révoqués par le pouvoir qui ne les aura pas nommés, et ils ne seront responsables devant leurs électeurs que tous les neuf ans.

M. Chardon avait également présenté un amendement qui ne différait de celui de M. de La Fayette qu'en ce que M. Chardon voulait le renouvellement par tiers tous les deux ans, et M. de La Fayette le renouvellement par moitié tous les trois ans.

M. Guibal appuya l'amendement de M. de La Fayette.

M. Baze insista, au contraire, pour maintenir la durée du mandat pendant neuf ans, avec le renouvellement par tiers tous les trois ans, afin, disait-il, que l'esprit de tradition se maintînt dans l'Assemblée départementale.

M. Target, au nom de la minorité de la commission, demanda le maintien de l'article, tel qu'il avait été présenté.

M. le Ministre de l'intérieur fit simplement remarquer que si on adoptait la durée du mandat de neuf ans, il fallait le renouvellement par tiers, mais que si le terme de six ans prévalait, le renouvellement par moitié devait être préféré, afin de ne pas mettre trop souvent en mouvement le corps électoral.

A la suite de ces discussions et déclarations diverses, M. le président fit connaître que la commission substituait à son article primitif l'amendement de M. Chardon ainsi conçu : *Les conseillers généraux sont nommés pour six ans ; ils sont renouvelés par tiers tous les deux ans, et indéfiniment rééligibles.*

MM. Baze et Target reprirent à titre d'amendement le travail originaire de la commission, qui fut d'abord mis aux voix, et pour lequel il fut déposé deux demandes de scrutin public. Cet amendement fut adopté par 326 voix contre 281.

Le deuxième paragraphe de l'article 21 fut également adopté.

A la troisième délibération (*Officiel* du 3 août), M. Pascal Duprat proposa de remplacer le premier paragraphe par la disposition suivante : *Les conseillers généraux sont nommés pour quatre ans. Ils se renouvellent par moitié tous les deux ans.*

L'amendement fut repoussé.

M. Chardon proposa de nouveau l'amendement qu'il avait présenté à la deuxième délibération, *mandat de six ans, renouvelé par tiers tous les deux ans.*

La division sur cet amendement fut demandée, et la Chambre adopta la première partie, *mandat de six ans.*

La deuxième partie de l'amendement, *renouvellement par tiers tous les deux ans*, fut repoussée.

MM. de Bonald, Ernoul et de Chabrol présentèrent un amendement sur le mode de renouvellement. Il était ainsi conçu : « *Ils sont renouvelés par moitié tous les trois ans, et sont indéfiniment rééligibles.* »

Cet amendement fut adopté.

M. Naquet proposa au deuxième paragraphe de l'article 21 un amendement ainsi conçu : *En cas de renouvellement intégral, à la session qui suit ce renouvellement, le Conseil général divise ses membres en trois séries, en répartissant proportionnellement les conseillers de chaque arrondissement dans chacune des séries, et il procède ensuite au tirage au sort pour régler l'ordre du renouvellement des séries.*

L'amendement fut rejeté.

Avant le vote sur l'ensemble de l'article, M. le baron Chaurand fit remarquer que, par suite de l'adoption du renouvellement sexennal, il fallait, dans le deuxième paragraphe, au lieu de : *Le Conseil général divise les cantons en trois séries*, dire : *en deux séries.* L'article 21 ainsi modifié fut mis aux voix et adopté.

Art. 22.

En cas de vacance par décès, option, démission, par une des causes énumérées aux articles 17, 18 et 19, ou par toute autre cause, les électeurs devront être réunis dans le délai de trois mois.

Toutefois, si le renouvellement légal de la série à laquelle appartient le siége vacant doit avoir lieu avant la prochaine session ordinaire du Conseil général, l'élection partielle se fera à la même époque.

La commission départementale est chargée de veiller

à l'exécution du présent article. Elle adresse ses réquisitions au Préfet et, s'il y a lieu, au Ministre de l'Intérieur.

Article adopté sans discussion ni observation.

TITRE III.

Des sessions des Conseils généraux.

Art. 23.

Les Conseils généraux ont chaque année deux sessions ordinaires.

La session dans laquelle sont délibérés le budget et les comptes commence de plein droit le premier lundi qui suit le 15 août et ne pourra être retardée que par une loi.

L'ouverture de l'autre session a lieu au jour fixé par le Conseil général dans la session du mois d'août précédent. Dans le cas où le Conseil général se serait séparé sans avoir pris aucune décision à cet égard, le jour sera fixé et la convocation sera faite par la Commission départementale, qui en donnera avis au Préfet.

La durée de la session d'août ne pourra excéder un mois; celle de l'autre session ordinaire ne pourra excéder quinze jours.

A la deuxième délibération (*Officiel* du 15 juillet), M. de Marcère présenta, sur l'article 23 (1), un amendement ainsi

(1) L'article 23 était alors l'article 24. Cette transposition des numéros est due à la fusion des deux articles 16 et 17 en un seul, qui a été voté à la troisième délibération.

conçu : *Le Conseil général a quatre sessions par an. Il pourra, en outre, être réuni sur la convocation du préfet, laquelle pourra être provoquée par les deux tiers de ses membres.*

Toutefois l'auteur de l'amendement en réserva le développement pour la troisième délibération.

M. Lambrecht, *ministre de l'intérieur*, fit observer qu'il y avait quelque inconvénient à déterminer d'avance un jour fixe qui ne devrait être changé que par une loi, car il pourrait arriver que, la nécessité d'un ajournement se présentant, les Chambres ne fussent pas réunies.

M. le *rapporteur* répondit que la commission avait voulu, en premier lieu, que la grande session des Conseils généraux fût, de plein droit, indépendante de toute fantaisie du Pouvoir exécutif, et que, quant aux craintes exprimées par M. le ministre, elles étaient sans fondement, parce que le seul motif de retard pour la session d'août ne pourrait provenir que du retard dans le vote du budget général de la France, et que la chambre, se trouvant réunie, serait toujours en mesure de statuer sur l'ajournement de la session des Conseils généraux.

Sur une observation de M. Henri Fournier, qui aurait voulu qu'on fixât au 16 août la première réunion du Conseil général, M. Target rappela qu'il était dans les usages d'ouvrir la session un lundi, et que cet usage offrait plusieurs avantages pour les travaux du Conseil général.

L'article 23 fut ensuite voté, et ne donna lieu à aucune nouvelle observation à la troisième délibération.

Art. 24.

Les Conseils généraux peuvent être réunis extraordinairement,

1° Par décret du chef du pouvoir exécutif;

2° Si les deux tiers des membres en adressent la demande écrite au président.

Dans ce cas, le président est tenu d'en donner avis

immédiatement au préfet qui devra convoquer d'urgence.

La durée des sessions extraordinaires ne pourra excéder huit jours.

La première rédaction donnait le droit de convocation à la commission départementale. M. le *rapporteur* de la commission déclara, avant toute discussion sur cet article (deuxième délibération, *Officiel* du 15 juillet), que par déférence pour le désir exprimé par M. le ministre de l'intérieur, et sur la représentation faite par plusieurs membres de l'Assemblée, la commission avait renoncé à laisser cette prérogative à la commission départementale.

M. Reverchon proposa à l'article 24 un amendement d'après lequel il suffisait de la demande de la moitié plus un des membres pour convoquer le Conseil général, au lieu des deux tiers exigés par le projet de la commission.

L'amendement ne fut pas adopté.

M. Delacour proposa d'ajouter à l'avant-dernier paragraphe, qui, dans le projet, se terminait à cette phrase : *Dans ce cas, le président est tenu d'en donner avis immédiatement au préfet*, les mots : *qui devra convoquer d'urgence.*

Cette addition fut adoptée, et l'article maintenu sans discussion à la troisième délibération.

Art. 25.

A l'ouverture de la session d'août, le Conseil général, réuni sous la présidence du doyen d'âge, le plus jeune membre faisant fonctions de secrétaire, nomme au scrutin secret et à la majorité absolue son président, un ou plusieurs vice-présidents, et ses secrétaires.

Leurs fonctions durent jusqu'à la session d'août de l'année suivante.

Article adopté sans discussion ni observations.

ART. 26.

Le Conseil général fait son règlement intérieur.

Article adopté sans discussion ni observations.

ART. 27.

Le préfet a entrée au Conseil général; il est entendu quand il le demande, et assiste aux délibérations, excepté lorqu'il s'agit de l'apurement de ses comptes.

Article adopté sans discussion ni observations.

ART. 28.

Les séances des Conseils généraux sont publiques.

Néanmoins, sur la demande de cinq membres, du président ou du préfet, le Conseil général, par assis et levé, sans débats, décide s'il se formera en comité secret.

Article adopté sans discussion ni observations.

ART. 29.

Le président a seul la police de l'assemblée.

Il peut faire expulser de l'auditoire ou arrêter tout individu qui trouble l'ordre.

En cas de crime ou de délit, il en dresse procès-verbal, et le procureur de la République en est immédiatement saisi.

Article adopté sans discussion ni observations.

Art. 30.

Le Conseil général ne peut délibérer si la moitié plus un des membres dont il doit être composé n'est présente.

Les votes sont recueillis au scrutin public, toutes les fois que le sixième des membres présents le demande. En cas de partage, la voix du président est prépondérante.

Néanmoins les votes sur les nominations et sur les validations d'élections contestées ont toujours lieu au scrutin secret.

Le résultat des scrutins publics, énonçant les noms des votants, est reproduit au procès-verbal.

M. Henri Vinay avait proposé, à la deuxième délibération (*Officiel* du 15 juillet), un amendement consistant à substituer au troisième paragraphe de l'article 30 la rédaction suivante : *Néanmoins les votes sur les nominations ont toujours lieu au scrutin secret.* Il proposait, en conséquence, de supprimer les mots : *sur les validations d'élections contestées.*

Le motif qui a porté la commission, disait-il, à adopter le scrutin secret pour les validations des élections contestées a dû être la crainte de susciter quelques inimitiés entre les membres du Conseil général. Si ce motif se justifie jusqu'à un certain point, on s'aperçoit bientôt qu'il y a un danger sérieux à rendre le scrutin secret obligatoire. Ce qu'il faut craindre, ajoutait-il, ce ne sont pas les rancunes futures, ce sont, au contraire, les rancunes passées.

M. Jules Buisson avait proposé une rédaction plus générale. Elle était ainsi conçue : *Néanmoins les votes impliquant des questions personnelles auront lieu au scrutin secret.*

Ces amendements, d'abord réservés, ne furent pas adoptés.

L'article 30, tel qu'il avait été voté à la deuxième délibération, portait au § 1er : *Le Conseil général ne peut délibérer que si la moitié plus un de ses membres est présente.*

A la troisième délibération (*Officiel* du 3 août), la commission proposa de rédiger ce premier paragraphe de la manière suivante : *Le Conseil général ne peut délibérer si la moitié plus un des membres dont il se compose n'est présente.*

L'article 30, mis aux voix avec la nouvelle rédaction de la commission, fut adopté.

Avant ce vote, M. *le président* avait consulté l'Assemblée sur un nouvel amendement de M. Naquet. Au lieu de : *Le Conseil général ne peut délibérer que si la moitié plus un de ses membres est présente*, M. Naquet proposait de dire : *Le Conseil général ne peut délibérer que si le nombre des membres présents dépasse la moitié du nombre total des conseillers, le Conseil étant supposé au complet.*

L'Assemblée ne prit pas cet amendement, auquel la nouvelle rédaction de la commission avait du reste donné satisfaction, en considération.

Art. 31.

Les Conseils généraux devront établir jour par jour un compte-rendu sommaire et officiel de leurs séances, qui sera tenu à la disposition de tous les journaux du département dans les quarante-huit heures qui suivront la séance.

Les journaux ne pourront apprécier une discussion du Conseil général sans reproduire en même temps la portion du compte-rendu afférente à cette discussion.

Toute contravention à cette disposition sera punie d'une amende de 50 à 500 fr.

Lors de la deuxième délibération (*Officiel* du 15 juillet), M. Savary demanda le rejet de l'article 31. Il se fonda d'abord sur ce que les comptes-rendus seraient plus ou moins étendus, selon les volontés diverses des Conseils généraux, et qu'ainsi on pourrait aller jusqu'à en rendre la reproduction matériellement impossible. Il ajouta, en second lieu, qu'il serait également impossible à la presse de faire sur les vœux exprimés par les Conseils généraux un travail d'ensemble, puisqu'il serait interdit aux journaux d'apprécier la discussion et la décision des Conseils généraux, sans reproduire en même temps la portion du compte-rendu afférente à cette discussion ou à cette décision.

M. Paul Bethmont qui, suivant ses propres déclarations, avait fait adopter à la commission l'article 31, ne contesta pas, en répondant à M. Savary, qu'il n'y eût, dans l'application de cet article, des difficultés pratiques; mais il ajouta que la publicité des séances accordée aux Conseils généraux empêcherait un grand nombre de membres, souvent les plus utiles, de prendre la parole, si le compte-rendu n'était pas un de ces comptes-rendus analytiques exacts, qui donnent les raisons plus encore que les physionomies, qui suppriment le *bégayement* et qui rendent la *pensée*. Le compte-rendu officiel évitera, dit-il, qu'on dénature la discussion qui aura eu lieu et la décision qui aura été prise.

L'article 31, dont on demanda la division, fut voté, paragraphe par paragraphe, et adopté dans son entier, avec la rédaction suivante :

Les Conseils généraux devront établir jour par jour un compte rendu sommaire et officiel de leurs séances, qui sera tenu à la disposition de tous les journaux du département.

Les journaux ne pourront apprécier une discussion ou une décision du Conseil général, sans reproduire en même temps la portion du compte-rendu afférente à cette discussion ou à cette décision.

Toute contravention à cette disposition sera punie d'une amende de 50 à 500 fr.

Mais, à la troisième délibération (*Officiel* du 3 août), deux paragraphes additionnels furent présentés par MM. Loustalot et Boucau.

Ils proposaient d'ajouter au premier paragraphe «... *dans les vingt-quatre heures qui suivront les séances.* »

Sur quelques observations qui furent faites, M. Loustalot accepta le délai de quarante-huit heures. Cette partie de l'amendement ainsi modifié fut prise en considération.

La seconde partie de l'amendement de MM. Loustalot et Boucau consistait à ajouter, au deuxième paragraphe de l'article 31, ... *à moins qu'il n'y ait retard dans la communication du compte-rendu.*

L'Assemblée ne prit pas en considération cette seconde partie de l'amendement.

La commission, à la suite de la prise en considération de la première partie de l'amendement Loustalot et Boucau, proposa une nouvelle rédaction de l'article 31 (*Officiel* du 4 août), qui complétait le premier paragraphe par l'indication du délai de quarante-huit heures et supprimait du deuxième paragraphe le mot *décision*.

La discussion s'engagea sur cette nouvelle rédaction, et MM. René Brice et de Janzé proposèrent de supprimer entièrement les deux derniers paragraphes.

Dans ma conviction, disait M. René Brice, obliger les journaux, lorsqu'ils voudront discuter une opinion émise au sein du Conseil général, à insérer en même temps toutes les parties de la séance dans laquelle cette opinion se sera produite, aurait pour conséquence de placer ce qui se dira, ce qui se fera dans les Conseils généraux, en dehors de toute appréciation et de toute critique, et de porter ainsi à l'influence de ces assemblées, influence que l'on veut cependant étendre, un coup véritablement fatal.

Dans ces conditions, ajoutait-il, le silence se fera autour des conseils de département; la presse restera muette sur leurs travaux.

Un membre fit observer que le mot *décisions* avait été rayé dans la nouvelle rédaction de la commission, et que la publication du compte-rendu ne serait plus exigée que lorsqu'on voudrait apprécier les *discussions*.

Une demande de scrutin public avait été déposée sur l'amendement de MM. de Janzé et René Brice.

Le dépouillement du scrutin donna les résultats suivants : votants, 617 :

Pour l'adoption, 250.

Contre, 367.

L'article 31 fut ensuite mis aux voix, avec la nouvelle rédaction de la commission, et adopté dans son ensemble.

Art. 32.

Les procès-verbaux des séances, rédigés par un des secrétaires, sont arrêtés au commencement de chaque séance, et signés par le président et le secrétaire.

Ils contiennent les rapports, les noms des membres qui ont pris part à la discussion et l'analyse de leurs opinions.

Tout électeur ou contribuable du département a le droit de demander la communication sans déplacement et de prendre copie de toutes les délibérations du Conseil général, ainsi que des procès-verbaux des séances publiques, et de les reproduire par la voie de la presse.

Article adopté sans discussion ni observations.

Art. 33.

Tout acte et toute délibération d'un Conseil général

relatifs à des objets qui ne sont pas légalement compris dans ses attributions, sont nuls et de nul effet.

La nullité est prononcée par un décret rendu dans la forme des règlements d'administration publique.

Article adopté sans discussion ni observations.

ART. 34.

Toute délibération prise hors des réunions du Conseil général, prévues ou autorisées par la loi, est nulle et de nul effet.

Le préfet, par un arrêté motivé, déclare la réunion illégale, prononce la nullité des actes, prend toutes les mesures nécessaires pour que l'assemblée se sépare immédiatement et transmet son arrêté au procureur-général du ressort pour l'exécution des lois et l'application, s'il y a lieu, des peines déterminées par l'article 258 du Code pénal. En cas de condamnation, les membres condamnés sont déclarés par le jugement exclus du Conseil et inéligibles pendant les trois années qui suivront la condamnation.

Article adopté sans discussion ni observations.

ART. 35.

Pendant les sessions de l'Assemblée nationale, la dissolution d'un Conseil général ne peut être prononcée par le chef du Pouvoir exécutif, que sous l'obligation expresse d'en rendre compte à l'Assemblée dans le plus bref délai possible. En ce cas, une loi fixe la date de la nouvelle élection, et décide si la commission départementale doit conserver son mandat jusqu'à la réunion du nouveau Conseil général, ou autorise le pouvoir exécutif à en nommer provisoirement une autre.

ART. 36.

Dans l'intervalle des sessions de l'Assemblée nationale, le chef du pouvoir exécutif peut prononcer la dissolution d'un Conseil général pour des causes spéciales à ce conseil.

Le décret de dissolution doit être motivé.

Il ne peut jamais être rendu par voie de mesure générale. Il convoque en même temps les électeurs du département pour le *quatrième* dimanche qui suivra sa date. Le nouveau Conseil général se réunit de plein droit le deuxième lundi après l'élection et nomme sa commission départementale.

Ces deux articles ne formaient dans le projet primitif qu'un seul article ainsi conçu :

La dissolution d'un ou plusieurs Conseils généraux ne peut être prononcée que par une loi. En ce cas, la loi fixe la date de la nouvelle élection qui doit avoir lieu avant l'époque de la session suivante, et au plus tard dans le délai de trois mois, à partir du jour de la dissolution. La loi décide si la commission départementale doit conserver son mandat jusqu'à la réunion du nouveau Conseil général, ou autorise le pouvoir exécutif à en nommer provisoirement une autre.

MM. Besson, Raoul Duval et quelques autres membres de l'Assemblée proposèrent à la deuxième délibération (*Officiel* du 15 juillet) un amendement qui consistait à ajouter : *Aucun pouvoir exécutif, quelle que soit son origine, ne pourra, par mesure générale, ordonner la dissolution des Conseils généraux.*

M. Albert Desjardins combattit à la fois l'amendement et le

projet de la commission. La pensée qui les a inspirés, dit-il, n'est pas douteuse. On a voulu empêcher à l'avenir le retour d'un excès de pouvoir, qui a été récemment commis à l'égard des Conseils généraux ; mais, dans des temps troublés et de dictature, ce texte de loi n'opposerait aucune barrière, et, en temps normal, le système proposé pourrait avoir de graves inconvénients. Si un conflit surgissait entre le Conseil général d'un département et le Pouvoir exécutif, comment sortir de ce conflit ?

M. Lenoël répondit au nom de la commission. Il dit, pour détruire l'argument de M. Desjardins, qu'une assemblée faisait des lois, sans se préoccuper du jour où l'on viendrait violemment les détruire, et que deux intérêts se trouvant en présence, celui de l'État et celui du département, il ne fallait pas que, sur un simple avis du préfet, le pouvoir exécutif, représentant l'État, pût supprimer la représentation départementale.

M. Lambrecht, *ministre de l'intérieur*, demanda le renvoi de l'article à la commission. D'après lui, il y avait des dangers sérieux à désarmer le gouvernement. Si, d'un côté, dit-il, on a donné aux assemblées départementales le droit de se réunir sur la demande de leurs membres, il faut au moins laisser comme contre-poids au pouvoir exécutif le droit de les dissoudre ou de les suspendre.

M. Waddington, *rapporteur*, déclara que la commission ne partageait pas les craintes que M. le ministre venait d'exprimer, que, d'après elle, le Conseil général ne devait avoir qu'un seul tuteur, l'Assemblée nationale, mais que la majorité de la commission ne s'opposait pas d'une manière absolue aux droits de suspension pour le cas où un conflit surviendrait dans l'intervalle des sessions de l'Assemblée.

Après un discours de M. Picard, qui combattit vivement le système proposé par la commission et les auteurs de l'amendement, et après les répliques de MM. Raoul Duval et Moulin, ce dernier parlant au nom de la commission, l'article fut renvoyé à la commission, sur la demande de la commission elle-même et du ministre de l'intérieur.

Dans la séance du 17 juillet (*Officiel* du 18 juillet), M. Waddington, *rapporteur*, expliqua, pour justifier la rédaction proposée par la commission, qu'il lui avait paru préférable de donner au gouvernement le droit de dissolution et de lui refuser le droit de suspension.

La suspension, dit-il, aurait de graves inconvénients, et entre autres celui, si la suspension n'était pas ultérieurement confirmée par l'Assemblée, de mettre le Conseil général, qui aurait été l'objet de cette mesure, en hostilité ouverte avec le gouvernement et le préfet du département.

D'ailleurs, ajouta le rapporteur, les cas de dissolution seront toujours très-rares (ce cas ne s'étant présenté qu'une fois depuis la loi de 1838); et si, comme il est probable, l'Assemblée nationale nomme une commission permanente pour la représenter pendant ses vacances, le gouvernement ne pourra prendre une aussi grave décision sans en référer d'abord à cette commission.

Le rapporteur donna en conséquence lecture de la rédaction suivante :

La dissolution d'un ou plusieurs Conseils généraux ne peut être prononcée que par une loi. En ce cas, la loi fixe la date de la nouvelle élection qui doit avoir lieu avant l'époque de la session suivante, et au plus tard dans le délai de trois mois, à partir du jour de la dissolution. La loi décide si la commission départementale doit conserver son mandat jusqu'à la réunion du nouveau Conseil général, ou autorise le pouvoir exécutif à en nommer provisoirement une autre.

Dans l'intervalle des sessions de l'Assemblée nationale, le chef du Pouvoir exécutif peut prononcer la dissolution d'un Conseil général, pour des causes spéciales à ce conseil.

Le décret de dissolution doit être motivé. Il ne peut jamais être rendu par voie de mesure générale ; il convoque en même temps les électeurs du département pour le troisième dimanche qui suivra sa date. Le nouveau Conseil général se réunit de plein droit le deuxième lundi après l'élection, et nomme sa commission départementale.

M. Lambrecht, *ministre de l'intérieur*, tout en rappelant que la commission avait bien voulu faire droit à ses observations en accordant au gouvernement la possibilité de dissoudre un Conseil général en l'absence de l'Assemblée nationale, y avait mis toutefois pour condition que le Pouvoir exécutif convoquerait les électeurs dans les *vingt* jours, fit observer que ce délai était insuffisant, et qu'il faudrait un intervalle de trois mois pour laisser aux excitations locales le temps de se calmer.

M. Lucet répondit, au nom de la commission, qu'elle avait cru devoir limiter à trois semaines ce délai, parce que le décret de dissolution emporterait avec lui la dissolution de la commission départementale. Or, comme cette commission devra se réunir au moins une fois par mois, la marche régulière des affaires départementales se trouverait interrompue. Il a donc fallu, dit-il, limiter à trois semaines le délai de convocation des électeurs pour ne pas subir la nécessité de livrer au préfet la nomination d'une commission départementale provisoire.

M. René Brice, examinant le fond de l'article additionnel, déclara que, quant à lui, il ne trouvait de logique et ne comprenait que deux choses : la dissolution d'un Conseil général, toujours prononcée par une loi, et la suspension laissée au Pouvoir exécutif, quand il y aurait nécessité.

M. Paul Bethmont, en répondant à quelques nouvelles observations présentées par M. le ministre de l'intérieur, relatives au délai de trois mois, dit : que si ce délai était accordé, il aurait pour conséquence la nomination d'une commission départementale qui serait d'autant plus dangereuse qu'elle n'émanerait pas du Conseil général.

A la suite de ses observations, les deux paragraphes de l'article 35 furent successivement votés, tels qu'ils étaient présentés par la commission.

A la troisième délibération, M le ministre de l'intérieur demanda, d'accord avec la commission, que l'article 35 fût réservé (*Officiel* du 3 août).

A la séance du 7 août (*Officiel* du 8 août), M. le président fit connaître la nouvelle rédaction proposée par la commission.

Dans la première partie de ces dispositions, qui forme aujourd'hui l'article 35, le droit de dissoudre un conseil général pour des causes spéciales à ce conseil est reconnu au gouvernement, même pendant la session de l'Assemblée nationale, à charge d'en rendre compte dans le plus bref délai possible à l'Assemblée.

La seconde partie, devenue l'article 36 de la loi, reproduit le paragraphe additionnel voté à la seconde délibération et reconnait le droit de dissolution au chef du pouvoir exécutif pendant l'intervalle des sessions, en lui prescrivant de convoquer à bref délai les électeurs pour le renouvellement du conseil dissous. Le délai de trois semaines proposé d'abord a été porté à quatre semaines.

Les deux articles ont été successivement mis aux voix et adoptés sans autre discussion.

TITRE IV.

Des attributions des Conseils généraux.

Art. 37.

Le Conseil général répartit chaque année à sa session d'août les contributions directes, conformément aux règles établies par les lois.

Avant d'effectuer cette répartition, il statue sur les demandes délibérées par les conseils compétents en réduction de contingent.

Article adopté sans discussion ni observations.

Art. 38.

Le Conseil général prononce définitivement sur les demandes en réduction de contingent formées par les communes, et préalablement soumises au conseil compétent.

Article adopté sans discussion ni observations.

ART. 39.

Si le Conseil général ne se réunissait pas, ou s'il se séparait sans avoir arrêté la répartition des contributions directes, les mandements des contingents seront délivrés par le préfet, d'après les bases de la répartition précédente, sauf les modifications à porter dans le contingent en exécution des lois.

Article adopté sans discussion ni observations.

ART. 40.

Le Conseil général vote les centimes additionnels, dont la perception est autorisée par les lois.

Il peut voter des centimes extraordinaires dans la limite du maximum fixé annuellement par la loi des finances.

Il peut voter également les emprunts départementaux remboursables dans un délai qui ne pourra excéder quinze années, sur les ressources ordinaires et extraordinaires.

Article adopté sans discussion ni observations.

ART. 41.

Dans le cas où le Conseil général voterait une contribution extraordinaire ou un emprunt au-delà des limites déterminées dans l'article précédent, cette contribution ou cet emprunt ne pourrait être autorisé que par une loi.

Article adopté sans discussion ni observations.

Art. 42.

Le Conseil général arrête, chaque année, à sa session d'août, dans les limites fixées annuellement par la loi de finances, le maximum du nombre des centimes extraordinaires que les conseils municipaux sont autorisés à voter, pour en affecter le produit à des dépenses extraordinaires d'utilité communale.

Si le Conseil général se sépare sans l'avoir arrêté, le maximum fixé pour l'année précédente est maintenu jusqu'à la session d'août de l'année suivante.

Lors de la deuxième délibération (*Officiel* du 18 juillet), M. le rapporteur présenta l'observation suivante au sujet de cet article : La loi de 1866 fixait pour les emprunts communaux un maximum de vingt centimes. Nous n'avons pas mis de maximum dans notre projet de loi, et nous avons changé la rédaction en disant que ce maximum sera voté annuellement par la loi de finances.

Je fais cette observation, ajouta le rapporteur, pour qu'il soit bien entendu que nous ne voulons pas changer la quotité actuelle, mais seulement réserver à la loi de finances le soin de la fixer.

Art. 43.

Chaque année, dans sa session d'août, le Conseil général, par un travail d'ensemble comprenant toutes les communes du département, procède à la révision des sections électorales et en dresse le tableau.

Article adopté sans discussion ni observations.

ART. 44.

Le Conseil général opère la reconnaissance, détermine la largeur et prescrit l'ouverture et le redressement des chemins vicinaux de grande communication et d'intérêt commun.

Les délibérations qu'il prend à cet égard produisent les effets spécifiés aux articles 15 et 16 de la loi du 21 mai 1836.

Dans le projet primitif, l'article 44 était ainsi conçu :

Le Conseil général prononce la déclaration d'utilité publique des routes départementales, des chemins vicinaux de grande communication, et des autres travaux à exécuter sur les fonds du département, excepté les chemins de fer d'intérêt local.

Cette déclaration aura les mêmes effets que le décret exigé par les articles 2 et 3 de la loi du 3 mai 1841.

Il prononce également la déclaration d'utilité publique des chemins vicinaux ordinaires, lorsqu'il y a lieu d'exproprier des terrains bâtis.

L'article 44, ainsi rédigé, avait été adopté sans discussion à la deuxième délibération (*Officiel* du 18 juillet).

A la troisième délibération, l'article 44, d'abord *réservé* dans la séance du 2 août, fut reproduit et maintenu avec sa rédaction primitive par la commission, dans la séance du 3 août (*Officiel* du 4 août).

M. Clément proposa de remplacer cet article par le suivant : *Le Conseil général opère la reconnaissance, détermine la largeur et prescrit l'ouverture et le redressement des chemins vicinaux de grande communication et d'intérêt commun. Les délibérations qu'il prend à cet égard produisent les effets spéciaux aux articles 15 et 16 de la loi du 21 mai 1836.*

M. Clément justifia son amendement par les observations suivantes :

« Dans son premier travail, la commission proposait de donner au Conseil général le droit de déclarer l'utilité publique de tous les travaux d'intérêt départemental, et donnait également à la commission départementale le droit de déclarer l'utilité publique pour tous les travaux d'intérêt communal.

« La commission, tout en abandonnant plus tard le droit exorbitant laissé à la commission départementale, a maintenu le droit conféré au Conseil général dans l'article 44.

« Dans la première partie de l'article, le projet donne au Conseil général le droit de déclarer l'utilité publique des chemins vicinaux de grande communication et d'intérêt commun, c'est-à-dire qu'elle transporte au Conseil général les pouvoirs attribués au préfet par la loi du 21 mai 1836. La seule différence, c'est que les arrêtés du préfet, en pareille matière, étaient susceptibles de recours devant le ministre compétent, et que ce contrôle et ce recours disparaissent.

« La seconde partie a pour but de donner aux Conseils généraux le droit souverain de déclarer tous les travaux, quels qu'ils soient, d'utilité publique départementale. Cette innovation est des plus graves.

« La législation actuelle, du 3 mai 1841, qui règle complétement la matière de l'expropriation pour cause d'utilité publique, exige que, pour les grands travaux qui doivent être faits, soit par le département, soit par les communes, le pouvoir législatif prononce la déclaration d'utilité publique, et qu'il intervienne, pour les travaux de moindre importance, un décret du chef de l'État, délibéré en Conseil d'État.

« On ne saurait, en effet, entourer de trop de garanties la propriété privée, et adopter le projet de la commission serait l'abandonner sans contrôle à des administrations locales.

« Au point de vue des intérêts généraux, l'État doit conserver le droit de reconnaître la nécessité et le but de certains travaux qui peuvent réagir sur l'économie générale du pays. »

M. Clément signala encore un autre inconvénient grave : la difficulté dans la pratique de mettre en harmonie l'article 44 et la loi du 3 mai 1841. Ainsi, après l'enquête préalable à la déclaration d'utilité publique, et la déclaration d'utilité publique, vient une seconde enquête pour recevoir les réclamations des intéressés. Une commission, composée de conseillers généraux et d'arrondissement, du maire, de l'ingénieur, donne son avis sur les réclamations intervenues. Si l'avis de la commission est de modifier le tracé primitif, c'est le ministre qui prononce, après l'examen du dossier par le conseil d'État.

Or, lorsque le Conseil général aura déclaré l'utilité publique, si la commission d'enquête demande une modification au projet primitif, ce sera le pouvoir central qui devra en connaître, et dans les conditions les plus défavorables, car il n'aura pas eu connaissance du travail préparatoire.

L'amendement de M. Clément fut pris en considération, et renvoyé à la commission.

A la séance du 7 août (*Officiel* du 8 août), la commission déclara, par l'organe de son rapporteur, persister dans sa première rédaction.

M. Albert Christophle, au nom de la commission, réfuta les arguments et combattit surtout les craintes de M. Clément en ce qui concerne les garanties à donner à la propriété privée. D'après lui, le Conseil général apporterait à l'étude de ces questions un examen plus approfondi que celui qui se fait aujourd'hui au conseil d'État.

Après quelques nouvelles observations de M. Clément, M. Batbie appuya le principe de la commission.

M. Lambrecht, *ministre de l'intérieur*, fit ressortir toute l'importance de la question soumise à l'Assemblée, et ajouta que ce serait changer un principe protecteur de la loi de 1841 que d'enlever la déclaration d'utilité publique au pouvoir souverain.

L'amendement de M. Clément fut adopté, et a remplacé le projet primitif de l'article 44.

MM. Roger-Marvaise et Jouin proposèrent d'ajouter à cet article le paragraphe suivant :

En cas de désaccord sur la répartition de la dépense de travaux intéressant à la fois le département et les communes, il est statué par décret du conseil d'État, les conseils municipaux, les conseils d'arrondissement et le Conseil général entendus.

M. Roger-Marvaise dit que l'amendement présenté par M. Jouin et par lui n'était que la reproduction littérale de la loi du 10 mai 1838 d'après laquelle le Conseil général ne pouvait statuer définitivement sur la répartition des dépenses occasionnées par l'exécution de travaux intéressant à la fois les communes et le département. L'administration supérieure, qui règle les budgets des communes et du département, a seule tous les éléments nécessaires pour apprécier leurs ressources respectives, et par suite connaître les charges qu'on peut leur imposer sans apporter de trouble dans les services municipaux ou départementaux.

Les raisons qui avaient déterminé le législateur de 1838 à réserver la décision à l'autorité supérieure existant encore, MM. Jouin et Roger-Marvaise demandaient la reproduction dans le projet actuel de l'article 35 de la loi de 1838.

L'article additionnel, mis aux voix, ne fut pas pris en considération.

Art. 45.

Le Conseil général, sur l'avis motivé du directeur et de la commission de surveillance, pour les écoles normales, du proviseur ou du principal et du bureau d'administration, pour les lycées ou colléges, du chef d'institution pour les institutions d'enseignement libre, nomme et révoque les titulaires des bourses entretenues sur les fonds départementaux.

L'autorité universitaire ou le chef d'institution libre peut prononcer la révocation dans les cas d'urgence ; ils en donnent avis immédiatement au président de la commission départementale et en font connaître les motifs.

Le Conseil général détermine les conditions auxquelles seront tenus de satisfaire les candidats aux fonctions rétribuées exclusivement sur les fonds départementaux et les règles des concours d'après lesquels les nominations devront être faites.

Néanmoins sont maintenus les droits des archivistes-paléographes tels qu'ils sont réglés par l'ordonnance de 1833.

Le projet de l'article 45, revisé par la commission (1), et présenté lors de la deuxième délibération (*Officiel* du 18 juillet), était ainsi conçu :

Le Conseil général, sur l'avis motivé du directeur de la commission de surveillance, pour les écoles normales, du proviseur ou du principal et du bureau d'administration, pour les lycées ou colléges, nomme et révoque les titulaires des bourses entretenues sur les fonds départementaux. L'autorité universitaire peut prononcer la révocation dans les cas d'urgence; elle en donne avis immédiatement au président de la commission départementale, et en fait connaître les motifs.

Le Conseil général nomme et révoque, sur la proposition du préfet, les titulaires de tous les emplois salariés exclusivement sur les fonds départementaux, à l'exception toutefois de ceux qui relèvent de la juridiction du conseil supérieur de l'instruction publique.

A la deuxième délibération (*Officiel* du 18 juillet), M. Delacour s'éleva contre le second paragraphe de l'article 45 d'après

(1) L'article 45 dans le premier projet était ainsi conçu :

« Le Conseil général nomme et révoque les titulaires des bourses entretenues sur les fonds départementaux.

« Il nomme et révoque les titulaires de tous les emplois salariés les fonds départementaux, dont il n'a point attribué lui-même la nomination à la commissiondépartementale. »

Cette rédaction a été modifiée à la suite des observations présentées dans le cours de la première délibération.

lequel, sur la proposition des préfets, le Conseil général devait nommer à l'avenir les agents payés sur les fonds départementaux. C'est un des articles les plus dangereux de la loi, dit-il, car on ne saurait admettre que le préfet, responsable de l'exécution des travaux décidés par le Conseil général, ait sous ses ordres des agents qui seront indépendants de son autorité.

M. Lenoël répondit que M. Delacour s'exagérait les inconvénients qui pourraient résulter de ce nouvel état de choses.

M. le ministre de l'intérieur fit spécialement remarquer que ce paragraphe ne parlait que des nominations et était muet sur les révocations. Qu'adviendra-t-il si une révocation devenait nécessaire dans l'intervalle des sessions du Conseil général?

Le rapporteur répondit que cette dernière question était réservée, et serait résolue par l'article 77 d'après lequel le préfet ou la commission départementale devaient statuer dans les cas d'urgence.

Le premier paragraphe fut adopté, et le deuxième rejeté.

Deux articles additionnels à l'article 45 furent proposés; le premier, présenté par M. Marcel Barthe, était ainsi conçu :

Le Conseil général détermine les conditions auxquelles les candidats seront tenus de satisfaire et les règles de concours d'après lesquelles les nominations devront être faites.

M. Ganivet, tout en s'associant à la pensée qui avait dicté cet article additionnel, dit que la rédaction formulée ainsi qu'il suit serait plus complète :

Le Conseil général détermine les conditions auxquelles sera tenu de satisfaire le candidat aux emplois salariés exclusivement sur les fonds départementaux.

M. Barthe accepta cette nouvelle rédaction.

Sur l'observation de M. Paulin Gillon que l'amendement de M. Barthe n'avait plus de raison d'être depuis que le deuxième paragraphe de l'article 45 avait été rejeté, M. Barthe déclara au contraire que, puisque le préfet restait chargé de nommer les employés rétribués sur les fonds départementaux, il fallait que le Conseil général participât dans une certaine mesure aux nominations en déterminant lui-même les règles d'après lesquelles ces nominations devaient être faites.

Ce paragraphe additionnel fut adopté.

M. Lahitte présenta un autre paragraphe additionnel ainsi conçu :

Les directeurs et médecins en chef et adjoints des asiles d'aliénés seront nommés par le ministre de l'intérieur, sur une liste de trois candidats présentés par la commission départementale; mais cet article fut retiré par son auteur, par suite du rejet du paragraphe 2 de l'article 45.

A la troisième délibération (*Officiel* du 3 août), M. de la Rochette présenta sur cet article l'amendement suivant :

Après ces mots : « *le Conseil général, sur l'avis motivé du directeur et de la commission de surveillance, pour les écoles normales; du proviseur ou du principal et du bureau d'administration, pour les lycées ou collèges,* » ajouter :

Du chef ou du supérieur pour les institutions d'enseignement libre.

Le but de son amendement était : qu'une bourse étant accordée, le père de famille fût libre de mettre son fils dans telle institution qu'il lui conviendrait.

L'amendement fut pris en considération.

La commission présenta, à la séance du 7 août (*Officiel* du 8 août), une nouvelle rédaction de l'article 45 par laquelle il tenait compte de l'amendement de La Rochette, et proposa une disposition additionnelle à ce même article, ainsi conçue :

Néanmoins, les élèves de l'École des chartes qui ont obtenu le brevet d'archiviste-paléographe peuvent être nommés archivistes de département hors concours et sans examen.

M. de Kerdrel proposa une autre disposition additionnelle qui remplacerait celle de la commission :

Sont maintenus néanmoins les droits des archivistes-paléographes tels qu'ils sont réglés par le décret du 19 février 1850.

MM. Morvan, Testelin, Buisson et Lebreton proposèrent de compléter l'article additionnel de M. de Kerdrel en ajoutant :

..... *et ceux des médecins aliénistes dont la position est réglée par le décret du 6 juin* 1863.

M. Jules Simon, *ministre de l'instruction publique et des cultes*, appuya l'amendement de M. de Kerdrel en disant qu'il considérait son adoption comme indispensable à la prospérité de l'École des chartes.

Il résulta des explications fournies et de l'interprétation du décret de 19 février 1850 que les élèves de l'École des chartes restaient à la nomination de M. le ministre de l'intérieur, et devaient encore obtenir de préférence les places d'archivistes dnas les départements.

L'amendement de M. de Kerdrel fut adopté.

M. Testelin dit, au sujet de son amendement, que le décret du 6 juin 1863 réglait le mode de nomination, la hiérarchie et le mode d'avancement des médecins aliénistes; qu'il ne fallait pas implicitement abroger ce décret, et que c'était dans ce but qu'il avait proposé son amendement, qui ne fut pas pris cependant en considération (1).

Art. 46.

Le Conseil général statue définitivement sur les objets ci-après désignés, savoir :

1° Acquisition, aliénation et échange des propriétés départementales mobilières ou immobilières, quand ces propriétés ne sont pas affectées à l'un des services énumérés au n° 4;

2° Mode de gestion des propriétés départementales;

3° Baux de biens donnés ou pris à ferme ou à loyer, quelle qu'en soit la durée;

4° Changement de destination des propriétés et des édifices départementaux autres que les hôtels de préfec-

(1) Voir à l'article 55 une nouvelle discussion soulevée par la présentation d'un amendement de M. Wilson.

ture et de sous-préfectures, et des locaux affectés aux cours d'assises, aux tribunaux, aux écoles normales, au casernement de la gendarmerie et aux prisons;

5° Acceptation ou refus de dons et legs faits au département, quand ils ne donnent pas lieu à réclamation.

6° Classement et direction des routes départementales.

Projets, plans et devis des travaux à exécuter pour la construction, la rectification ou l'entretien desdites routes, désignation des services qui seront chargés de leur construction et de leur entretien;

7° Classement, direction et fixation de la largeur des chemins vicinaux de grande communication et des chemins d'intérêt commun; désignation des communes qui doivent concourir à la construction et à l'entretien desdits chemins, et fixation du contingent annuel de chaque commune; le tout sur l'avis des conseils compétents;

Répartition des subventions accordées sur les fonds de l'État ou du département aux chemins vicinaux de toute catégorie;

Désignation des services auxquels sera confiée l'exécution des travaux sur les chemins vicinaux de grande communication et d'intérêt commun, et mode d'exécution des travaux à la charge du département;

Taux de la conversion en argent des journées de prestation;

8° Déclassement des routes départementales, des chemins vicinaux de grande communication et d'intérêt commun;

9° Projets, plans et devis de tous autres travaux à

exécuter sur les fonds départementaux et désignation des services auxquels ces travaux seront confiés;

10° Offres faites par les communes, les associations ou les particuliers pour concourir à des dépenses quelconques d'intérêt départemental;

11° Concessions à des associations, à des compagnies ou à des particuliers de travaux d'intérêt départemental;

12° Direction des chemins de fer d'intérêt local, mode et conditions de leur construction, traités et dispositions nécessaires pour en assurer l'exploitation;

13° Établissement et entretien des bacs et passages d'eau sur les routes et chemins à la charge du département; fixation des tarifs de péage;

14° Assurance des bâtiments départementaux;

15° Actions à intenter ou à soutenir au nom du département, sauf les cas d'urgence, dans lesquels la commission départementale pourra statuer;

16° Transactions concernant les droits des départements;

17° Recettes de toute nature et dépenses des établissements d'aliénés appartenant au département; approbation des traités passés avec des établissements privés ou publics pour le traitement des aliénés du département;

18° Service des enfants assistés;

19° Part de la dépense des aliénés et des enfants assistés, qui sera mise à la charge des communes, et base de la répartition à faire entre elles;

20° Création d'institutions départementales d'assistance publique et service de l'assistance publique dans les établissements départementaux ;

21° Etablissement et organisation des caisses de retraites ou de tout autre mode de rémunération en faveur des employés des préfectures et des sous-préfectures et des agents salariés sur les fonds départementaux ;

22° Part contributive du département aux dépenses des travaux qui intéressent à la fois les départements et les communes;

23° Difficultés élevées relativement à la répartition de la dépense des travaux qui intéressent plusieurs communes du département;

24° Délibérations des conseils municipaux ayant pour but l'établissement, la suppression ou les changements de foires et marchés;

25° Délibérations des conseils municipaux ayant pour but la prorogation des taxes additionnelles d'octroi actuellement existantes, ou l'augmentation des taxes principales au-delà d'un décime, le tout dans les limites du maximum des droits et de la nomenclature des objets fixés par le tarif général, établi conformément à la loi du 24 juillet 1867 ;

26° Changements à la circonscription des communes d'un même canton et à la désignation de leurs chefs-lieux, lorsqu'il y a accord entre les conseils municipaux.

Lors de la deuxième délibération de l'article 46, MM. le comte Jaubert et de Champvallier proposèrent un amendement consistant à supprimer le troisième alinéa du paragraphe 6, ainsi conçu : *Désignation des services qui seront chargés de leur construction et de leur entretien.*

M. de Champvallier fit connaître le but de son amendement,

qui était le maintien, dit-il, de ce qui existe aujourd'hui, c'est-à-dire que tout ce qui concerne la construction, la réparation et l'entretien des routes départementales, soit complétement laissé aux ingénieurs des ponts et chaussées. Non-seulement, ajouta-t-il, le maintien de l'alinéa 3 du paragraphe 6 porterait une atteinte fatale à une administration d'un mérite incontesté, mais encore détruirait un contrat, au moins tacite, entre l'État, qui a donné ses routes (loi de 1811), et les départements. Les routes départementales devraient donc être laissées aux mains des ingénieurs et la vicinalité à la désignation du service que les Conseils généraux voudraient choisir.

M. de Tillancourt demanda, au contraire, le maintien du troisième alinéa du paragraphe 6. Tout en rendant hommage à la science et aux capacités du corps des ponts et chaussées, si ce corps était investi d'un droit, dit-il, il se considérerait comme souverain. Il ajouta qu'il n'avait aucun doute que cette administration n'obtînt la direction des routes départementales, alors que les Conseils généraux ne seraient pas obligés de la lui conférer.

M. le baron de Larcy, *ministre des travaux publics*, déclara qu'il ne partageait pas les espérances de M. de Tillancourt, et que c'était une chose très-grave, au point de vue de l'intérêt de la science et au point de vue de l'intérêt des travaux publics en France, que d'adopter le principe posé par la commission. D'après lui, il n'y aurait plus aucune garantie pour l'avenir, le recrutement des élèves ingénieurs ne pourrait plus se faire avec certitude, et l'école qui les produit se trouverait livrée à des chances fâcheuses d'incertitude.

M. Raoul Duval appuya les motifs développés par M. le ministre des travaux publics, en disant qu'une administration qui existait depuis un siècle et demi (1715) allait être désorganisée, et demanda tout au moins l'ajournement de cet alinéa du paragraphe 6.

M. Claude (des Vosges) présenta encore quelques observations dans un sens contraire, et l'amendement de MM. le comte Jaubert et de Champvailler, qui consistait à supprimer le troisième alinéa du paragraphe 6, mis aux voix, ne fut pas adopté.

A la troisième délibération (*Officiel* du 3 août), M. le comte Jaubert demanda encore la suppression du troisième alinéa du paragraphe 6, et, malgré ses énergiques protestations, l'Assemblée persista dans son premier vote.

De la sorte, le Conseil général reste le maître absolu de confier le service des routes départementales à l'administration qui lui conviendra le mieux.

M. de Champvallier, au sujet du paragraphe 7, fit observer, à la deuxième délibération (*Officiel* du 18 juillet), que c'était sans doute par erreur que la commission avait dit : « classement, direction et fixation de la largeur des chemins vicinaux de grande communication, désignation des chemins vicinaux d'intérêt commun; » et qu'on pouvait croire, d'après cette rédaction, que le Conseil général n'aurait pas le droit de décider le classement, la direction et la largeur des chemins d'intérêt commun.

Il proposa de dire : « classement, direction et fixation de la largeur des chemins vicinaux de grande communication et des chemins d'intérêt commun. »

La commission accepta la modification, et la première partie du paragraphe 7, ainsi rédigée, fut mise aux voix et adoptée.

M. Vinay proposa de terminer cette première partie du paragraphe 7 par l'addition suivante :

« Le maximum du contingent ne pourra, sans l'avis conforme du conseil municipal de chaque commune intéressée, excéder la moitié de ses centimes vicinaux ordinaires (et il ajouta dans le cours de sa discussion) et de ses prestations. »

M. Vinay dit, pour justifier son amendement, qu'après avoir déjà donné aux Conseils généraux le pouvoir autoritaire d'appréciation pour le classement, malgré l'avis contraire des communes, il ne fallait pas encore leur accorder le pouvoir arbitraire de fixation du contingent de chaque commune; le danger serait d'autant plus grand que sous l'ancienne législation on pouvait appeler des décisions du préfet mal informé devant le préfet mieux informé, puis devant le ministre, et enfin devant le Conseil d'État, tandis que les décisions du Conseil général seraient sans recours.

M. Paul Bethmont soutint l'amendement, qui ne fut pas adopté.

A la troisième délibération (*Officiel* du 3 août), le dernier alinéa du paragraphe 7 fut un peu modifié dans sa rédaction.

Il était primitivement ainsi conçu : « Désignation des services auxquels sera confiée l'exécution des travaux sur lesdits chemins, et mode d'exécution des travaux à la charge des départements. »

Il fut modifié ainsi qu'il suit : « Désignation des services auxquels sera confiée l'exécution des travaux sur les chemins vicinaux de grande communication et d'intérêt commun, et mode d'exécution des travaux à la charge du département. »

Le paragraphe 8, tel qu'il avait été présenté par la commission, était ainsi conçu : « Déclassement des routes départementales, des chemins vicinaux de grande communication et d'intérêt commun, même lorsque leur tracé se prolonge sur le territoire d'un ou plusieurs départements, à la condition toutefois de consulter préalablement les départements intéressés. »

A la deuxième délibération (*Officiel* du 18 juillet), M. le ministre des travaux publics fit observer que, lorsqu'une route départementale s'étendait sur le territoire de plusieurs départements, elle n'avait plus un caractère exclusivement local, et qu'il faudrait au moins, avant de la déclasser, s'assurer l'assentiment des départements voisins, et ne pas s'exposer à créer des tronçons de route qui seraient entretenus dans un département et abandonnés dans un autre. Il ajouta que l'État se réserverait toujours le droit de reprendre ces routes, et d'en faire des routes nationales, s'il croyait qu'elles eussent un caractère d'intérêt général.

Le rapporteur répondit : que l'État pourrait sans nul doute classer comme routes nationales les routes qui intéresseraient plusieurs départements ; que, quant aux autres, la commission réclamait pour le Conseil général le droit absolu d'en disposer.

M. Batbie fit remarquer, à son tour, combien il serait peu

raisonnable de permettre à un seul Conseil général de disposer d'une route sans demander, non pas seulement l'avis, mais le consentement des autres départements intéressés. L'article 93 de la loi, ajouta-t-il, règle d'une manière satisfaisante les questions d'intérêt commun à plusieurs départements ; il y aurait donc lieu de retrancher du paragraphe 8 les mots : « même lorsque leur tracé se prolonge sur le territoire d'un ou plusieurs départements, » et de s'en référer, pour la solution de cette question, à l'application de l'article 93.

Le paragraphe 8, ainsi modifié, fut mis aux voix et adopté.

Le paragraphe 12 donna lieu à quelques observations de la part de M. de Montgolfier, à la deuxième délibération (*Officiel* du 19 juillet.) Ce paragraphe, dit-il, semble indiquer que le Conseil général statue définitivement sur la direction des chemins de fer d'intérêt local comme en matières de routes départementales et de chemins vicinaux. Pour qu'il n'y eût pas équivoque, il proposa d'ajouter à ce paragraphe : *Conformément à la loi du* 12 *juillet* 1865, *dont les dispositions sont maintenues.*

M. Waddington, *rapporteur*, répondit que la rédaction du paragraphe 12 était purement et simplement celle de la loi du 12 juillet 1865, et que l'addition demandée par M. de Montgolfier n'aurait aucun but.

La disposition additionnelle proposée, mise aux voix, ne fut pas adoptée.

Le paragraphe 18 fut l'objet, à la deuxième délibération (*Officiel* du 19 juillet), de la part de M. Daguenet, d'une demande d'explication. Les Conseils généraux votent, dit-il, chaque année les crédits nécessaires à l'entretien des établissements d'aliénés. Lorsque ces crédits sont insuffisants, on pourvoit aux dépenses, soit par des crédits supplémentaires, soit au moyen d'allocations qui sont portées au budget rectificatif.

Il y a des circonstances où l'exercice, au lieu de produire un excédant de dépenses, donne un excédant de bénéfices. Lorsque cette dernière éventualité se produit, l'administration de l'établissement s'empare de ces bonis, à l'exclusion du Conseil général. Ils sont sans doute employés à l'agrandissement, à l'amélioration de l'établissement, mais sans la participation du Conseil général, et sur un simple avis du conseil d'État. Un pareil régime ne peut pas être maintenu, et la commission doit expliquer si elle entend dire que le Conseil général aura la possession entière, exclusive de l'administration et la disposition de toutes les ressources.

M. le rapporteur répondit que cette question avait été déjà réglée par la loi de 1866, dont le pargraphe 18 n'était que la reproduction. Or des termes de cette loi il résultait que le Conseil général statuait absolument sur toutes les recettes et dépenses des établissements d'aliénés appartenant au département. Du reste, le rapporteur déclara ne pas s'opposer à ce qu'il fût ajouté, ainsi que le demandait M. Daguenet : *recettes de toute nature.*

Le paragraphe 18, ainsi complété, futadopté. Le paragraphe 20 donna lieu à la deuxième délibération (*Officiel* du 19 juillet), à un amendement de M. Vinay, qui devait terminer ce paragraphe ainsi qu'il suit : ... *sur la base de la répartition qui sera arrêtée par un règlement général d'administration publique.*

Pour justifier son amendement, M. Vinay disait qu'il craignait que le Conseil général n'imposât aux communes une trop forte part de dépenses, et qu'il n'y eût en outre dans cette fixation des écarts considérables de département à département.

M. le rapporteur fit observer qu'en matière d'enfants assistés, la question avait été déjà réglée par la loi du 5 mai 1869, que cette loi fixait au cinquième le maximum que les communes pouvaient être appelées à fournir dans la part des enfants assistés.

Quant aux aliénés, la question restait telle qu'elle était sous la loi de 1866. Au surplus, ajouta le rapporteur, les dépenses des aliénés ne sont pas considérables pour les communes qui n'ont jamais qu'un ou deux aliénés au plus.

M. Vinay objecta que les Conseils généraux pourraient mettre en entier, s'ils le jugeaient à propos, les dépenses des aliénés à la charge des communes, et qu'il voudrait voir inscrit dans le projet de loi le principe d'une réglementation uniforme.

L'amendement de M. Vinay, mis aux voix, ne fut pas adopté.

Le paragraphe 22 provoqua, à la deuxième délibération (*Officiel* du 19 juillet), quelques observations de la part de M. le ministre de l'intérieur.

Les employés de préfecture et de sous-préfecture, dit-il, ne sont pas salariés sur les fonds départementaux, et il semble dès lors anormal que le Conseil général statue sur l'organisation de leurs caisses de retraite.

M. Ganivet répondit que les Conseils généraux avaient l'habitude de voter certains crédits pour l'entretien des caisses de retraite des employés de préfecture et de sous-préfecture; qu'en outre, le bénéfice de ces caisses était étendu aux employés salariés par le département, aux agents-voyers, par exemple, et aux architectes, etc., qu'il n'y avait donc aucun inconvénient à voter le paragraphe 22.

Après une épreuve douteuse, le paragraphe 22 fut adopté.

Le paragraphe 25 fut attaqué, à la deuxième délibération (*Officiel* du 19 juillet), par M. Amat, qui en demanda le rejet, par le motif qu'il fallait laisser aux conseillers municipaux le soin de statuer eux-mêmes sur l'établissement de leurs foires et marchés.

M. Richier n'eut pas de peine à démontrer l'abus qui serait fait de cette faculté, qui nuirait aux transactions commerciales au lieu de leur être profitable.

Le paragraphe 25 fut maintenu.

Le paragraphe 27 donna lieu, à la deuxième délibération (*Officiel* du 19 juillet), à un amendement de M. le baron de Vinols, qui proposa de remplacer ce paragraphe par le suivant : *Changements à la circonscription territoriale des communes, cantons et arrondissements du département et à la désignation des chefs-lieux des communes et des cantons.*

Les questions relatives à des changements de circonscription territoriale et à des désignations de chefs-lieux ont, dit M. de Vinols, un intérêt essentiellement local et départemental. Aussi sont-elles exclusivement du domaine du Conseil général.

M. le rapporteur répondit que la commission avait pensé qu'il n'était pas possible d'aller plus loin que la rédaction qu'elle avait proposée, et d'après laquelle le Conseil général statuerait sur les questions de circonscription des communes lorsque les communes intéressées seraient d'accord entre elles. Sur toutes les autres questions, la commission laissait subsister la législation existante.

L'amendement de M. le baron de Vinols, mis aux voix, ne fut pas adopté.

A la troisième délibération (*Officiel* du 4 août), M. de Lamberterie proposa une disposition additionnelle ainsi conçue : *Chaque Conseil général a le droit d'établir dans son département, pour le compte et dans l'intérêt de ce département, une caisse d'assurance contre l'incendie, qu'il administre lui-même.*

M. Waddington, *rapporteur*, fit observer que la question soulevée par M. de Lamberterie n'était pas de celles qui pouvaient être jugées à propos d'une loi départementale.

La commission, ajouta-t-il, ne conteste pas d'une manière absolue l'utilité de la mesure, mais elle ne croit pas qu'il soit opportun de la discuter quant à présent. Il y aura lieu de le faire lorsqu'il s'agira d'une loi sur les compagnies d'assurances.

L'amendement de M. de Lamberterie ne fut pas pris en considération.

Art. 47.

Les délibérations par lesquelles les Conseils généraux statuent définitivement sont exécutoires si, dans le délai de vingt jours, à partir de la clôture de la session, le préfet n'en a pas demandé l'annulation, pour excès de pouvoir ou pour violation d'une disposition de la loi ou d'un règlement d'administration publique.

Le recours formé par le préfet doit être notifié au président du Conseil général et au président de la commission départementale. Si dans le délai de deux mois, à partir de la notification, l'annulation n'a pas été prononcée, la délibération est exécutoire.

Cette annulation ne peut être prononcée que par un décret rendu dans la forme des règlements d'administration publique.

A la troisième délibération, la commission proposa d'ajouter au deuxième paragraphe de l'article 47 ces mots : *et au président de la commission départementale.*

Le deuxième paragraphe fut voté avec l'addition proposée.

ART. 48.

Le Conseil général délibère :

1° Sur l'acquisition, l'aliénation et l'échange des propriétés départementales affectées aux hôtels de préfecture et de sous-préfecture, aux écoles normales, aux cours d'assises et tribunaux, au casernement de la gendarmerie et aux prisons ;

2° Sur le changement de destination des propriétés départementales affectées à l'un des services ci-dessus énumérés ;

3° Sur la part contributive à imposer au département dans les travaux exécutés par l'État qui intéressent le département ;

4° Sur les demandes des conseils municipaux : 1° pour l'établissement ou le renouvellement d'une taxe d'octroi sur des matières non comprises dans le tarif général indiqué à l'article 46 ; 2° pour l'établissement ou le renouvellement d'une taxe excédant le maximum fixé par ledit tarif; 3° pour l'assujettissement à la taxe des objets non encore imposés dans le tarif local ; 4° pour les modifications aux règlements ou aux périmètres existants.

5° Sur tous les autres objets sur lesquels il est appelé à délibérer par les lois et règlements, et généralement sur tous les objets d'intérêt départemental dont il est saisi, soit par une proposition du préfet, soit sur l'initiative d'un de ses membres.

Article adopté sans discussion ni observations.

ART. 49.

Les délibérations prises par le Conseil général sur les matières énumérées à l'article précédent sont exécutoires si, dans le délai de trois mois à partir de la clôture de la session, un décret motivé n'en a pas suspendu l'exécution.

Article adopté sans discussion ni observations.

ART. 50.

Le Conseil général donne son avis :

1° Sur les changements proposés à la circonscription du territoire du département, des arrondissements, des cantons et des communes, et à la désignation des chefs-lieux, sauf le cas où il statue définitivement, conformément à l'article 46, n° 26;

2° Sur l'application des dispositions de l'article 90 du Code forestier relatives à la soumission au régime forestier des bois, taillis ou futaies, appartenant aux communes, et à la conversion en bois de certains pâturages;

3° Sur les délibérations des conseils municipaux relatives à l'aménagement, au mode d'exploitation, à l'aliénation et au défrichement des bois communaux;

Et généralement sur tous les objets sur lesquels il est

appelé à donner son avis, en vertu des lois et règlements, ou sur lesquels il est consulté par les ministres.

Le paragraphe 3 de l'article 50 n'existait pas.

Dans le premier projet de rédaction, ce ne fut qu'à la troisième délibération que MM. Paul Cottin et Reverchon proposèrent de donner une garantie de plus aux communes, l'avis protecteur du Conseil général (*Officiel* du 4 août). Son amendement fut pris en considération.

Dans la séance du 7 août (*Officiel* du 8 août), la commission présenta une nouvelle rédaction de l'article 50, comprenant le troisième paragraphe additionnel, qui fut adopté.

Art. 51.

Le Conseil général peut adresser directement au ministre compétent, par l'intermédiaire de son président, les réclamations qu'il aurait à présenter dans l'intérêt spécial du département, ainsi que son opinion sur l'état et les besoins des différents services publics, en ce qui touche le département.

Il peut charger un ou plusieurs de ses membres de recueillir sur les lieux les renseignements qui lui sont nécessaires pour statuer sur les affaires qui sont placées dans ses attributions.

Tous vœux politiques lui sont interdits. Néanmoins il peut émettre des vœux sur toutes les questions économiques et d'administration générale.

Le troisième paragraphe de l'article 51 a donné lieu à des débats très-vifs.

La rédaction primitive de la commission était celle-ci : *Il peut émettre des vœux sur toutes les questions qui concernent l'intérêt général du pays.*

Sur les observations qui furent échangées, la commission modifia sa rédaction ainsi qu'il suit :

Il peut émettre des vœux sur toutes les questions économiques et d'administration générale ; tous autres vœux politiques sont interdits.

A la deuxième délibération (*Officiel* du 20 juillet), M. le ministre de l'intérieur fit observer, en présence de la nouvelle rédaction de la commission, que, si la forme était changée, le sens ne l'était pas beaucoup, car, dit-il, avec cette formule : *toutes les questions économiques et d'administration générale*, les Conseils généraux pourront toujours arriver à émettre les vœux politiques qui leur conviendront.

M. le ministre demanda de supprimer purement et simplement le paragraphe.

M. Moulin répondit qu'il y avait deux excès à éviter. Le premier serait celui qui consisterait à donner aux Conseils généraux un droit illimité d'émettre des vœux touchant la politique, mais le second serait de restreindre la compétence et l'autorité des Conseils généraux.

Il est impossible, ajoutait-il, de les empêcher d'aborder les questions économiques, quand même elles toucheraient à la politique. D'après lui, la rédaction proposée par la commission était conçue dans une juste mesure.

M. Lenoël dit également que ce serait peine inutile que de vouloir restreindre les Conseils généraux dans leurs vœux à émettre. Quelques membres demandèrent qu'on supprimât le mot *autres*.

M. Victor Lefranc, *ministre de l'agriculture et du commerce*, déclara que, quant à lui, il croyait prudent de ne donner à un pouvoir qu'on organise, que l'étude des questions dont il a la solution.

M. Lucien Brun, membre de la commission, défendit la rédaction proposée. Il dit que les vœux politiques proprement dits étaient interdits d'après cette rédaction, et qu'il n'y avait d'autorisé que les vœux émis sur des questions économiques, qui ne toucheraient qu'indirectement à la politique.

Le troisième paragraphe fut voté, avec la suppression du mot *autres*.

A la troisième délibération (*Officiel* du 4 août), M. Amat proposa de remplacer le troisième paragraphe de l'article 51, par la rédaction suivante :

Il peut chaque année consacrer une séance à émettre des vœux.

L'Assemblée ne prit pas l'amendement en considération.

M. Marcel Barthe proposa de remplacer ces mots : *Tous vœux politiques sont interdits*, par ceux-ci : *Tous vœux quelconques sur la forme du gouvernement, sur les questions constitutionnelles, sur la politique intérieure et sur la politique extérieure, lui sont interdits.*

M. Barthe prétendit que la rédaction de l'article 51 était insuffisante, mais ajouta qu'il ne la combattait pas ; car, d'après lui, l'émission de vœux politiques changerait complétement le caractère des Conseils généraux. Il dit en terminant, que, d'ailleurs, l'interdiction des vœux politiques ne portait atteinte à aucune liberté, puisque chaque conseiller général avait, pour émettre ses idées politiques, la presse, le droit de pétition et de réunion.

M. le marquis d'Andelarre répondit au nom de la commission qu'elle pensait comme le gouvernement, comme M. Barthe lui-même, que le domaine de la politique devait être interdit aux Conseils généraux, mais que la rédaction du paragraphe 3 de l'article 51 et les explications fournies au sujet de l'interprétation à donner à ce paragraphe, répondaient à tout.

L'amendement de M. Marcel Barthe ne fut pas adopté.

M. Charles Roland proposa un autre amendement ainsi formulé : *Tous vœux politiques lui sont interdits, toutefois il peut émettre des vœux sur toutes les questions d'administration générale.* Ni son amendement, ni celui de M. Pascal Duprat, qui proposait de supprimer le dernier paragraphe de l'article 51, ne furent pris en considération.

ART. 52.

Les chefs de service des administrations publiques dans le département sont tenus de fournir verbalement ou par écrit tous les renseignements qui leur seraient réclamés par le Conseil général, sur les questions qui intéressent le département.

Article adopté sans discussion ni observations.

ART. 53.

Le préfet accepte ou refuse les dons et legs faits au département, en vertu, soit de la décision du Conseil général, quand il n'y a pas de réclamations des familles, soit de la décision du gouvernement, quand il y a réclamation.

Le préfet peut toujours, à titre conservatoire, accepter les dons et legs. La décision du Conseil général ou du gouvernement, qui intervient ensuite, a effet du jour de cette acceptation.

Article adopté sans discussion ni observations.

ART. 54.

Le préfet intente les actions en vertu de la décision du Conseil général, et il peut, sur l'avis conforme de la commission départementale, défendre à toute action intentée contre le département.

Il fait tous actes conservatoires et interruptifs de déchéance.

En cas de litige entre l'État et le département, l'action

est intentée ou soutenue, au nom du département, par un membre de la Commission départementale désigné par elle.

Le préfet, sur l'avis conforme de la Commission départementale, passe les contrats au nom du département.

Le dernier paragraphe de cet article n'existait pas dans le projet primitif ; la commission donnait au contraire le droit de passer les contrats au président de la commission départementale.

A la troisième délibération (*Officiel* du 4 août), M. Ganivet propose de rédiger ainsi le commencement de l'article 54 : *Le préfet, au nom du département, passe les contrats, intente les actions*... Le reste comme au projet.

Dans l'ordre logique, dit-il, et en suivant les dispositions de la loi, et notamment de l'article 3, nous voyons que le préfet est chargé d'exécuter les décisions du Conseil général et de la commission départementale. C'est donc pour mettre en harmonie l'article 54, avec ces dispositions, que l'amendement a été présenté.

L'amendement fut pris en considération, et, à la séance du 7 août, la commission proposa d'ajouter, pour donner satisfaction à l'amendement de M. Ganivet, un paragraphe additionnel ainsi conçu :

Le préfet, sur l'avis conforme de la commission départementale, passe les contrats au nom du département.

Le paragraphe additionnel et l'ensemble de l'article 54 furent adoptés.

Art. 55.

Aucune action judiciaire, autre que les actions possessoires, ne peut, à peine de nullité, être intentée contre un département, qu'autant que le demandeur a préalablement adressé au préfet un mémoire exposant l'objet et les motifs de sa réclamation.

Il lui en est donné récépissé.

L'action ne peut être portée devant les tribunaux que deux mois après la date du récépissé, sans préjudice des actes conservatoires.

La remise du mémoire interrompra la prescription, si elle est suivie d'une demande en justice dans le délai de trois mois.

Dans le projet primitif, le dernier alinéa de l'article 55 était ainsi conçu : *Durant cet intervalle, le cours de toute prescription demeurera suspendu.*

M. Batbie, à la deuxième délibération (*Officiel* du 19 juillet), fit remarquer, au sujet de ce dernier alinéa, qu'il n'était que la reproduction d'une disposition de la loi du 10 mai 1838 (art. 37), qui avait donné lieu à quelques difficultés d'interprétation qu'il importait de faire disparaître. Il s'agit en effet, dit-il, d'interruption de prescription et non pas de suspension. Il proposa en conséquence de rédiger cet alinéa ainsi qu'il suit :

La remise du mémoire interrompra la prescription, si elle est suivie d'une demande en justice, dans le délai de trois mois.

La commission adhéra à cette nouvelle rédaction qui fut adoptée.

A la troisième délibération (*Officiel* du 4 août), M. Wilson proposa un article additionnel qui devait prendre place entre l'article 55 et l'article 56. Cet article était ainsi conçu .

Le préfet, sur l'avis de la commission départementale, nomme les titulaires de tous les emplois salariés sur les fonds départementaux, à l'exception de ceux qui relèvent du conseil supérieur de l'instruction publique. Il les suspend et les révoque.

M. Wilson déclara d'abord que son amendement était accepté par la commission, et qu'il était conforme à l'esprit général de la loi. Il ajouta : Dans l'article 45, au dernier paragraphe, la commission de décentralisation avait proposé de laisser au Conseil général, sur la présentation du préfet, la nomination des agents salariés sur les fonds départementaux.

Ce système n'a pas été adopté, mais, à la suite même de ce rejet, la loi présente une lacune. Si, d'un côté, il est nécessaire de maintenir au préfet, qui en a la responsabilité, la nomination des agents salariés par le département, il est essentiel de donner aux membres de la commission départementale le droit d'intervenir et de s'opposer à des abus. La commission n'aura pas le droit de présentation, mais elle devra donner son avis, et veiller à ce que les choix soient faits dans l'intérêt du département.

M. le ministre de l'intérieur combattit l'amendement, en disant qu'il aurait pour résultat d'entraver l'action du préfet dans la nomination des agents, sinon la disposition proposée serait sans valeur, et il serait inutile de l'adopter.

M. Waddington, *rapporteur*, fit connaître pour quels motifs la commission avait adhéré à l'amendement de M. Wilson.

Le préfet, dit-il, reste investi du droit de faire ses choix, mais il sera quelquefois retenu par l'avis à intervenir de la commission départementale. Il y aura là une influence morale qu'il a paru nécessaire à la commission de rendre obligatoire.

M. Langlois appuya aussi l'amendement, qui, finalement, ne fut pas adopté.

ART. 56.

A la session d'août, le préfet rend compte au Conseil général, par un rapport spécial et détaillé, de la situation du département et de l'état des différents services publics.

A l'autre session ordinaire, il présente au Conseil général un rapport sur les affaires qui doivent lui être soumises pendant cette session.

Ces rapports sont imprimés et distribués à tous les membres du Conseil général huit jours au moins avant l'ouverture de la session.

Article adopté sans discussion ni observations.

TITRE V.

Du budget et des comptes du département.

ART. 57.

Le projet de budget du département est préparé et présenté par le préfet, qui est tenu de le communiquer à la commission départementale, avec les pièces à l'appui, dix jours au moins avant l'ouverture de la session d'août.

Le budget, délibéré par le Conseil général, est définitivement réglé par décret.

Il se divise en budget ordinaire et budget extraordinaire.

Article adopté sans discussion ni observations.

ART. 58.

Les recettes du budget ordinaire se composent :

1° Du produit des centimes ordinaires additionnels, dont le nombre est fixé annuellement par la loi de finances ;

2° Du produit des centimes autorisés pour les dépenses des chemins vicinaux et de l'instruction primaire, par les lois des 21 mai 1836, 15 mars 1850 et 10 avril 1867, dont l'affectation spéciale est maintenue ;

3° Du produit des centimes spéciaux affectés à la confection du cadastre par la loi du 2 août 1829 ;

4° Du revenu et du produit des propriétés départementales ;

5° Du produit des expéditions d'anciennes pièces ou d'actes de la préfecture déposés aux archives ;

6° Du produit des droits de péage des bacs et passages d'eau sur les routes et chemins à la charge du département, des autres droits de péage et de tous autres droits concédés au département par les lois ;

7° De la part allouée au département sur le fonds inscrit annuellement au budget du Ministère de l'Intérieur et réparti, conformément à un tableau annexé à la loi de finances, entre les départements qui, en raison de leur situation financière, doivent recevoir une allocation sur les fonds généraux du budget ;

8° Des contingents de l'État et des communes pour le service des aliénés et des enfants assistés, et de toute autre subvention applicable au budget ordinaire ;

9° Du contingent des communes et autres ressources éventuelles pour le service vicinal et pour les chemins de fer d'intérêt local.

Le paragraphe 7 de l'article 58 donna lieu, à la deuxième délibération (*Officiel* du 19 juillet), à quelques observations de la part de M. Louis Delille. Ce paragraphe, dit-il, soulève l'importante question du fonds commun qui a été si longtemps agitée. Les départements riches demandaient la suppression de ce fonds commun, parce qu'ils donnaient et ne recevaient rien. La loi de 1866 leur donna satisfaction, et remplaça le fonds commun par un fonds de secours.

Les difficultés qui se présentaient pour la répartition du fonds commun se reproduisent, dit M. Delille, pour la répartition des fonds de secours. C'est pour cela qu'il faut adopter des bases fixes.

La loi de 1868 a décidé que le fonds de secours à distribuer pour les chemins vicinaux serait réparti en trois parts : un tiers proportionnellement aux besoins, — un tiers proportionnellement aux ressources, — et un tiers proportionnellement au nombre des centimes.

Pourquoi ne pas décider que le fonds de secours sera réparti entre les départements d'après des bases similaires : un tiers proportionnellement au déficit des recettes ordinaires sur les dépenses de même nature, — un tiers proportionnellement aux centimes extraordinaires votés, — un tiers en proportion inverse du produit d'un centime sur les quatre contributions, c'est-à-dire que le département dont le centime ne produit que 8,000 aurait proportionnellement beaucoup plus que le département dont le centime produit 16,000?

A la suite de ces développements il proposa l'amendement suivant :

Les recettes du budget ordinaire se composent : 1° *de la part allouée au département sur le fonds inscrit annuellement au budget du ministère de l'intérieur, et réparti conformément à un tableau annexé à la loi de finances, entre les départements, sur les bases suivantes : un tiers proportionnellement au déficit des ressources ordinaires sur les dépenses de même nature; un tiers proportionnellement au nombre des centimes extraordinaires; un tiers en proportion inverse du produit d'un centime sur les quatre contributions du département.*

M. Ganivet s'opposa à l'adoption de cet amendement, en disant qu'il trouverait plus naturellement sa place dans le cours des débats sur la loi de finances, lorsqu'on y inscrira le crédit destiné à former le fonds de secours.

M. Bethmont présenta quelques observations dans le même sens, et l'amendement fut retiré.

M. Blavoyer proposa également d'ajouter à l'article 58 un dixième paragraphe, ainsi conçu :

Du produit de 2 centimes prélevés sur le total des revenus indirects qui sera distribué entre les départements en proportion du nombre des habitants. Mais il le retira, sans le développer, pour le soumettre à la commission chargée de l'examen des lois de finances.

Art. 59.

Les recettes du budget extraordinaire se composent :

1° Du produit des centimes extraordinaires votés annuellement par le Conseil général, dans les limites déterminées par la loi de finances, ou autorisés par des lois spéciales ;

2° Du produit des emprunts ;

3° Des dons et legs ;

4° Du produit des biens aliénés ;

5° Du remboursement des capitaux exigibles et des rentes rachetées ;

6° De toutes autres recettes accidentelles.

Sont comprises définitivement parmi les propriétés départementales les anciennes routes impériales de troisième classe, dont l'entretien a été mis à la charge des départements par le décret du 16 décembre 1811 ou postérieurement.

Article adopté sans discussion ni observations.

Art. 60.

Le budget ordinaire comprend les dépenses suivantes :

1° Loyer, mobilier et entretien des hôtels de préfecture et de sous-préfecture, du local nécessaire à la réunion du Conseil départemental d'instruction publique et du bureau de l'inspecteur d'Académie ;

2° Casernement ordinaire des brigades de gendarmerie ;

3° Loyer, entretien, mobilier et menues dépenses des cours d'assises, tribunaux civils et tribunaux de commerce, et menues dépenses des justices de paix ;

4° Frais d'impression et de publication des listes pour

les élections consulaires, frais d'impression des cadres pour la formation des listes électorales et des listes du jury;

5° Dépenses ordinaires d'utilité départementale;

6° Dépenses imputées sur les centimes spéciaux établis en vertu des lois des 2 août 1829, 21 mai 1836, 15 mars 1850 et 10 avril 1867.

Néanmoins les départements qui, pour assurer le service des chemins vicinaux et de l'instruction primaire, n'auront pas besoin de faire emploi de la totalité des centimes spéciaux, pourront en appliquer le surplus aux autres dépenses de leur budget ordinaire.

L'affectation de l'excédant du produit des trois centimes spéciaux de l'instruction primaire à des dépenses étrangères à ce service ne pourra avoir lieu qu'à l'une des sessions de l'année suivante, et lorsque cet excédant aura été constaté en fin d'exercice.

Les départements qui seraient en situation d'user de la faculté autorisée par le paragraphe précédent, et qui n'en feraient pas usage, ne pourront recevoir aucune allocation sur le fonds mentionné au n° 7 par l'article 58.

M. le ministre de l'instruction publique demanda, lors de la deuxième délibération de l'article 60 (*Officiel* du 19 juillet), qu'on assimilât aux dépenses de loyer et d'entretien des hôtels de préfecture et de sous-préfecture, *les dépenses de loyer et d'entretien du local nécessaire à la réunion du conseil départemental et du bureau de l'inspecteur d'Académie*, services dont l'article 60 ne faisait pas mention. Ce que demandait le ministre n'était au surplus que la reproduction de l'article 10 de la loi du 14 juin 1854.

M. le ministre présenta également quelques observations sur le paragraphe 5 de cet article. L'excédant, dit-il, du produit des trois centimes spéciaux, relatifs à l'instruction primaire, ne doit être distrait qu'après que l'excédant aura été constaté en fin d'exercice, de façon à ce qu'on soit très-sûr, au moment où on inscrira cet excédant, que l'instruction primaire n'en a pas eu besoin. On évitera ainsi tous les abus, et l'autorité du Conseil général ne sera en rien diminuée.

A la suite de ces observations, M. le ministre déposa l'amendement suivant : *L'affectation de l'excédant du produit des trois centimes spéciaux de l'instruction primaire à des dépenses étrangères à ce service, ne pourra avoir lieu qu'à une des sessions de l'année suivante, et lorsque cet excédant aura été constaté en fin d'exercice.*

Cet amendement fut adopté, et a complété le premier alinéa du paragraphe 6 de l'article 60.

Art. 61.

Si un Conseil général omet d'inscrire au budget un crédit suffisant pour l'acquittement des dépenses énoncées aux nos 1, 2, 3 et 4 de l'article précédent, ou pour l'acquittement de dettes exigibles, il y est pourvu au moyen d'une contribution spéciale, portant sur les quatre contributions directes, et établie par un décret, si elle est dans les limites du maximum fixé annuellement par la loi de finances, ou par une loi, si elle doit excéder ce maximum.

Le décret est rendu dans la forme des règlements d'administration publique et inséré au *Bulletin des lois.*

Aucune autre dépense ne peut être inscrite d'office dans le budget ordinaire, et les allocations qui y sont portées par le Conseil général ne peuvent être ni changées ni modifiées par le décret qui règle le budget.

Article adopté sans discussion ni observations.

ART. 62.

Le budget extraordinaire comprend les dépenses qui sont imputées sur les recettes énumérées à l'article 59.

Article adopté sans discussion ni observations.

ART. 63.

Les fonds qui n'auront pu recevoir leur emploi dans le cours de l'exercice seront reportés, après clôture, sur l'exercice en cours d'exécution, avec l'affectation qu'ils avaient au budget voté par le Conseil général.

Les fonds libres, provenant d'emprunts, de centimes ordinaires et extraordinaires recouvrés ou à recouvrer dans le cours de l'exercice, ou de toute autre recette, seront cumulés, suivant la nature de leur origine, avec les ressources de l'exercice en cours d'exécution, pour recevoir l'affectation nouvelle qui pourra leur être donnée par le Conseil général dans le budget rectificatif de l'exercice courant.

Les Conseils généraux peuvent porter au budget un crédit pour dépenses imprévues.

Article adopté sans discussion ni observations.

ART. 64.

Le comptable chargé du recouvrement des ressources éventuelles est tenu de faire, sous sa responsabilité, toutes les diligences nécessaires pour la rentrée de ces produits.

Les rôles et états des produits sont rendus exécutoires par le préfet, et par lui remis au comptable.

Les oppositions, lorsque la matière est de la compétence des tribunaux ordinaires, sont jugées comme affaires sommaires.

Article adopté sans discussion ni observations.

ART. 65.

Le comptable chargé du service des dépenses départementales ne peut payer que sur les mandats délivrés par le préfet, dans la limite des crédits ouverts par les budgets du département.

Article adopté sans discussion ni observations.

ART. 66.

Le Conseil général entend et débat les comptes d'administration qui lui sont présentés par le préfet, concernant les recettes et les dépenses du budget départemental.

Les comptes doivent être communiqués à la commission départementale, avec les pièces à l'appui, dix jours au moins avant l'ouverture de la session d'août.

Les observations du Conseil général sur les comptes présentés à son examen sont adressées directement par son président au ministre de l'intérieur.

Ces comptes, provisoirement arrêtés par le Conseil général, sont définitivement réglés par décret.

A la session d'août, le préfet soumet au Conseil général le compte annuel de l'emploi des ressources municipales affectées aux chemins de grande communication et d'intérêt commun.

Le dernier paragraphe de cet article ne figurait pas au projet primitif qui réservait à la commission départementale le soin de soumettre au Conseil général le compte d'emploi des ressources affectées aux chemins vicinaux. Ce paragraphe fut ajouté à la troisième délibération.

ART. 67.

Les budgets et les comptes du département définitivement réglés, sont rendus publics par la voie de l'impression.

Article adopté sans discussion ni observations.

ART. 68.

Les secours pour travaux concernant les églises et presbytères ;

Les secours généraux à des établissements et institutions de bienfaisance ;

Les subventions aux communes pour acquisition, construction et réparation de maisons d'école et de salles d'asile ;

Les subventions aux comices et associations agricoles, ne pourront être allouées par le ministre compétent que sur la proposition du Conseil général du département.

A cet effet, le Conseil général dressera un tableau collectif des propositions en les classant par ordre d'urgence.

Cet article a donné lieu a de très-longs et de très-vifs débats.

Voici quelle était la rédaction proposée par la commission : *Seront répartis annuellement entre les départements, conformément aux tableaux qui seront annexés à cet effet à la loi de finances, les crédits ouverts sur les fonds généraux du budget pour les dépenses des chapitres ci-après désignés.*

Ministère des cultes. — *Secours pour travaux concernant les églises et presbytères.*

Ministère de l'intérieur. — *Secours généraux à des établissements et institutions de bienfaisance.*

Ministère de l'instruction publique. — *Subventions aux communes pour acquisition, construction et réparation de maisons d'école et de salles d'asile.*

Ministère de l'agriculture et du commerce. — *Subventions aux comices et associations agricoles.*

La part attribuée à chaque département sera distribuée entre les intéressés, conformément aux dispositions de l'article 46 de la présente loi.

Lors de la deuxième délibération (*Officiel* du 20 juillet), M. le ministre de l'intérieur fit remarquer d'abord que, selon lui, cet article n'était pas à sa véritable place, et qu'une disposition de ce genre devrait plutôt figurer dans la loi de finances qui règle l'emploi général des ressources du pays, que dans une loi spéciale à l'organisation et aux attributions des Conseils généraux. De plus, cette disposition présenterait un grave inconvénient. L'intervention de l'Assemblée entraînerait l'obligation d'opérer, au moins un an à l'avance, la répartition des crédits entre tous les départements, et, lorsque des besoins *imprévus* se manifesteraient, en cours d'exercice, les ressources seraient entièrement épuisées.

M. le marquis de Talhouët répondit que, lorsque le gouvernement aurait établi un état général, d'après les renseignements qui lui auraient été fournis par les départements, les conseillers généraux seraient plus compétents que qui que ce fût pour déterminer la part qui devrait être attribuée à chaque localité; qu'en outre, loin d'occasionner un retard, le système proposé permettrait d'opérer la répartition plus rapidement que par le passé.

M. Victor Hamille, au contraire, se déclara hostile à ce nouveau mode de répartition. Quiconque, dit-il, a suivi de près dans la pratique l'instruction des demandes de secours, demeure convaincu que l'administration centrale est mieux placée et plus désintéressée pour juger des besoins réels qui lui sont signalés, que ne le sera le Conseil général.

M. Paul Bethmont prit ensuite la parole et rappela, à cette occasion, les abus qui s'étaient produits dans le passé : l'importance des secours accordés était toujours liée à la question électorale. Ce danger que nous avons vu se produire, ajouta-t-il, il faut l'éviter à tout prix pour l'avenir. Aussi, l'article 68, en restituant aux Conseils généraux la distribution de tous les fonds de secours inscrits au budget de l'État, pour être répartis entre les communes, a fait une œuvre libérale et de très-sage politique.

M. le ministre de l'agriculture et du commerce fit observer, qu'en ce qui touchait son département ministériel, il était impossible de laisser à la commission départementale le soin de distribuer *les sécours spéciaux, pour pertes matérielles et événements malheureux*, parce que la loi de finances ne pouvait équitablement faire la répartition par département, de sommes consacrées à des sinistres qui ne se seraient pas encore produits.

La commission, par l'organe de son honorable rapporteur, reconnut le bien fondé des observations de M. le ministre de l'agriculture et du commerce, et consentit à rayer la dernière partie du paragraphe afférent à ce ministère : *Secours spéciaux pour pertes matérielles et événements malheureux.*

L'article 68, ainsi modifié, fut adopté.

A la troisième délibération (*Officiel* du 8 août), M. le comte Jaubert présenta un amendement dont voici le texte :

« Après : ministère de l'intérieur,

« Ajouter : ministère des travaux publics — budget ordinaire — *routes et ponts* — budget extraordinaire — *lacune des routes nationales ; rectification des routes nationales ; nouvelles routes de la Corse ; routes forestières ; construction des ponts ; travaux d'amélioration agricole.*

« *Ces divers travaux continueront à être exécutés par les ingénieurs des ponts et chaussées.* »

Après quelques explications fournies par M. le baron de Larcy, ministre des travaux publics, et qui peuvent se résumer ainsi : « Puisque l'Assemblée a voulu que le département fût maître chez lui, c'est bien le moins que l'État continue à déterminer ce qui concerne les routes nationales », M. le comte Jaubert retira son amendement.

M. le ministre de l'instruction publique présenta ensuite des observations sur l'article 68, et spécialement sur les deux paragraphes qui concernaient son département.

Dans le système de la nouvelle loi, dit-il, la loi de finances doit fixer d'avance la part de chacun des départements dans les secours à accorder pour les édifices diocésains, et pour acquisitions et réparations de maisons d'école.

C'est là une première difficulté, presque une impossibilité; comment, en effet, prévoir l'*imprévu?* De plus, lorsqu'il aura été attribué à l'avance une somme à un département, on peut être certain qu'il la distribuera. Enfin, les conseils municipaux, sachant qu'ils n'ont plus aucune subvention à espérer, se refuseront à faire des sacrifices pour l'amélioration de leurs édifices.

Pour faire suite à ces observations, M. le ministre de l'instruction publique et des cultes déposa un amendement ainsi conçu :

Les secours pour travaux concernant les églises et presbytères;

Les secours généraux à des établissements de bienfaisance;

Les subventions aux communes pour acquisition, construction et réparation de maisons d'école et de salles d'asile;

Les subventions aux comices et associations agricoles, ne pourront être alloués par le ministre compétent que sur la proposition du Conseil général.

Malgré une réplique de M. le marquis de Talhouët, l'amendement fut pris en considération.

A la séance du 9 août (*Officiel* du 10 août), M Waddington, *rapporteur*, déclara que la commission ne pouvait accepter l'amendement proposé par M. le ministre de l'instruction publique et des cultes; qu'en effet, un avis demandé au Conseil général serait une vaine formalité s'il n'était pas obligatoire pour le ministre, et ne ferait que retarder la solution, et que si l'avis, au contraire, avait un caractère obligatoire, il était beaucoup plus simple de laisser le Conseil général prendre lui-même la décision.

M. le ministre insista pour l'adoption de l'amendement, affirmant que si les fonds actuels inscrits au budget de l'État pouvaient suffire aux besoins, c'est précisément parce que rien n'oblige à faire des attributions par département. Si on avait une allocation fixe par département, on verrait les sommes grossir d'année en année au budget, et cette disposition serait funeste pour les fonds de l'État.

M. Paul Bethmont insista de nouveau, pour le maintien du projet de la commission, et dit, en se résumant, que l'article 68, tel qu'il était rédigé, était une disposition de bonne pratique administrative et de sage prévoyance politique.

M. Gaslonde combattit également l'amendement présenté par M. Jules Simon, en disant que si le Conseil général sait que le ministre peut refuser le secours, il accueillera toutes les demandes des communes. Sans doute, le ministre ne pourra pas accorder en dehors des propositions du Conseil général, mais il ne sera pas lié par l'ordre des présentations. Où sera donc la garantie contre les abus ministériels, alors que le ministre pourra même changer la quotité des secours demandés?

Un scrutin public fut réclamé sur l'amendement de M. le ministre; 333 voix se prononcèrent pour l'adoption, et 304 voix pour le rejet.

Après l'adoption de l'amendement, M. Victor Hamille présenta un paragraphe additionnel ainsi conçu : *A cet effet, le Conseil général dressera un tableau collectif des propositions, en les classant par ordre d'urgence.*

M. Hamille dit, pour appuyer sa proposition, que suivant lui, non-seulement le ministre serait tenu *moralement* par les propositions du Conseil général, mais que le classement des demandes par ordre d'urgence donnerait une nouvelle force à ces propositions.

Cette demande additionnelle, ayant été acceptée par la commission, fut mise aux voix et adoptée.

L'ensemble de l'article 68 s'est trouvé en conséquence formé de l'amendement de M. le ministre de l'instruction publique et des cultes, et de la disposition additionnelle de M. Hamille.

TITRE VI.

De la commission départementale.

Art. 69.

La commission départementale est élue chaque année, à la fin de la session d'août.

Elle se compose de quatre membres au moins et de sept au plus, et elle comprend un membre choisi, autant que possible, parmi les conseillers élus ou domiciliés dans chaque arrondissement.

Les membres de la commission sont indéfiniment rééligibles.

M. Louis Delille présenta, à la deuxième délibération (*Officiel* du 21 juillet), sur l'article 69, un amendement ainsi conçu : *Tous les membres du Conseil général, à l'exception de ceux qui en sont dispensés par la loi, sont successivement appelés à faire partie de la commission départementale.*

Elle se compose de quatre membres au moins et de sept au plus. Autant que possible chaque arrondissement doit y être représenté.

Elle est renouvelée par moitié tous les six mois.

Dans la première session qui suivra chaque renouvellement triennal, le Conseil répartit les membres en séries de délégation. Le roulement des séries est réglé par un tirage au sort.

La loi actuelle a pour but, dit M. Delille, d'habituer le pays à se gouverner et à s'administrer lui-même. Si le système qui a présidé à la rédaction de la commission venait à prévaloir, il serait à craindre que dans certains Conseils généraux les mêmes membres s'éternisassent dans la commission, et on arriverait ainsi à reproduire, en les aggravant, tous les inconvénients de la centralisation.

Tous les membres du Conseil général doivent être, ajouta-t-il, réputés capables de remplir les fonctions de la commission départementale. Le fait d'être candidat implique, pour ceux qui acceptent, le devoir de remplir toutes les obligations que leur mandat leur impose.

Il y aurait, dit-il en terminant, un dernier inconvénient très-grave si on ne modifiait pas le système proposé par la commission. On n'aurait plus en effet, pour arrêter les abus qui pourraient se produire, les moyens dont on dispose aujourd'hui contre un préfet, lorsqu'il commet un excès de pouvoir, le recours devant le ministre compétent. En adoptant le mode de formation des commissions départementales tel qu'il est défini par l'amendement, tous ces inconvénients seraient évités.

L'amendement mis aux voix ne fut pas adopté.

M. Soye proposa de remplacer l'article 69 par la disposition suivante : *La commission départementale sera élue à la première session du Conseil général. Elle se composera de six membres au moins et de neuf au plus, et elle comprendra un membre choisi, autant que possible, parmi les conseillers élus ou domiciliés dans chaque arrondissement. Les membres de la commission seront renouvelés par tiers tous les deux ans, et ne pourront être réélus que deux ans après leur sortie de la commission.*

M. Soye fit observer que le renouvellement *possible*, tous les ans, des membres de la commission départementale pouvait être un obstacle sérieux au fonctionnement utile de cette commission, car, en si peu de temps, ils ne pourraient pas avoir acquis les connaissances si multiples qu'exigeaient leurs fonctions. Il voudrait donc qu'ils pussent rester au moins deux ans en exercice.

Se plaçant ensuite au même point de vue que M. Delille, il exprima la crainte que si les membres de la commission départementale étaient indéfiniment rééligibles, ces commissions ne prissent une importance aussi gênante pour l'administration supérieure que nuisible aux intérêts du département lui-même.

M. Waddington, *rapporteur*, répondit, en premier lieu, que

l'amendement de M. Delille, qui venait d'être rejeté, proposait une chose inadmissible en demandant que les membres de la commission ne fussent nommés que pour six mois. Il était évident, en effet, que, dans ces conditions, les membres n'auraient pas le temps d'acquérir les connaissances nécessaires pour remplir les attributions que la loi voulait leur donner.

Passant ensuite à l'amendement de M. Soye, il dit que la commission s'était préoccupée, comme l'auteur de l'amendement, des inconvénients qu'il pourrait y avoir à laisser trop longtemps les mêmes membres en fonctions; mais, qu'après mûr examen, il avait été reconnu que cet amendement allait à l'encontre du but qu'il se proposait d'atteindre; qu'ainsi, dans le cas où un membre de la commission qui serait investi d'un mandat de six années ne remplirait pas bien ses fonctions, le Conseil général n'aurait d'autre moyen de l'écarter qu'en le destituant, mesure qu'il hésiterait presque toujours à prendre. Il avait donc paru préférable de laisser purement et simplement au Conseil général le soin de se prononcer, chaque année, sur le maintien ou le remplacement de chacun des membres de la commission départementale.

L'amendement de M. Soye fut rejeté.

MM. de Tarteron et de Grasset proposèrent un amendement qui portait seulement sur le troisième paragraphe de l'article 69, qu'ils voulaient remplacer par celui-ci : *Sauf dans le cas prévu par l'article 86, la commission sera renouvelée, chaque année, par moitié. Les membres sortants ne pourront être réélus qu'après l'intervalle d'une année. La première série à remplacer sera désignée par la voie du tirage au sort.*

M. de Tarteron fit remarquer que son amendement, tout en se rapprochant de celui de M. Delille, était moins radical, en ce sens que, si chaque année la moitié des membres de la commission étaient remplacés par la voie du tirage au sort, les membres sortants redevenaient éligibles après une année d'intervalle.

Il ajouta que l'institution de la commission départementale était le point le plus important de la nouvelle loi, et qu'on ne saurait l'entourer de trop de garanties; qu'une des précautions à prendre était d'empêcher les membres de s'éterniser dans cette commission, en évitant cependant les inconvénients d'une mobilité excessive, et que tel était le but de son amendement.

M. de Tillancourt, tout en reconnaissant l'importance de ces considérations, émit l'opinion que le système proposé par l'amendement de MM. de Tarteron et de Grasset, n'était pas praticable; qu'en effet, une fraction assez considérable des Conseillers généraux se trouverait dans l'impossibilité matérielle d'entrer dans la commission départementale, les représentants, par exemple, à l'Assemblée nationale, les magistrats, etc. Les choix pour la commission seraient donc assez limités, et il serait imprudent de les restreindre encore en rendant les membres sortants inéligibles.

L'amendement de MM. de Tarteron et de Grasset ne fut pas adopté.

A la troisième délibératon (*Officiel* du 9 août), MM. de Tarteron, de Grasset et Delille proposèrent de remplacer l'article 69 par la disposition suivante : *La commission départementale sera élue à la fin de la session qui suivra la promulgation de la présente loi. Elle se composera de quatre membres au moins et de sept au plus, en comprenant, autant que possible, un membre choisi parmi les conseillers élus et domiciliés dans chaque arrondissement. Chaque année la commission sera renouvelée par moitié. Les membres sortants ne seront rééligibles qu'après l'intervalle d'une année. La première série à remplacer sera désignée par la voie du tirage au sort.*

M. de Tarteron déclara, au nom des auteurs de l'amendement, qu'ils persistaient à penser qu'il y avait un danger sérieux à laisser les membres de la commission s'y immobiliser, et qu'il fallait forcer tous les membres du Conseil général à s'occuper sérieusement des affaires du département, en prévision de leur entrée dans la commission départementale.

L'amendement ne fut pas pris en considération.

M. Dussaussoy proposa de modifier le second paragraphe de

l'article 68 ainsi qu'il suit : *Elle se compose de quatre membres au moins et de sept au plus, parmi lesquels se trouvera nécessairement un des membres élus dans chaque arrondissement, et y domicilié autant que possible.*

La différence entre la rédaction du paragraphe 2 de la commission et l'amendement proposé consistait en ce que, après le projet de la commission, le Conseil général, tout en étant invité à faire entrer autant que possible dans la commission départementale un membre de chaque arrondissement, restait cependant libre d'agir autrement, tandis que, par l'adoption de l'amendement, ce choix devenait une obligation.

L'amendement ne fut pas pris en considération.

Lors de la deuxième délibération de l'article 69, et après l'adoption de cet article (*Officiel* du 21 juillet), MM. Roux et Bardoux avaient proposé d'insérer une disposition additionnelle d'après laquelle les membres de la commission départementale ne pourraient être éligibles, dans les départements où ils auraient exercé ces fonctions, aux Assemblées constituantes ou législatives pendant l'année qui suivrait celle où ils auraient cessé de faire partie de ladite commission.

Les auteurs de la disposition additionnelle cherchaient à la justifier en disant que les membres de la commission départementale seraient investis de pouvoirs qui pourraient faire naître à leur profit des influences pernicieuses pour la sincérité de l'élection.

M. le rapporteur combattit les craintes exprimées en disant que la commission départementale, à laquelle on avait refusé la nomination de certains fonctionnaires, n'avait plus que des attributions de contrôle et de délibération, et que le préfet restait en réalité le pouvoir exécutif. Il repoussa l'assimilation qu'on avait voulu établir entre ce fonctionnaire, obligé de donner sa démission un certain temps avant de se présenter aux élections dans le département qu'il administrait, et les membres de la commission départementale.

M. Le Royer, qui avait présenté un article additionnel identique à celui de MM. Roux et Bardoux, persista à dire que la qualité de membre de la commission départementale pouvait exercer une influence abusive contre laquelle il fallait se prémunir.

M. Savary s'éleva très-vivement contre ce qu'il appela le spectre de la candidature officielle qui, dans cette circonstance, ne devait inspirer aucune crainte.

M. Henri Brisson soutint au contraire l'amendement proposé qui, mis aux voix, ne fut pas adopté.

M. Parent proposa encore un article additionnel à l'article 69; cet article avait pour but la création de membres suppléants en nombre égal aux membres effectifs de la commission départementale (*Officiel* du 21 juillet).

M. Parent exprima la crainte que la commission départementale, dont les attributions seront très nombreuses, ne pût pas toujours y suffire, et qu'il n'y eût par suite lenteur et retard dans l'expédition des affaires qui devront lui être soumises.

C'est pour obvier à cet inconvénient qu'il proposait l'institution de suppléants qui, au lieu d'être pris *nécessairement* dans les arrondissements, pourraient être choisis au chef-lieu du département.

M. Waddington, *rapporteur*, fit ressortir que la création de suppléants aurait pour effet de diminuer la responsabilité réelle des membres de la commission. Il ajouta qu'il suffirait, pour l'expédition des affaires courantes, que la moitié plus un des membres de la commission fussent présents, et que dès lors le service n'aurait pas à souffrir de l'absence de quelqu'un des membres de la commission, ainsi que le craignait M. Parent.

L'article additionnel, proposé par M. Parent, ne fut pas adopté.

Art. 70.

Les fonctions de membre de la commission départementale sont incompatibles avec celles de maire du chef-lieu du département et avec le mandat de député.

L'article 70 fut adopté sans discussion à la deuxième délibération. A la troisième délibération (*Officiel* du 9 août), M. Henri Fournier en demanda la suppression, se fondant sur ce que les attributions nombreuses données à la commission départementale, dans le projet primitif, ayant été supprimées, les incompatibilités édictées par l'article 70 n'avaient plus de raison d'être. Les modifications apportées dans les attributions de la commission départementale devaient avoir en outre pour conséquence de rendre moins fréquentes les réunions réglementaires de la commission, et donner ainsi aux députés la possibilité de faire partie de ces commissions. D'ailleurs, ajouta-t-il, les membres de l'Assemblée nationale, s'ils savent ne pas pouvoir remplir ce mandat, se garderont bien de l'accepter.

M. Waddington repoussa, au nom de la commission, l'amendement proposé, et l'article 70, mis aux voix, fut maintenu.

Lors de la deuxième délibération, et après l'adoption de l'article 70 (*Officiel* du 21 juillet), M. Parent avait proposé un article additionnel ainsi conçu : *Les fonctions de membres de la commission départementale sont incompatibles avec des fonctions judiciaires et des fonctions salariées par l'État, le département ou une commune.*

Ne peuvent faire partie de la même commission départementale les parents ou alliés jusqu'au troisième degré inclusivement. L'alliance survenue ne fait pas cesser les fonctions.

M. Parent dit qu'il verrait avec regret les fonctionnaires de l'ordre judiciaire faire partie des commissions départementales dont ils ont été écartés, soit en Belgique, soit en Italie, où fonctionne une institution analogue; ces magistrats se verraient forcés ou de déserter leur siége ou de négliger les fonctions importantes qui sont attribuées à la commission. Quant aux autres fonctionnaires salariés par l'État, le département ou la commune, ils n'auraient pas une indépendance suffisante pour contrôler les actes du préfet, et surveiller tous les actes émanant de certains fonctionnaires de l'État qui pourraient intéresser le département.

L'incompatibilité concernant les parents se justifiait d'elle-même. Il ne fallait pas que la commission pût devenir une sorte de conseil de famille.

M. le rapporteur combattit l'amendement de M. Parent, par un seul mot : il fallait laisser le conseil général juge de ces questions.

L'amendement proposé par M. Parent ne fut pas adopté.

A la troisième délibération sur l'article 70, et après son adoption, M. Limperani proposa d'ajouter à cet article un paragraphe ainsi conçu : *Elles le sont également avec la qualité de magistrat des cours et des tribunaux de première instance ou de juge de paix. Toutefois, la présente incompatibilité n'existe pas pour les juges suppléants de ces diverses juridictions, ni pour les juges honoraires.*

M. Limperani, pour justifier son amendement, posa la question de séparation des pouvoirs. Peut-on, dit-il, cumuler le pouvoir judiciaire avec le pouvoir administratif? De plus, le magistrat ne pourra pas être à la fois au sein de la commission et au tribunal. La commission départementale aura à statuer sur les procès que peut intenter ou que peut soutenir le département. Serait-il équitable que des magistrats vinssent connaître de litiges qui plus tard iraient se dénouer devant le tribunal dont ils feraient partie?

Ce paragraphe additionnel à l'article 70 ne fut pas pris en considération.

Art. 71.

La commission départementale est présidée par le plus âgé de ses membres. Elle élit elle-même son secrétaire. Elle siége à la préfecture, et prend, sous l'approbation du Conseil général et avec le concours du préfet, toutes les mesures nécessaires pour assurer son service.

Cet article a subi diverses modifications. A la deuxième délibération (*Officiel* du 21 juillet), la commission avait présenté un projet de rédaction qui différait du projet primitif (1), et qui était ainsi conçu : *Chaque année, à la fin de la session d'août, la commission départementale choisit parmi ses membres un président et un secrétaire. En l'absence de son président, elle est présidée par le plus âgé de ses membres.*

Elle prend, sous l'approbation du Conseil général et avec le concours du préfet, toutes les mesures nécessaires pour assurer son service.

M. de Clercq présenta un amendement, destiné à remplacer l'article 71. Il portait : *La commission départementale est présidée par le préfet ou par celui qui le remplace dans ses fonctions. Le président a voix délibérative, mais non prépondérante; en cas d'empêchement, la députation nomme un de ses membres pour la présider. La commission élit elle-même son secrétaire. Elle prend, sous l'approbation du conseil général, toutes les mesures nécessaires pour assurer son service.*

M. de Clercq fit ressortir, à l'appui de son amendement, que laisser, comme le faisait le projet de loi, le préfet en dehors de la commission départementale, c'était le mettre en antagonisme avec cette commission. Le système qu'il proposait, ajouta-il, est celui qui fonctionne en Belgique depuis quarante ans, à la satisfaction de tous. Il fallait savoir profiter d'un exemple si concluant.

M. Ernoul vint, au nom de la commission, s'opposer à l'adoption de cet amendement. Donner, dit-il, la présidence de la commission au préfet, ce serait rendre la réforme que la loi poursuit vaine et absolument stérile; la commission départementale est une commission de contrôle, et l'on ne saurait admettre que les contrôleurs soient présidés par le contrôlé. La commission départementale est en outre une commission administrative, qui, dans certains cas, aura à prononcer des décisions. Si le préfet présidait la commission, la responsabilité se diviserait et s'amoindrirait. Il y aura moins de conflits, le préfet restant en dehors de la commission, par ce motif bien simple,

(1) D'après le projet primitif, le Conseil général tout entier élisait le président de la commission départementale.

que la commission délibère et le préfet exécute, et que ces deux pouvoirs doivent, pour ne pas se heurter, se mouvoir librement, chacun dans sa sphère.

M. Ernoul continua sa démonstration, en disant que la situation du préfet dans la commission pourrait être très-délicate, si la commission n'accueillait pas les solutions qu'il proposerait. Cette situation, au lieu de le grandir, l'amoindrirait. Il termina enfin en adjurant l'Assemblée de voter l'article 71, un des plus essentiels de cette loi, qui allait rendre le pays à lui-même.

Après M. Duvergier de Hauranne, qui manifesta des craintes sur l'omnipotence des commissions départementales et sur leur fonctionnement qui tendrait à confisquer à son propre profit l'autorité administrative, M. de Pressensé prétendit que la commission départementale serait annulée, si le préfet était chargé de la présider.

M. Achille Delorme dit à son tour que, s'il votait en faveur de l'amendement, c'était pour assurer à la commission une existence plus sérieuse, et pour donner à l'essai d'administration libre des chances que peut-être il n'aurait pas sans cela.

M. Léonce de Lavergne s'éleva contre les appréhensions qu'inspirait la commission départementale, et contre les empiétements dont on la croyait susceptible. Il faut, dit-il, que la commission ait une existence tout-à-fait distincte pour nous faire sortir du réseau de centralisation qui nous enlace. Il ne faut pas s'exagérer les difficultés. Il n'y aura pas de conflits sérieux ; ce seront les mœurs publiques qui les empêcheront. En Angleterre, les institutions offrent la possibilité permanente de conflits. Comment y échappe-t-on ? Par les mœurs publiques, par l'habitude de la liberté et par le bon sens national.

Il fut déposé, sur l'amendement proposé par M. de Clercq, une demande de scrutin public. Sur 581 votants, il y eut 119 voix pour l'adoption, et 422 contre.

A la troisième délibération (*Officiel* du 9 août), la commission présenta une nouvelle rédaction de l'article 71. Elle était ainsi conçue : *La commission départementale est présidée par le plus âgé de ses membres ; elle élit elle-même son secrétaire ; elle siége à la préfecture, et prend, sous l'approbation du Conseil général et avec le concours du préfet, toutes les mesures nécessaires pour assurer son service.*

MM. le baron Chaurand, Combier et Lefèvre-Pontalis déposèrent un amendement qui déférait à la commission départementale le choix de son président.

Nulle part dans nos lois, dit M. le baron Chaurand, on ne trouve la présidence du plus âgé des membres d'une assemblée constituée comme définitive et permanente. Avec le nouveau système proposé par la commission, ce sera le Conseil général qui nommera le président, mais par des voies indirectes, par des calculs d'âge, ce qui n'est pas loyal. Si le Conseil général veut au contraire abandonner ce choix au hasard de l'âge, il pourra arriver que tel membre de la commission ne voudra pas en faire partie, parce qu'il ne voudra pas être chargé du lourd fardeau de la présidence. Il vaut donc mieux laisser intact, ajouta M. le baron Chaurand, le système de la nomination du président de la commission par la commission elle-même, système qui a prévalu à la deuxième délibération.

M. le ministre de l'intérieur fit connaître que c'était d'accord avec le gouvernement que la commission avait changé sa rédaction.

L'article nouveau de la commission fut mis aux voix, et sur 595 votants, il y eut 401 voix pour l'adoption, et 194 contre. La nouvelle rédaction de la commission est devenue l'article 71 de la loi.

Art. 72.

La commission départementale ne peut délibérer si la majorité de ses membres n'est présente.

Les décisions sont prises à la majorité absolue des voix.

En cas de partage, la voix du président est prépondérante.

Il est tenu procès-verbal des délibérations. Les procès-verbaux font mention du nom des membres présents.

Le premier paragraphe de l'article 72 avait été adopté à la deuxième délibération, sans discussion ni observations, avec la rédaction suivante : *La commission départementale ne peut délibérer, si la moitié plus un de ses membres n'est présente.*

A la troisième délibération (*Officiel* du 9 août), la commission proposa le maintien de ce paragraphe, avec la modification : *Si la majorité de ses membres n'est présente.*

L'ensemble de l'article 72 fut voté avec cette modification.

Art. 73.

La commission départementale se réunit au moins une fois par mois, aux époques et pour le nombre de jours qu'elle détermine elle-même, sans préjudice du droit qui appartient à son président et au préfet de la convoquer extraordinairement.

A la deuxième délibération, l'article 73 fut adopté, tel qu'il est rédigé, sans discussion ni observations.

A la troisième délibération (*Officiel* du 9 août), cet article fut également maintenu sans contestation, mais MM. de Tréveneuc et de Janzé proposèrent une disposition additionnelle, qui avait été déjà présentée par ses auteurs sous forme de proposition séparée, et dont voici les termes :

Dans le cas où, par une circonstance quelconque, l'action de l'Assemblée nationale se trouverait empêchée, les présidents des commissions départementales convoqueront d'urgence les Conseils généraux.

Cette convocation faite, tous les présidents de ces commissions se rendront immédiatement à Bourges, et y constitueront, par leur réunion, une assemblée ayant pleine et entière autorité sur les fonctionnaires civils et militaires.

Cette assemblée, avec le concours des Conseils généraux siégeant en permanence dans tous les chefs-lieux des départements, aura pour mission de rétablir l'ordre et de rendre à l'Assemblée nationale la plénitude de son indépendance et de ses droits.

Un décret de l'Assemblée nationale pourra seul mettre fin à ses pouvoirs.

Il est fort triste, dit à ce sujet M. de Tréveneuc, de prendre de pareilles précautions, mais ce serait méconnaître les leçons de l'histoire que de penser que ce qui est arrivé si souvent ne pourra plus se représenter. Après avoir cité les dates des envahissements de nos assemblées depuis quatre-vingts ans, M. de Tréveneuc rappela qu'une proposition analogue à la sienne avait été soumise, en 1851, à l'Assemblée législative, par M. de Tinguy, et que cette proposition, qui ne fut pas adoptée, réunit cependant 300 voix contre moins de 400, dans une assemblée qui était composée de 750 membres.

Ma proposition, ajouta-t-il en terminant, devrait être prise en considération par tous les partis, et, s'il en était autrement, vous garderez le souvenir que le plus inconnu de vos collègues vous a présenté un moyen de salut, et que vous l'avez rejeté.

M. Waddington, *rapporteur*, tout en rendant hommage aux patriotiques paroles qui venaient d'être prononcées par M. de Tréveneuc, déclara que cette proposition avait un caractère constitutionnel, complétement étranger à ce qui avait été introduit jusqu'à ce jour dans la loi départementale.

M. le baron de Janzé, un des auteurs de la proposition, fit observer qu'il ne saurait accepter les raisons subtiles mises en avant pour écarter l'article additionnel en discussion, qui avait été édicté en vue de mettre le pays à l'abri de ce danger et de cette honte, de voir tous les vingt ans ses institutions changées par des coups de main ou des coups de force, par la violence venue d'en haut ou d'en bas.

M. le ministre de l'intérieur émit un avis semblable à celui de M. le rapporteur de la commission, et dit que cette question avait trop d'importance pour la faire entrer dans une loi d'attributions.

La discussion de cet article additionnel fut reprise à la séance du 9 août (*Officiel* du 10 août). L'honorable M. Moulin, président de la commission, déclara que la commission n'avait aucune objection à faire au principe posé par l'amendement, mais qu'elle persistait à penser que cette disposition n'était pas à sa place dans la loi départementale; elle devait être présentée sous la forme de proposition législative distincte. M. Moulin conclut, en disant qu'il fallait non pas repousser la proposition, mais l'accueillir dans la forme où elle devait être acceptée, c'est-à-dire la résoudre par une loi spéciale et politique.

A la suite de quelques nouvelles observations présentées par M. le baron de Janzé, M. le président de l'Assemblée engagea M. de Tréveneuc à attendre que la commission d'initiative eût fait son rapport sur une proposition analogue dont elle était saisie. MM. de Tréveneuc et de Janzé, auteurs de l'amendement, déclarèrent le retirer ou plutôt le joindre à celui dont la commission d'initiative était saisie et pour lequel ils réclamaient l'urgence.

Art. 74.

Tout membre de la commission départementale qui s'absente des séances pendant deux mois consécutifs, sans excuse légitime admise par la commission, est réputé démissionnaire.

Il est pourvu à son remplacement à la plus prochaine session du Conseil général.

A la deuxième délibération sur l'article 74 (*Officiel* du 22 juillet), M. Ganivet adressa à la commission la question suivante : L'article 72 a décidé que la commission départementale ne pourrait délibérer si la majorité de ses membres n'était présente. Or il peut se faire que cette commission, qui se compose de quatre à sept membres, soit dans l'impossibilité de se réunir en nombre suffisant. En pareil cas, de quelle manière sera-t-il pourvu à la suppléance des membres qui seront empêchés de remplir leurs fonctions?

M. Waddington, rapporteur, répondit que la solution de cette question existait dans l'article 25 de la loi donnant au Pouvoir exécutif la faculté de convoquer le Conseil général. M. Ganivet fit alors remarquer que le remède indiqué par M. le rapporteur lui semblait impraticable; car, s'il fallait attendre que le Conseil général fût réuni en vertu d'un décret, il y aurait une accumulation de délais qui retarderaient outre mesure la solution des affaires départementales.

M. le rapporteur fit remarquer que, pour que le cas signalé par M. Ganivet se présentât, il faudrait au moins deux membres absents, lorsque la commission se composerait de quatre membres. Dans ce cas, trois membres peuvent délibérer. Si elle est de cinq ou de six membres, quatre peuvent délibérer. L'obstacle se présentera donc très-rarement, et, s'il se présentait, le Conseil général aurait à nommer de nouveaux membres.

M. de Tillancourt présenta une observation sur le deuxième paragraphe de l'article 74. D'après ce paragraphe, dit-il, lorsqu'un membre aura manqué à deux séances de la commission, sans excuse légitime, il sera réputé démissionnaire à partir du jour même de son second manquement. Il en résulte que, si, dans l'intervalle des deux sessions du Conseil général, il s'écoule six mois, et que ce soit aux deux premières séances que le manquement ait eu lieu, la place du membre de la commission réputé démissionnaire restera vacante pendant les quatre mois suivants. Or, s'il survient des empêchements légitimes parmi les autres commissaires, la commission ne pourra point être complétée. Il faudrait, ajouta-t-il, pour obvier à cet inconvénient, déclarer par exemple que la démission ne courra qu'à partir de l'époque de la réunion qui suivrait le second manquement du membre de la commission.

M. Baze fit remarquer que les démissions tacites n'ont pas lieu de plein droit; qu'elles n'existent légalement et que le conseiller n'est réputé démissionnaire que lorsque la cause du manquement a été examinée.

Art. 75.

Les membres de la commission départementale ne reçoivent pas de traitement.

Le texte primitif de l'article 75 proposé par la commission était ainsi conçu : *Les membres de la commission départementale ne reçoivent pas de traitement, mais il peut leur être alloué une indemnité dont le chiffre et la forme seront déterminés dans chaque département par le Conseil général.*

M. Blavoyer prit la parole à la deuxième délibération (*Officiel* du 25 juillet), pour exprimer le regret que la commission, qui avait maintenu le principe de gratuité pour les fonctions des membres des Conseils généraux, eût fait une exception en faveur des membres de la commission départementale.

Bien des raisons, d'après lui, militent cependant en faveur de la gratuité de ces fonctions : les usages reçus jusqu'à ce jour, la stricte économie à laquelle nous ont condamnés nos malheurs récents. Ce sera là, dit-il, un mauvais précédent.

M. Paul Bethmont voulait au contraire remplacer les mots : *Il peut leur être alloué une indemnité*, par ces mots : *Il leur sera alloué une indemnité*, c'est-à-dire transformer la faculté en obligation. La gratuité des fonctions est, d'après cet orateur, une chose mauvaise en principe dans les pays démocratiques, car elle s'oppose à ce que tous puissent parvenir aux fonctions publiques. L'adoption de la loi en discussion ne sera efficace qu'à une condition : c'est qu'elle donnera accès à tous dans les Conseils généraux.

M. Ducarre dit que la grave question d'indemnité qui est issue du suffrage universel, et qui est soulevée à l'occasion de la loi d'organisation départementale, doit être résolue avec les tempéraments qu'elle comporte.

Les fonctions conférées par l'élection sont essentiellement gratuites, et ne peuvent donner lieu qu'à une indemnité juste et raisonnable, celle du déplacement, lorsque les réunions ont lieu ailleurs qu'au domicile de l'élu.

M. Albert Desjardins soutint, à son tour, que si l'on ne

proclamait pas la gratuité des fonctions de la commission départementale, on allait discréditer la loi d'avance. Encore des places, dira-t-on, et à quel moment? Y aura-t-il au moins des garanties plus sérieuses de bonne administration, ainsi que le prétend M. Bethmont? Nullement, car on est plus dépendant lorsqu'on touche un traitement, que lorsqu'on remplit des fonctions gratuitement.

On objecte que toute fonction publique doit être rétribuée, parce que tout citoyen, si pauvre qu'il soit, doit y avoir accès. Avec cette théorie, aucun trésor public ne pourrait suffire. La véritable doctrine, ajouta-t-il en terminant, dans un pays démocratique, c'est que chacun, gardant ses propres affaires, s'occupe en même temps par dévouement des affaires publiques; et, si l'on veut constituer définitivement une société démocratique, la première base qu'il faut lui donner, c'est le désintéressement.

Après M. Albert Desjardins, M. de Pressensé présenta quelques arguments en faveur de l'opinion contraire : En n'accordant point d'indemnité, dit-il, vous restreignez la liberté du choix des électeurs.

M. Lucien Brun vint ensuite faire connaître la pensée qui avait inspiré à la commission la rédaction de l'article 75.

Entre les deux systèmes, celui de la gratuité obligée et absolue des fonctions et celui du payement obligé, la commission a cru devoir attribuer au Conseil général le droit d'apprécier les circonstances et de donner, non pas un traitement, mais une indemnité. Là où il sera inutile d'accorder cette indemnité, le Conseil général ne l'accordera pas; il sera le meilleur juge de la situation.

M. Millaud présenta encore quelques observations dans le sens du système défendu par M. Bethmont.

L'amendement de MM. Desjardins, de Witt, de Mornay et Bottieau, ainsi formulé : *Les membres de la commission départementale ne reçoivent pas de traitement*, fut mis aux voix. Le dépouillement du scrutin, sur 706 votants, donna 449 voix pour l'adoption, et 257 contre.

M. de Tillancourt proposa, après ce vote, la disposition additionnelle suivante à l'article 75 :

Néanmoins le Conseil général pourra accorder des indemnités de déplacement, calculées d'après la distance entre le canton représenté par le conseiller membre de la commission permanente et le chef-lieu du département.

Je suis partisan, dit M. de Tillancourt, de la gratuité des fonctions de conseiller général, mais je suis partisan aussi de l'équité. Il y a des départements où les arrondissements, qu'il est utile de voir représentés dans la commission départementale, sont à de très-grandes distances du chef-lieu. En pareil cas, les frais de voyage sont réellement dispendieux, et il serait à craindre, s'il n'était pas alloué une indemnité de déplacement, qu'on ne trouvât pas de membres qui voulussent faire partie de la commission permanente.

M. Moulin, président de la commission, déclara que la commission acceptait la disposition additionnelle proposée par M. de Tillancourt.

La disposition additionnelle, mise aux voix, ne fut pas adoptée.

A la troisième délibération (*Officiel* du 10 août), il fut proposé plusieurs amendements à l'article 75.

Un premier amendement présenté par M. Daumas était ainsi conçu :

Les membres de la commission départementale reçoivent un traitement dont le chiffre sera déterminé dans chaque département par le Conseil général.

L'article 75, tel qu'il a été voté à la deuxième délibération, dit M. Daumas, blesse le principe de l'égalité. Son maintien serait un privilége concédé à ceux qui possèdent, et une exclusion pour ceux qui sont sans fortune.

L'Assemblée ne prit pas l'amendement de M. Daumas en considération.

Un second amendement de MM. Pascal Duprat et Folliet était ainsi conçu : *Il sera alloué à ceux des membres de la commission départementale qui n'habitent pas les chefs-lieux des jetons de présence représentant l'indemnité pour frais de voyage et de séjour nécessités par les séances de la commission.*

M. le rapporteur de la commission fit connaître à l'Assemblée que la commission, après en avoir délibéré de nouveau, repoussait de la manière la plus formelle toute espèce d'indemnité obligatoire, mais laissait au Conseil général le soin d'apprécier si, dans certains cas, il ne serait pas nécessaire et équitable d'accorder une indemnité motivée par les déplacements.

M. Pascal Duprat insista pour que l'indemnité fût obligatoire et non pas seulement facultative.

Le scrutin pour l'amendement de M. Pascal Duprat donna, sur 616 votants, 230 voix pour l'amendement et 386 contre.

Il fut ensuite statué sur un dernier amendement présenté par M. Charles Rolland, et ainsi formulé :

Toutefois il peut être alloué une indemnité de déplacement dont le chiffre est déterminé par le Conseil général, après délibération et par vote au scrutin secret.

M. Charles Rolland fit remarquer la différence qu'il y avait entre son amendement et celui qui venait d'être rejeté.

M. Raudot déclara, au nom de la commission, qu'elle acceptait l'amendement de M. Rolland.

Le scrutin, sur la prise en considération de l'amendement, donna, sur 600 votants, 304 pour et 290 contre.

A la séance du 10 août (*Officiel* du 11 août), la commission déclara accepter l'amendement de M. Rolland, renvoyé la veille à son examen. Combattu vivement par MM. Lefèvre-Pontalis et Paulin Gillon, il fut repoussé par l'Assemblée.

Art. 70.

Le préfet ou son représentant assiste aux séances de la commission ; ils sont entendus quand ils le demandent.

Les chefs de service des administrations publiques dans le département sont tenus de fournir, verbalement ou par écrit, tous les renseignements qui leur seraient réclamés par la commission départementale, sur les affaires placées dans ses attributions.[1]

L'article 76, tel qu'il avait été proposé et adopté à la deuxième délibération (*Officiel* du 25 juillet), était ainsi conçu : *Le préfet et les chefs des services publics dans le département doivent se rendre dans le sein de la commission départementale lorsqu'elle le demande, et lui fournir tous les renseignements qu'elle réclame sur les affaires placées dans ses attributions.*

Le préfet a le droit de se faire entendre dans la commission lorsqu'il le demande.

A la troisième délibération (*Officiel* du 11 août), la commission proposa une nouvelle rédaction qui n'était autre que celle de l'article 76, tel qu'il a été voté.

M. Wilson demanda à l'Assemblée de maintenir l'ancien article de la commission, et de repousser la nouvelle rédaction qui lui était proposée. Il en donna les raisons suivantes :

D'après l'ancienne rédaction, le préfet avait le droit de se faire entendre dans la commission quand il le demandait, et la commission avait également le droit de le faire venir lorsqu'elle jugeait nécessaire de réclamer de lui des explications.

La nouvelle rédaction accorde au préfet le droit d'assister d'une manière générale à toutes les séances de la commission départementale.

L'idée qui a conduit le gouvernement à demander l'introduction de cette nouvelle disposition dans la loi, est celle qui avait inspiré la proposition de conférer au préfet la présidence de la commission départementale. Cette proposition a été repoussée, et son rejet doit entraîner celui de la nouvelle rédaction de la commission; que le préfet préside ou qu'il assiste, sa présence sera une gêne toutes les fois que la commission délibérera sur ses actes.

Il y a de plus, ajouta-t-il, une contradiction entre cette nouvelle rédaction et l'article 27 de la loi. Cet article, en effet, donne au préfet le droit d'assister aux délibérations du conseil général, à l'exception des délibérations portant sur l'examen des comptes départementaux. Peut-on admettre qu'il assiste aux délibérations de la commission départementale dans lesquelles il pourra exercer toute son influence?

M. le ministre de l'intérieur fit connaître que c'était par suite d'un accord entre la commission et le gouvernement que la rédaction de l'article 76 avait été modifiée. Il déclara, qu'à son avis, elle n'offrait aucun des inconvénients signalés par M. Wilson.

La commission départementale est une continuation du Conseil général aux délibérations duquel le préfet assiste; cette commission n'ayant pas à s'occuper de l'examen des comptes départementaux, il n'était pas nécessaire d'introduire dans l'article 76 l'exception établie par l'article 27, concernant les Conseils généraux.

Cet article sera, au contraire, dit M. le ministre, une garantie d'entente et de bonne collaboration entre la commission départementale et l'administration préfectorale.

La nouvelle rédaction proposée par la commission fut adoptée par l'Assemblée.

Art. 77.

La commission départementale règle les affaires qui lui sont renvoyées par le Conseil général, dans les limites de la délégation qui lui est faite.

Elle délibère sur toutes les questions qui lui sont déférées par la loi, et elle donne son avis au préfet sur toutes les questions qu'il lui soumet ou sur lesquelles elle croit devoir appeler son attention dans l'intérêt du département.

Le projet primitif comprenait en plus la disposition suivante : *La commission départementale peut, en cas d'urgence, prononcer, sans délégation préalable, sur les affaires qui rentrent dans les attributions du Conseil général, à charge de lui en rendre compte à sa plus prochaine session.* Mais la commission ne maintint pas ce paragraphe, et l'article ainsi modifié fut adopté sans discussion ni observations.

ART. 78.

Le préfet est tenu d'adresser à la commission départementale, au commencement de chaque mois, l'état détaillé des ordonnances de délégation qu'il a reçues et des mandats de payement qu'il a délivrés pendant le mois précédent, concernant le budget départemental.

La même obligation existe pour les ingénieurs en chef, sous-ordonnateurs délégués.

L'article 78, tel qu'il avait été d'abord présenté par la commission, comprenait un paragraphe formant le paragraphe 1er de l'article, ainsi conçu : *La commission départementale désigne un ou plusieurs de ses membres aussi souvent qu'elle le juge convenable, et au moins une fois par an, pour vérifier l'état des recettes et des dépenses du département.*

Les deux autres paragraphes de cet article étaient les mêmes que ceux qui forment l'article 78 de la loi.

M. Maurice proposa à la deuxième délibération (*Officiel* du 25 juillet), sur l'article 78, un amendement qui consistait purement et simplement à supprimer le paragraphe 1er. Il fit connaître à l'Assemblée que le paragraphe dont il demandait la suppression était la reproduction textuelle de l'article 111 de la loi provinciale belge. Il ajouta qu'en Belgique cet article avait sa raison d'être, parce que tous les mois le ministre des finances doit remettre à la commission permanente provinciale la totalité des sommes qui auront été touchées pour le compte de la province par les agents du trésor, et qu'il y a ainsi une caisse à surveiller, un comptable à contrôler et des fonds à manipuler. En France, les centimes départementaux se perçoivent par les percepteurs en même temps que les contributions de l'État, et sont centralisés dans la caisse du trésorier général.

Les fonds départementaux n'y étant pas séparés des fonds de l'État, la commission ne pourrait pas constater l'encaisse afférente aux fonds départementaux.

Voilà, dit-il, pour les recettes.

Quant aux dépenses, le paragraphe 2 de l'article 78 rend la vérification indiquée par le paragraphe 1er complétement inutile. Ce deuxième paragraphe dispose en effet : « Le préfet est tenu de lui adresser, au commencement de chaque mois, l'état détaillé des ordonnances de délégation qu'il a reçues et des mandats de payement qu'il a délivrés pendant le mois précédent. La même obligation existe pour les ingénieurs en chef, sous-ordonnateurs délégués. »

La commission a donc là un moyen facile de constater les dépenses.

La commission consentit à la suppression demandée par l'amendement, et le paragraphe 1er de l'article 78, mis aux voix, ne fut pas adopté.

A la troisième délibération, l'article 78, ainsi modifié, fut maintenu sans aucune observation.

Art. 79.

A l'ouverture de chaque session ordinaire du Conseil général, la commission départementale lui fait un rapport sur l'ensemble de ses travaux et lui soumet toutes les propositions qu'elle croit utiles.

A l'ouverture de la session d'août, elle lui présente dans un rapport sommaire ses observations sur le budget proposé par le préfet.

Ces rapports sont imprimés et distribués, à moins que la commission n'en décide autrement.

Lors de la deuxième délibération (*Officiel* du 25 juillet), M. Maurice présenta, au sujet de l'article 79, les observations suivantes : « La disposition en discussion est encore une reproduction de la loi belge (art. 115.). En Belgique, le gouverneur de la province fait partie de la commission permanente, et, lorsque cette commission présente un rapport sur la situation et soumet des propositions qu'elle croit utiles, il y a accord entre elle et le gouverneur de la province.

« En France, la situation est toute différente : le préfet est chargé de présenter au Conseil général, avec un rapport sur la situation du département, le budget accompagné de tous les documents qui font corps avec lui. L'article 79 exige que la commission fasse, elle aussi, un rapport sommaire sur la situation du département, et expose son avis sur le budget proposé. N'est-il pas à craindre que ce soit une charge trop lourde pour la Commission? N'y aura-t-il pas, en outre, une impossibilité matérielle créée par des délais trop courts entre la présentation du budget par le préfet et la réunion du Conseil général (huit jours au plus)? Enfin, ce double rapport n'offrira-t-il pas le danger d'accuser des dissidences entre le préfet et la commission? » M. Maurice concluait en proposant de ne pas admettre le rapport sommaire de la commission permanente sur le budget.

M. le rapporteur répondit que la commission ne saurait accepter cette proposition; que, d'après elle, ce rapport d'ensemble sur les propositions budgétaires du préfet serait un travail très-utile; qu'il fallait donc le maintenir. Il ajouta qu'il n'y avait pas à se préoccuper des conflits que craignait M. Maurice, puisque la commission pourrait ne pas faire imprimer et distribuer ces rapports, si elle y voyait quelque inconvénient.

La suppression du deuxième paragraphe de l'article 79, proposée par M. Maurice, ne fut pas adoptée, et l'ensemble de l'article, tel qu'il était proposé par la commission, fut voté.

A la troisième délibération, l'article 79 fut maintenu sans observations.

Art. 80.

Chaque année, à la session d'août, la commission départementale présente au Conseil général le relevé de tous les emprunts communaux et de toutes les contributions extraordinaires communales qui ont été votées depuis la précédente session d'août, avec indication du chiffre total des centimes extraordinaires et des dettes dont chaque commune est grevée.

Dans le projet primitif de la commission, l'article 80 avait un deuxième paragraphe, ainsi conçu : *Elle soumet également au Conseil général le compte annuel de l'emploi des ressources municipales affectées aux chemins vicinaux de grande communication et d'intérêt commun.*

A la deuxième délibération (*Officiel* du 25 juillet), M. Ganivet proposa la suppression de ce deuxième paragraphe. Il fit remarquer que, d'après la loi, le Conseil général et la commission départementale, chacun dans sa sphère d'attribution, étaient chargés de faire la répartition des subventions et des deniers provenant du rachat des prestations affectées aux chemins vicinaux de grande communication ou d'intérêt commun, mais que le préfet était chargé d'employer ces ressources; qu'en conséquence c'était donc à lui seul et non à la commission départementale qu'incombait le soin de présenter un compte d'emploi.

M. le rapporteur de la commission reconnut la justesse de ces observations, et déclara que la commission consentait à ce que le deuxième paragraphe de l'article 80 fût supprimé.

L'Assemblée partagea cet avis, et à la troisième délibération l'article voté, avec la suppression du deuxième paragraphe, fut maintenu sans observations.

Art. 81.

La commission départementale, après avoir entendu l'avis ou les propositions du préfet :

1° Répartit les subventions diverses portées au budget départemental, et dont le Conseil général ne s'est pas réservé la distribution, les fonds provenant des amendes de police correctionnelle et les fonds provenant du rachat des prestations en nature sur les lignes que ces prestations comprennent ;

2° Détermine l'ordre de priorité des travaux à la charge du département, lorsque cet ordre n'a pas été fixé par le Conseil général ;

3° Fixe l'époque et le mode d'adjudication ou de réalisation des emprunts départementaux, lorsqu'ils n'ont pas été fixés par le Conseil général ;

4° Fixe l'époque de l'adjudication des travaux d'utilité départementale.

Le projet primitif contenait un paragraphe deuxième ains conçu : *Répartit la portion allouée au département sur les fonds de secours spéciaux, pour pertes matérielles et événements malheureux, conformément à l'article 68 de la présente loi.*

La commission, par suite des modifications apportées dans la rédaction de l'article 68, supprima le paragraphe deuxième, et l'article 81 fut voté, avec cette suppression. A la deuxième délibération, les mots du dernier alinéa du premier paragraphe *sur les lignes que ces prestations concernent* n'y figuraient pas encore.

A la troisième délibération (*Officiel* du 11 août), M. le président fit connaître que la commission, tout en maintenant l'article 81, proposait de terminer le paragraphe n° 1 par ces mots : ..... *sur les lignes que ces prestations concernent.*

M. Arfeuillères présenta un amendement qui consistait à supprimer la deuxième partie du paragraphe n° 1 : ..... *les fonds provenant des amendes de police correctionnelle, et les fonds provenant du rachat des prestations en nature sur les lignes que ces prestations concernent.*

M. Arfeuillères appuya son amendement en disant qu'il fallait laisser le conseil général absolument maître de tous les éléments de son budget, et que la commission départementale ne devait avoir de subventions à répartir qu'autant que le Conseil général lui en aurait confié le mandat. L'attribution serait, dit-il, sans importance, s'il ne s'agissait que des amendes de police correctionnelle, mais il y a les fonds provenant du rachat des prestations en nature. Dans la première rédaction de l'article 81, on laissait les fonds qui ont cette origine à la discrétion absolue de la commission départementale, ce qui est contraire à la législation vicinale, car ces fonds appartiennent aux communes dont ils représentent les prestations. En ajoutant les mots : *sur les lignes qu'elles concernent*, au deuxième alinéa du paragraphe premier de l'article 81, la commission semble donner à cet article un sens restreint; la commission départementale aura seulement la faculté de répartir ces fonds sur les divers points de la ligne à laquelle ces fonds se rapportent; mais cela ne suffit pas, parce que le Conseil général, au sein duquel tous les cantons ont des représentants, sera meilleur juge que la commission, des points qui appelleront de préférence l'emploi de ces ressources.

M. Arfeuillières termina en disant qu'il avait toute confiance dans la commission départementale, mais qu'il y avait convenance et avantage à ce qu'elle n'eût de fonds à distribuer que ceux que mettrait à sa disposition le Conseil général.

L'Assemblée consultée ne prit pas l'amendement en considération.

Le projet primitif portait, à la suite de l'article 81, un article ainsi conçu : *Le président de la commission départementale passe les contrats au nom du département.* Cet article était inscrit dans le projet de loi sous le n° 82, et avait été voté sans discussion ni observations à la deuxième délibération. A la troisième délibération (*Officiel* du 11 août), M. Ganivet fit observer que, par suite de l'*adoption* de l'amendement qu'il avait présenté sur l'article 54 et qui était ainsi conçu : *Le préfet, sur l'avis conforme de la commission départementale, passe les contrats au nom du département*, l'article 82 du projet primitif était devenu inutile, et devait être supprimé.

L'Assemblée, consultée, prononça, sur l'avis conforme de la commission, la suppression de cet article.

Art. 82 (1).

La commission départementale assigne à chaque membre du Conseil général et aux membres des autres conseils électifs le canton pour lequel ils devront siéger dans le conseil de révision.

L'article de la commission portait : *La commission départementale désigne les membres du Conseil général ou des autres conseils électifs qui siégent dans le conseil de révision.*

M. Chevandier (de la Drôme) prétendit, à la deuxième délibération (*Officiel* du 25 juillet), que la rédaction de cet article n'était pas suffisamment claire, et n'indiquait pas que tous les membres du Conseil général seraient successivement désignés. Il proposa la rédaction suivante : *La commission départementale assigne à chaque membre du Conseil général et aux membres des autres conseils électifs le canton pour lequel ils devront siéger dans le conseil de révision.*

Il me semble, dit-il, que par cette rédaction le droit de chacun serait bien plus nettement affirmé.

M. le rapporteur déclara que la commission acceptait cette nouvelle rédaction; elle fut adoptée par l'Assemblée, et devint l'article 82 de la loi.

Art. 83.

La commission départementale vérifie l'état des archives et celui du mobilier appartenant au département.

A la deuxième délibération (*Officiel* du 25 juillet), M. Maurice proposa de supprimer cet article. Au moment où l'on créait des institutions nouvelles, il ne fallait pas les surcharger de travaux inutiles. Il y avait donc lieu de continuer à laisser cette mission du récolement et de l'inspection des archives

(1) Cet article, qui portait le numéro 83, a pris le numéro 82, par suite de la suppression du 82 primitif.

aux membres pris dans le sein du Conseil général, et désignés pendant les sessions ordinaires.

M. le rapporteur répondit que la commission, en proposant cet article, avait voulu rendre l'opération du récolement sérieuse, tandis qu'avec les anciens errements elle ne l'était pas toujours. En confiant ce mandat à la commission départementale, on aura pour garantie la responsabilité réelle qui en sera la conséquence.

L'article 83 fut adopté et maintenu sans observations nouvelles à la troisième délibération.

Art. 84.

La commission départementale peut charger un ou plusieurs de ses membres d'une mission relative à des objets compris dans ses attributions.

Article adopté sans discussion ni observations.

Art. 85.

En cas de désaccord entre la commission départementale et le préfet, l'affaire peut être renvoyée à la plus prochaine session du Conseil général qui statuera définitivement.

En cas de conflit entre la commission départementale et le préfet, comme aussi dans le cas où la commission aurait outre-passé ses attributions, le Conseil général sera immédiatement convoqué, conformément aux dispositions de l'article 24 de la présente loi, et statuera sur les faits qui lui auront été soumis.

Le Conseil général pourra, s'il le juge convenable, procéder dès lors à la nomination d'une nouvelle commission départementale (1).

(1) Le projet primitif disposait que le Conseil général serait convo-

Article adopté sans discussion ni observations.

L'article portant le n° 87 dans le projet de loi, et qui avait pris le n° 86, par suite de la suppression du n° 82, fut lui-même *supprimé* à la troisième délibération.

Cet article avait une trop large place dans le projet de loi, et avait donné lieu à des discussions trop importantes lors de la deuxième délibération, pour ne pas rappeler ici, à la place qu'il aurait dû occuper, s'il avait été maintenu, les développements dont il a été l'objet.

L'article présenté sous le n° 87 à la deuxième délibération était ainsi conçu :

La commission départementale exercera désormais les attributions confiées au préfet seul ou au préfet en conseil de préfecture à l'égard des communes, des établissements de bienfaisance, des fabriques et des consistoires, en ce qui touche les acquisitions, les aliénations, les échanges, les partages, les transactions, les baux, les dons et les legs.

En ce qui touche les emprunts des hospices, hôpitaux et autres établissements charitables communaux, elle exercera les attributions dont le préfet est investi par les articles 1, 3 et 9 de la loi du 24 juillet 1867.

Elle statuera au lieu et place du préfet sur les délibérations par lesquelles les conseils municipaux votent, conformément à l'article 5 de la loi du 24 juillet 1867 :

1° *Les contributions extraordinaires qui dépasseraient cinq centimes sans excéder le maximum fixé par le Conseil général, et dont la durée ne serait pas supérieure à douze années ;*

2° *Les emprunts remboursables sur ces mêmes contributions extraordinaires ou sur les revenus ordinaires dans un délai excédant douze années.*

La commission proposait par cette rédaction la suppression des paragraphes 3, 4 et 5 de sa rédaction primitive, paragraphes qui étaient ainsi conçus :

qué, en cas de conflit, soit par un président, soit par la commission elle-même, soit par le chef du Pouvoir exécutif. Mais la commission le modifia dès la première délibération.

3° *En ce qui touche l'annulation des délibérations des conseils municipaux et des commissions administratives d'hospices, d'hôpitaux et d'autres établissements charitables, soit d'office, soit sur la réclamation de toute partie intéressée, elle exercera les pouvoirs conférés au préfet par l'article* 18 *de la loi du* 18 *juillet* 1837, *par l'article* 6 *de la loi du* 24 *juillet* 1867, *et par l'article* 8 *de la loi du* 7 *août* 1851.

4° *En ce qui touche le règlement des budgets municipaux, l'inscription d'office des dépenses obligatoires, le refus d'ordonnancer une dépense régulièrement autorisée et liquide, et l'approbation définitive des comptes des maires pour les communes dont le revenu est inférieur à cent mille francs, elle exercera les pouvoirs conférés au préfet seul, ou au préfet en conseil de préfecture, par les articles* 33, 39, 60 *et* 61 *de la loi du* 18 *juillet* 1837.

5° *En ce qui touche les délibérations des commissions administratives des hospices, hôpitaux et autres établissements charitables, qui n'ont pas été mentionnés aux paragraphes précédents, elle exercera les pouvoirs conférés au préfet seul ou au préfet en conseil de préfecture, par l'article* 12 *de la loi du* 7 *août* 1851.

M. Savoye, à la deuxième délibération de l'article 87 (*Officiel* du 26 juillet), demanda la suppression de cet article.

L'article en discussion, dit-il, est un de ceux qui tendent à faire passer des mains des représentants du pouvoir central aux mains de la commission départementale l'exercice de la tutelle administrative inférieure. Avant de décider par qui s'exercera cette tutelle, il faudrait être bien fixé sur les matières qui donneront lieu à cette tutelle, et l'on ne pourra l'être que lorsqu'on aura élaboré la loi communale. Alors seulement il y aura lieu de trancher la question de tutelle, prématurément posée aujourd'hui.

M. Joubert soutint une thèse tout opposée à celle de M. Savoye. Loin de demander la suppression de l'article en discussion, il demanda au contraire le rétablissement des paragraphes 3, 4 et 5 supprimés par la commission.

M. Maurice déclara que, la commission ayant fait droit à ses observations en supprimant dans sa nouvelle rédaction les paragraphes 3, 4 et 5, il se ralliait à cette rédaction.

M. Rivet vint appuyer la proposition de M. Savoye. Il faut, dit-il, ne pas demander trop à une institution nouvelle. Lorsque les commissions départementales auront fonctionné quelque temps, on appréciera mieux l'opportunité de leur confier certaines attributions au nombre desquelles il faut placer la tutelle administrative des communes.

M. Émile Lenoël conclut, au contraire, au rétablissement de l'article primitif de la commission.

M. Victor Lefranc, *ministre de l'agriculture et du commerce*, fit remarquer, avec beaucoup de sens, que l'intérêt départemental proprement dit n'existait pas en matière communale, et que c'était à l'intérêt général à surveiller l'intérêt communal. Ces deux intérêts, dit-il, ne sauraient être séparés. L'État doit regarder de très-près aux dépenses, aux volontés et aux actions des communes, pour qu'elles ne dépassent pas la limite qu'il est important de maintenir à raison des nécessités de l'intérêt général. Dans la commune, le conseil de famille c'est le conseil municipal, et le surveillant doit être l'État et non le Conseil général.

M. le ministre termina en disant que, si c'était une tutelle qu'on voulait donner aux communes, il fallait avant tout faire la loi communale; que, si c'était une surveillance, il fallait également déterminer ce qui avait besoin d'être surveillé, et ce qui devait être laissé à la souveraineté communale.

M. Savary, *membre de la commission*, répondit que la question véritable avait été déplacée; qu'en effet, sans examiner si plus tard la tutelle ou la surveillance à l'égard des communes devrait être restreinte, la commission avait voulu, dans la mesure de l'état de choses, faire passer les attributions de cette nature confiées au préfet à la commission départementale, sauf à restreindre cette tutelle ou cette surveillance plus tard, dans les limites de la loi municipale à intervenir.

M. Langlois parla dans le sens de l'ajournement de la question jusqu'à l'organisation municipale et cantonale. Par quelques observations sommaires, M. le rapporteur de la commission résuma la discussion en disant que le seul tuteur possible, c'était le suffrage universel au degré supérieur, tuteur du suffrage universel au degré inférieur.

L'article, mis aux voix, fut adopté tel qu'il était présenté par la commission.

Dans l'intervalle de la deuxième à la troisième délibération, des pourparlers eurent lieu entre la commission et le gouvernement. Il fut reconnu que le maintien de cet article pourrait avoir, quant à présent, des inconvénients qu'il importait d'éviter. Aussi, lorsque cet article revint en discussion à la troisième délibération, M. le président fit connaître à l'Assemblée que la commission proposait la suppression de l'article 87; l'Assemblée, consultée, vota cette suppression.

Art. 86 (1).

La commission départementale prononce, sur l'avis des conseils municipaux, la déclaration de vicinalité, le classement, l'ouverture et le redressement des chemins vicinaux ordinaires, la fixation de la largeur et de la limite desdits chemins.

Elle exerce à cet égard les pouvoirs conférés au préfet par les articles 15 et 16 de la loi du 21 mai 1836.

Elle approuve les abonnements relatifs aux subventions spéciales pour la dégradation des chemins vicinaux, conformément au dernier paragraphe de l'article 14 de la même loi.

Cet article avait été présenté et adopté à la deuxième délibération avec une rédaction différente : il était alors ainsi conçu :

(1) Par suite de la suppression des articles 82 et 87, l'article 88 du projet de loi est devenu l'article 86 de la loi.

La commission départementale prononce, sur l'avis des conseils municipaux :

1° La déclaration d'utilité publique des chemins vicinaux ordinaires, sauf le cas prévu par l'article 44 ;

2° La déclaration de vicinalité, le classement, l'ouverture et le redressement des chemins vicinaux ordinaires, la fixation de la largeur et de la limite desdits chemins. Elle exerce à cet égard les pouvoirs conférés au préfet par les articles 15 et 16 de la loi du 21 mai 1836.

En cas de contestation relativement à l'indemnité due pour extraction de matériaux, dépôts ou enlèvements de terres, occupations temporaires de terrains, elle nomme les tiers-experts, et exerce à cet égard les pouvoirs attribués au conseil de préfecture par l'article 10 de la loi du 21 mai 1836.

Elle règle les subventions pour la dégradation des chemins vicinaux, lorsque l'abonnement a été demandé, et elle exerce à cet égard les pouvoirs attribués au préfet en conseil de préfecture par l'article 14 de la loi du 21 mai 1836.

A la troisième délibération (*Officiel* du 11 août), M. Clément proposa de remplacer cet article par la disposition à laquelle adhéra la commission et qui, votée par la Chambre, est devenue l'article 86 (1).

Art. 87.

La commission départementale approuve le tarif des évaluations cadastrales, et elle exerce à cet égard les pouvoirs attribués au préfet en conseil de préfecture par la loi du 15 septembre 1807 et le règlement du 15 mars 1827.

Elle nomme les membres des commissions syndicales, dans le cas où il s'agit d'entreprises subventionnées par le département, conformément à l'article 23 de la loi du 21 juin 1865.

(1) Voir le commentaire de l'article 44.

A la troisième délibération (*Officiel* du 11 août), M. Anisson-Dupéron proposa l'article additionnel suivant :

Elle nommera les membres des commissions spéciales chargées, d'après la loi du 16 septembre 1807, de fixer les plus-values en matière de travaux publics.

M. Clément fit observer que les commissions spéciales mentionnées dans l'article additionnel proposé ont été supprimées par la loi du 20 juin 1865, et leurs attributions dévolues aux Conseils de préfecture. Dès lors, il n'y a pas lieu de pourvoir à leur nomination.

M. Anisson-Dupéron chercha à prouver que ces commissions spéciales avaient encore conservé certaines attributions; mais son article additionnel, mis aux voix, fut rejeté.

Art. 88.

Les décisions prises par la commission départementale, sur les matières énumérées aux articles 86 et 87 de la présente loi, seront communiquées au préfet en même temps qu'aux conseils municipaux et aux autres parties intéressées.

Elles pourront être frappées d'appel devant le Conseil général, pour cause d'inopportunité ou de fausse appréciation des faits, soit par le préfet, soit par les conseils municipaux ou par toute autre partie intéressée. L'appel doit être notifié au président de la commission dans le délai d'un mois, à partir de la communication de la décision. Le Conseil général statuera définitivement à sa plus prochaine session.

Elles pourront aussi être déférées au conseil d'État, statuant au contentieux, pour cause d'excès de pouvoir ou de violation de la loi ou d'un règlement d'administration publique.

Le recours au conseil d'État doit avoir lieu dans le

délai de deux mois, à partir de la communication de la décision attaquée. Il peut être formé sans frais, et il est suspensif dans tous les cas.

Article adopté sans discussion ni observations.

Dans le projet de loi, et à la suite de l'article ci-dessus, se trouvait un article portant le numéro 91, et qui était devenu, par la suppression des articles 82 et 87 du projet, l'article 89.

Cet article était ainsi conçu :

La commission départementale statuera sur les demandes en autorisation de plaider formées par les communes ou sections de commune, les hospices, les hôpitaux, les établissements de bienfaisance, les fabriques et les consistoires. Elle pourra prendre l'avis d'un jurisconsulte.

Les décisions de la commission pourront être déférées au ministre de l'intérieur par les parties intéressées dans le délai de deux mois, à partir de la communication de la décision. Elles ne pourront être annulées que par un décret rendu dans la forme des règlements d'administration publique.

Après quelques observations échangées entre M. Léon Clément et M. Lefèvre-Pontalis, cet article avait été adopté à la deuxième délibération (*Officiel* du 26 juillet).

A la troisième délibération, M. le président fit connaître que, d'accord avec le gouvernement, la commission en proposait la suppression, et l'article, mis aux voix, ne fut pas adopté.

TITRE VII.

Des intér s communs à plusieurs départements.

Art. 89 (1).

Deux ou plusieurs conseils généraux peuvent provoquer entre eux, par l'entremise de leurs présidents, et

(1) L'article 92 du projet de loi est devenu l'article 89 de la loi, par suite de la suppression des articles 82, 87 et 91.

après en avoir averti les préfets, une entente sur les objets d'utilité départementale compris dans leurs attributions et qui intéressent à la fois leurs départements respectifs.

Ils peuvent faire des conventions, à l'effet d'entreprendre ou de conserver à frais communs des ouvrages ou des institutions d'utilité commune.

A la troisième délibération (*Officiel* du 11 août), la commission proposa une addition à l'article, tel qu'il avait été adopté à la deuxième délibération, addition qui consistait à ajouter au premier paragraphe ces mots : *et après en avoir averti les préfets.*

L'ensemble de l'article mis aux voix fut adopté, avec l'addition proposée au premier paragraphe.

Art. 90.

Les questions d'intérêt commun seront débattues dans des conférences, où chaque Conseil général sera représenté, soit par sa commission départementale, soit par une commission spéciale nommée à cet effet.

Les préfets des départements intéressés pourront toujours assister à ces conférences (1).

Les décisions qui y seront prises ne seront exécutoires qu'après avoir été ratifiées par tous les Conseils généraux intéressés, et sous les réserves énoncées aux articles 47 et 49 de la présente loi.

Article adopté sans discussion ni observations.

Art. 91.

Si des questions autres que celles que prévoit l'article 89 (2) étaient mises en discussion, le préfet du dé-

(2) Le projet primitif ne réservait pas ce droit aux préfets.
(1) Cet article portait le numéro 92 dans le projet de loi.

partement où la conférence a lieu déclarerait la réunion dissoute.

Toute délibération prise après cette déclaration donnerait lieu à l'application des dispositions et pénalités énoncées à l'article 34 de la présente loi.

Cet article n'existait pas dans le projet primitif. Il fut présenté par la commission comme article additionnel, immédiatement après le vote de l'article 90, et adopté sans discussion par l'Assemblée.

DISPOSITIONS SPÉCIALES OU TRANSITOIRES.

Art. 92.

Sont et demeurent abrogés les titres Ier et II de la loi du 22 juin 1833, le titre Ier de la loi du 10 mai 1838, la loi du 18 juillet 1866, et généralement toutes les dispositions de lois ou de règlements contraires à la présente loi.

Article adopté sans discussion ni observations.

Art. 93.

Les articles 86 et 87 et le deuxième paragraphe de l'article 23 de la présente loi ne seront exécutoires qu'à partir du 1er janvier 1872.

A la troisième délibération (*Officiel* du 11 août), M. Millaud proposa un amendement ainsi conçu : *La présente loi ne sera exécutoire qu'après la réunion de la constituante.*

M. Millaud exprima la crainte que la loi sur l'organisation et les attributions des Conseils généraux ne fût contestée comme émanant d'une assemblée qui n'avait pas mandat de la voter. Il ajouta que ce n'était que dans l'intérêt de la loi elle-même, et pour qu'elle eût une véritable autorité, qu'il avait présenté son amendement.

La question préalable, demandée et mise aux voix, fut adoptée.

MM. Rousseau, de Pompéry, Lebreton, Morvan et de Pressensé, proposèrent ensuite une disposition transitoire ainsi conçue :

Seront éligibles, dans l'année 1871, *au Conseil général, ceux qui justifieront que, par le fait de la guerre, ils ont été empêchés de se faire inscrire avant le* 1er *janvier* 1871 *sur le rôle des contributions directes du département et qui s'y seront fait inscrire avant le jour de l'élection.* (*Officiel* du 11 août.)

Cet article additionnel, dit M. Rousseau, est une disposition simplement transitoire, qui s'applique surtout à ceux qui, dans le gouvernement déchu, se tenaient à l'écart des affaires publiques, et qui plus tard n'ont pas pu remplir les conditions voulues pour l'éligibilité, parce qu'ils étaient prisonniers en Allemagne, ou enfermés dans Paris.

M. Ganivet répondit à M. Rousseau que cette faveur exceptionnelle était déjà écrite dans l'article 6 de la loi.

L'Assemblée, consultée, ne prit pas en considération l'article transitoire proposé.

M. Lucet proposa également un article additionnel ainsi conçu :

La présente loi est applicable à l'Algérie.

Le Conseil général de chacun des trois départements algériens sera composé de 24 membres exclusivement français.

Pour les premières élections, les circonscriptions électorales seront établies par arrêté de M. le gouverneur général civil de l'Algérie, sur les propositions respectives des préfets.

M. Lambrecht, *ministre de l'intérieur*, déclara qu'il y aurait des inconvénients graves à introduire une disposition dans la loi en discussion, au sujet de l'Algérie, mais que le gouvernement présenterait très-prochainement un projet de loi spécial sur les Conseils généraux d'Algérie.

Sur cette affirmation, M. Lucet retira son amendement.

Art. 94.

La présente loi n'est pas applicable au département de la Seine. Il sera statué à son égard par une loi spéciale (1).

Cet article fut proposé par la commission (*Officiel* du 11 août), à la troisième délibération.

M. le ministre de l'intérieur informa l'Assemblée qu'il présenterait, sous peu de jours, un projet de loi pour le département de la Seine, qui avait toujours été régi par une législation spéciale ; qu'il ne pouvait venir à la pensée de personne de refuser au département un Conseil général élu, mais qu'il fallait que des dispositions particulières réglassent la composition de ce conseil.

Après ces explications, l'article additionnel de la commission fut mis aux voix et adopté.

Un scrutin public fut demandé pour le vote de l'ensemble de la loi, et, sur 635 votants, il y eut 509 voix pour, et 126 contre.

La proclamation du vote, sur l'ensemble de la loi départementale, fut accueilli par des marques non équivoques de satisfaction, et l'honorable rapporteur de la loi, M. Waddington, qui avait joué dans cette longue discussion (2) un rôle si laborieux et si utile, fut l'objet de nombreuses et bien légitimes félicitations de la part de ses collègues.

(1) Voir la loi spéciale au département de la Seine, page lxxij.

(2) La discussion de la loi, commencée le 27 juin 1871, occupa les séances des 27 et 28 juin (première délibération), les séances des 7, 8, 10, 11, 12, 13, 14, 15, 17, 18, 19, 20, 24 et 25 juillet (deuxième délibération), et les séances des 31 juillet, 1er, 2, 3, 7, 8, 9, 10 août (troisième délibération).

RAPPORT

FAIT

Au nom de la commission (1) de décentralisation chargée d'examiner les propositions de loi relatives à l'organisation et aux attributions des Conseils généraux, présentées : 1° par MM. Magnin *et* Bethmont (2); 2° *par* M. Savary (3); 3° *par* M. Raudot (4), *déposé par* M. Waddington, *membre de l'Assemblée nationale, à la séance du* 14 *juin, reproduit dans l'*Officiel *du* 2 *et* 3 *juillet.*

Messieurs,

La commission de décentralisation a été saisie par l'Assemblée de trois propositions de loi relatives à l'organisation et aux attributions des Conseils généraux. La première émane de l'initiative

(1) Cette commission est composée de MM. Moulin, *président*, Raudot, *vice-président*, Bethmont, Amédée Lefèvre-Pontalis, de Chabrol, de Lacombe, *secrétaires*, Waddington, *rapporteur*, Beulé, de Talhouet, de Jouvencl, de Cumont, Monjaret de Kerjégu, Ernoul, Lenoël, Lucet, de la Bassetière, Christophle, Bocher, Target, Reverchon, Rivet, Magnin, d'Andelarre, Foubert, Johnston, de Barante, le duc Decazes, Lucien Brun, de Bonald et Fresneau.

(2) Les propositions relatives, la première à l'organisation des Conseils généraux, la deuxième aux attributions des Conseils généraux, présentées par MM. Magnin et Bethmont, membres de l'Assemblée nationale, à la séance du 26 mars 1871, sont reproduites à l'*Officiel* du 4 et 5 avril.

(3) La proposition de loi relative à l'organisation et aux attributions des Conseils généraux, présentée par M. Savary, membre de l'Assemblée nationale (Manche), à la séance du 27 avril 1871, est reproduite à l'*Officiel* du 12, 13 et 17 juin.

(4) La proposition de loi sur la décentralisation, présentée à la séance du 29 avril 1871, par M. Raudot, membre de l'Assemblée nationale, est reproduite à l'*Officiel* du 24, 27, 29 et 30 mai.

de MM. Magnin et Bethmont; la seconde a été présentée par M. Savary, et reproduit le projet élaboré par la commission extra-parlementaire, réunie en 1870, sous la présidence de M. Odilon Barrot, et elle est précédée d'un remarquable exposé des motifs, auquel nous ferons de fréquents emprunts; enfin la troisième est l'œuvre de M. Raudot, et contient tout un système de décentralisation, dont l'organisation départementale ne forme qu'une partie. D'autres propositions, portant généralement sur des détails, et émanant soit de membres de l'Assemblée, soit de personnes qui se sont livrées à l'étude de ces matières, ont été soumises à la commission, qui a pu y puiser d'utiles indications. Elle a également étudié avec profit la législation provinciale belge, qui lui montrait d'excellents exemples à suivre, et elle saisit cette occasion d'offrir ses remercîments à l'honorable M. Dumortier, membre de la Chambre des représentants à Bruxelles, qui a bien voulu mettre à sa disposition de nombreux et intéressants documents. C'est de l'examen de tous ces éléments, discutés et coordonnés par la commission, qu'est sorti le projet de loi organique qu'elle a l'honneur de proposer à l'Assemblée nationale, et qui est destiné à condenser et à réunir en un seul corps toutes les lois antérieures sur la matière.

LÉGISLATION ANTÉRIEURE

C'est par un décret du 18 janvier 1790 que l'Assemblée constituante divisa la France en départements. Dans sa pensée, le département n'était qu'une simple division territoriale, formée uniquement pour faciliter l'action politique et administrative du pouvoir central, mais n'ayant ni une existence propre, ni des intérêts particuliers, distincts de ceux de l'État. La loi du 22 décembre 1790 confia leur administration à des assemblées électives, investies de pouvoirs très-étendus, il est vrai, mais se rapportant tous aux intérêts généraux, et n'ayant rien de distinct ni de spécial aux départements eux-mêmes.

Par la loi du 24 messidor an VI, le Directoire mit à la charge des départements un certain nombre de dépenses relatives à la justice et à l'instruction publique, auxquelles on faisait face par des sous additionnels au principal de la contribution. Cette disposition, qui fut reproduite dans les lois du 15 frimaire an VI et du 11 frimaire an VII, n'était au fond qu'un expédient financier, et n'apportait, en réalité, aucune modification dans la situation des départements, qui demeuraient toujours de simples divisions administratives. Sous le consulat, qui porta la centralisation à son comble, la loi du 28 pluviôse an VIII remplaça, dans le département, les administrations électives par un préfet, assisté d'un conseil de préfecture et d'un Conseil général, dont les membres étaient nommés par le premier consul. Le département n'avait toujours ni budget ni propriétés.

« Cependant un changement important ne tarda pas à être introduit dans la législation, sous une forme modeste et presque inaperçue. Les dépenses à la charge du département furent divisées en dépenses fixes sur lesquelles les Conseils généraux donnaient leur avis, et en dépenses variables pour lesquelles l'article 34 de la loi de finances du 2 ventôse an XIII autorisa les Conseils généraux à voter des centimes facultatifs. A partir de ce jour, le département commença à disposer de ressources propres; pour la première fois, il eut véritablement un budget.

« En 1811, la détresse financière du gouvernement le détermina à mettre à la charge du département des édifices et des routes qui avaient été rattachés jusque-là au service général de l'État. Le décret du 9 avril lui concéda les édifices consacrés au service des cours et tribunaux et de l'instruction publique, et celui du 16 décembre mit à sa charge les routes impériales de troisième classe, qui formèrent le premier réseau des routes départementales (1). »

Le département n'était pas encore propriétaire, car cette qualité lui fut longtemps contestée par le Conseil d'État, notamment par deux avis du 20 novembre 1818 et du 15 octobre 1819, et par une instruction du ministre de l'intérieur, adressée aux préfets le 17 avril 1832; c'était toutefois un acheminement vers la propriété.

Cet état de choses dura jusqu'en 1833. Deux projets de loi, relatifs à l'organisation des Conseils généraux et présentés, l'un en 1821, par M. Siméon, l'autre en 1829, par M. de Martignac, ne purent aboutir par suite de circonstances politiques. La loi du 22 juin 1833 rendit enfin les Conseils généraux électifs, et celle

(1) Savary, exposé des motifs, p. 4.

du 10 mai 1838 régla leurs attributions; le droit de posséder était pleinement reconnu aux départements; ils devenaient des personnes civiles, ils étaient le centre d'intérêts locaux nombreux et considérables, et la loi du 21 mai 1836 sur les chemins vicinaux imprima aux travaux des Conseils généraux une activité et leur donna une importance qu'ils n'avaient pas encore connues. Toutefois ils étaient encore soumis d'une façon absolue à la tutelle de l'État, puisque aucune de leurs délibérations n'était exécutoire sans l'approbation de l'autorité supérieure. Sauf quelques modifications introduites dans leur organisation par le décret du 3 juillet 1848 et la loi du 7 juillet 1852, les Conseils généraux restèrent sous l'empire ce qu'ils avaient été sous la monarchie de juillet. Un projet de loi organique, comprenant leur organisation et leurs attributions, avait été élaboré, en 1850, par le Conseil d'État, revu et amendé par une commission de l'Assemblée législative en 1851, et il allait être discuté lorsque l'Assemblée fut dissoute.

Le fameux décret du 25 mars 1852, dit décret de décentralisation, ne touchait pas directement aux attributions des Conseils généraux; mais, en transportant aux préfets une foule de nominations et de décisions qui appartenaient auparavant aux ministres, il leur fit sentir plus que par le passé la tutelle étroite à laquelle ils étaient soumis.

Enfin arriva la loi du 18 juillet 1866, l'une des meilleures qui aient été votées sous l'empire. Pour la première fois, le Conseil général est appelé à statuer définitivement et sans appel sur une foule de matières d'intérêt exclusivement départemental, et l'État ne se réserve plus que le droit d'annuler les délibérations entachées d'excès de pouvoir ou prises en violation de la loi. Le Conseil général peut voter des centimes additionnels dans les limites fixées annuellement par la loi de finances, et conclure des emprunts remboursables dans un délai qui n'excède pas douze années; son budget et ses comptes ont été remaniés et simplifiés; les dépenses obligatoires ont été réduites aux services indispensables de l'État. En un mot, le Conseil général a acquis la gestion complète de la fortune départementale; il est investi à cet égard d'une véritable autonomie; mais il n'a aucune action directe sur l'administration; une fois sa délibération prise, il ne peut plus intervenir, et, dans l'intervalle de ses sessions annuelles, il ne peut ni contrôler les actions du préfet, ni même lui adresser une observation. Tel est l'état actuel de la législation, que le projet de loi a pour but de modifier.

TITRE I.

Avant d'aborder la discussion de la loi départementale, il fallait trancher la question des grands gouvernements provinciaux, posée par le projet de M. Raudot, et qui consiste à diviser la France en vingt-quatre provinces, ayant chacune un gouverneur assisté d'un conseil élu, et investi d'attributions considérables.

L'idée de former des provinces comprenant plusieurs départements n'a pas été adoptée par votre commission. En effet, cette nouvelle création ne répond à aucun besoin actuel et n'est aucunement réclamée par l'opinion publique, qui pourrait y voir soit un retour vers les choses du passé, et une menace pour notre unité nationale, qui exciterait ses défiances, soit un nouveau rouage administratif et une nouvelle série de fonctionnaires ajoutée à tant d'autres.

Est-ce à dire qu'il sera toujours interdit aux Conseils généraux des départements qui ont des intérêts communs, de se réunir ensemble pour discuter ces intérêts, pour entreprendre certains travaux en commun, pour fonder à frais communs certains établissements d'utilité générale? Votre commission ne l'a pas pensé; elle vous propose de lever l'interdiction qui existe à cet égard dans la législation antérieure, et elle a réglé par des articles spéciaux l'application de ce nouveau droit. Il y aurait en effet une véritable anomalie à ce que des assemblées, investies désormais de l'administration départementale, soient contraintes de s'adresser à l'autorité centrale, chaque fois qu'une route se prolongerait sur le territoire d'un département voisin, chaque fois qu'il s'agirait de mettre en commun les dépenses d'un asile d'aliénés, d'une école normale primaire, ou de tel autre établissement qui serait trop onéreux pour le budget, ou qui dépasserait les besoins de beaucoup de nos départements. La création de facultés ou d'universités provinciales pourrait aussi donner lieu à un concert entre plusieurs départements, et peut-être plus tard l'organisation de nos réserves militaires se rattachera-t-elle au même ordre d'idées. Mais autant il est désirable de laisser aux Conseils généraux la liberté de s'entendre entre eux pour les questions d'intérêt commun et non politique, autant il serait difficile d'indiquer d'avance de quelle façon ils devraient se grouper; car, évidemment, ce groupement variera selon l'intérêt qui sera en jeu, selon le but qu'il s'agira d'atteindre; dans certains cas il sera limité à deux ou trois départements, dans d'autres il pourra en embrasser cinq ou six. Contentons-nous donc d'abaisser les barrières qui existent, et laissons au temps et à la libre initiative des Conseils généraux le soin de faire le reste.

L'idée de la province étant écartée, la commission a pu entrer dans le vif de la question dont elle était saisie, c'est-à-dire l'administration du département, l'organisation et les attributions des Conseils généraux.

Et d'abord, s'agit-il seulement d'augmenter les attributions du Conseil général, considéré comme assemblée délibérante, et de compléter la loi de 1866, sans toucher à son principe; ou bien faut-il entrer résolûment dans une voie nouvelle, et remplacer dans une juste mesure l'action exclusive du préfet par l'action des mandataires élus du département?

On peut dire que l'Assemblée nationale a déjà implicitement résolu cette grave question par son vote sur la loi municipale du 15 avril dernier. En conférant aux Conseils municipaux, dans l'immense majorité des communes de France, le droit de nommer les maires, la nouvelle loi reconnaît que le pouvoir considérable confié à ces fonctionnaires procède directement du choix fait par les conseillers municipaux, et ne peut être exercé que sous leur contrôle. Sans tirer de ce principe ses conséquences extrêmes, qui aboutiraient peut-être à la nomination des préfets par les Conseils généraux (1), il n'en reste pas moins avéré que, si on maintenait le système actuel, ces corps, si considérables par leurs lumières et possédant à un si haut degré la confiance du pays, se trouveraient dans une position inférieure aux Conseils municipaux. « Est-il juste, est-il convenable que les Conseils généraux soient les seules assemblées délibératives en France, auxquelles la loi refuse une autorité directe et effective sur le pouvoir qui est chargé d'exécuter leurs décisions? Conserver à un préfet, qui n'est pas responsable devant le Conseil général, et

(1) Les systèmes de la nomination des préfets par les Conseils généraux, ou sur une liste présentée par les Conseils généraux, ont trouvé quelques défenseurs au sein de la commission.

qui ne dépend absolument que du ministre de l'intérieur, la plénitude des fonctions dont il a été investi à une autre époque, ne serait-ce point s'exposer à faire une œuvre contradictoire? Ne serait-ce point précisément maintenir dans le département le système de division des pouvoirs que la Constitution de 1852 avait établi dans l'État (1) » ?

Votre commission avait donc à examiner, en premier lieu, si on devait maintenir au préfet l'administration du département, ou la confier à un administrateur élu par le Conseil général; mais la solution de cette première question est étroitement liée à celle de plusieurs autres, notamment à celle des attributions préfectorales, et à celle de la création d'une commission départementale; nous allons les discuter successivement.

Disons tout d'abord que le système actuellement en vigueur n'a pas rencontré un seul défenseur au sein de la commission. Éclairés par les tristes expériences du passé, nous ne pouvions songer à maintenir entre les mains du préfet les pouvoirs exorbitants que lui confère sa double qualité de représentant du pouvoir central et d'administrateur du département, et qui lui permettaient d'exercer dans les luttes électorales une pression désastreuse. Pénétrée de la nécessité absolue de mettre fin à cet abus, et de couper le mal par la racine, votre commission a recherché les moyens d'enlever au représentant du pouvoir central les attributions qui ne touchent pas aux grands services publics, sans cependant compromettre la bonne et prompte expédition des affaires locales si nécessaire aux populations, et sans laquelle toute administration, quelle que fût son origine, serait rapidement discréditée. En d'autres termes, nous avons cherché à séparer aussi complétement que possible la gestion des affaires départementales, de celle des affaires de l'État, tout en ménageant les intérêts et les habitudes des populations.

Deux systèmes étaient en présence. Le plus radical consiste à remplacer purement et simplement le préfet, pour toutes les affaires départementales, par un administrateur élu par le Conseil général; ce système est formulé dans les projets de MM. Bethmont et Magnin, ainsi que dans celui de M. Raudot.

Ce dédoublement des fonctions du préfet n'a pas été admis par

(1) Savary, p. 7.

la commission. En effet, il y a beaucoup de questions qui intéressent à la fois l'État et le département, et dans lesquelles il serait fort difficile de faire la part de chacun, sans donner lieu à des embarras sérieux, sinon à de véritables conflits. Il suffira de citer le service des aliénés qui, dans plusieurs départements, possède une dotation propre, sur laquelle le Conseil général n'a pas d'action; le service des enfants assistés, qui soulève de graves questions de principes; les dépôts de mendicité, qui ont le caractère d'établissement à la fois pénal et d'assistance publique. Il ne faut pas oublier non plus que l'administrateur élu serait obligé d'avoir une résidence, des bureaux et un traitement assez considérable; de là de nouvelles charges qu'il faudrait imposer aux départements, et cela dans un moment où l'économie est un devoir patriotique de premier ordre. Le pays ne comprendrait pas de pareilles réformes et ne saurait s'y associer. Enfin, et surtout, la création d'un administrateur élu par le conseil général ne répondrait pas au vrai but que se propose la décentralisation, qui ne cherche pas à multiplier les fonctionnaires, mais à former des hommes. Il ne suffit pas qu'il y ait dans chaque département un homme de plus initié à la direction des affaires, il faut qu'il y en ait le plus possible; il ne s'agit pas seulement de trouver un administrateur de plus dans le département, mais d'y créer une pépinière d'administrateurs, d'y intéresser, dans chaque canton et dans chaque commune, le plus de citoyens possible au maniement des affaires locales, et de leur donner, par l'exercice de la responsabilité, le sentiment du devoir; il s'agit, en un mot, de fonder à tous les degrés le gouvernement du pays par lui-même.

Obéissant à cet ordre d'idées et fidèle à la mission dont elle était chargée, votre commission, après avoir écarté l'administrateur élu, s'est ralliée à la presque unanimité à l'autre système, proposé par la commission de 1870, c'est-à-dire à la création d'une commission départementale, chargée, comme délégation du Conseil général, de contrôler et de guider le préfet dans les intervalles des sessions, et investie en outre, directement par la loi, d'un certain nombre d'attributions importantes, précédemment confiées au préfet ou au conseil de préfecture.

L'idée de la commission départementale, qui se retrouve sous différentes formes dans tous les projets qui ont été renvoyés à la commission, est empruntée à la législation belge. En Belgique, la députation permanente du conseil provincial prend part à l'administration directe, en ce ns qu'elle publie des ordonnances et des règlements de sa propre autorité et mandate elle-même les dépenses provinciales; le gouverneur de la province fait partie de la députation, y a voix délibérative, y intervient comme représentant de l'État, mais il n'est pas toujours seul chargé de l'exécution. Dans notre pays les administrations collectives ne sont pas en faveur, et la maxime « délibérer est le fait de plusieurs, agir est le fait d'un seul, » est regardée comme un axiome. Aussi, sans contester les bons résultats obtenus par le système belge, nous n'avons pas cru qu'il fût applicable à la France, dont les départements sont beaucoup plus étendus que les provinces belges, dont les Conseils généraux sont autrement composés, et où il serait à peu près impossible de trouver de bons éléments pour une commission absolument permanente et astreinte à résider au chef-lieu; or, sans la permanence complète, il ne serait pas possible de donner à la commission même une portion du pouvoir exécutif.

A qui donc faut-il le donner? Votre commission a décidé de le conserver au préfet, sous certaines restrictions. En effet, l'institution des préfets n'est nullement mauvaise en soi; seulement, sous le régime déchu, elle a été faussée et détournée de son véritable but. Au lieu d'avoir pour objectif unique la bonne administration des départements, elle est devenue une école de pression électorale, elle a été l'instrument détesté des candidatures officielles, cause première des désastres dont la France subit les tristes conséquences. D'ailleurs, quand même on enlèverait aux préfets toute immixtion dans les intérêts départementaux, ils n'en demeureraient pas moins les agents du pouvoir central, qui ne peut se passer de représentants dans les départements. Cela étant, il y a avantage évident à confier le pouvoir exécutif pour les affaires départementales à un agent qui y est déjà investi de fonctions considérables, et auquel les populations sont habituées, à condition toutefois de lui rendre impossible l'abus de ce pouvoir. C'est pour bien marquer le nouveau rôle qu'elle attribue au préfet, que la commission a nettement défini les attributions du Conseil général et de la commission départementale, d'une part, et du préfet, d'autre part; aux premiers, la délibération et la décision, la nomination des fonctionnaires salariés sur les fonds départementaux, le contrôle exercé dans l'intervalle des sessions, c'est-à-dire l'administration dans le sens le plus élevé et le plus général du mot; au second, l'exécution proprement dite, et non plus l'administration tout entière.

Précisons davantage les rôles. Dans la plupart des cas, les délibérations du Conseil général portent sur des points nettement déterminés, et le préfet n'a qu'à les exécuter purement et simplement; dans d'autres, au contraire, le Conseil général ne peut qu'indiquer d'une façon générale la marche à suivre, et laisse au préfet une grande latitude dans l'exécution. Ainsi, quand il vote tout un réseau de chemins, il ne peut déterminer d'avance l'ordre de priorité des travaux, parce que cet ordre dépend souvent de faits contingents qu'il ne peut apprécier, ou d'offres de concours non encore réalisées; il en est de même des subventions qu'il vote en bloc, ou qu'il reçoit en bloc de l'État, et dont il laisse la distribution au préfet. C'est dans ces cas et dans d'autres circonstances analogues que la commission départementale interviendra pour continuer l'action forcément interrompue du Conseil général, mais sans empiéter sur le domaine de l'exécution proprement dite : « en un mot, elle exercera, au nom du Conseil, une sorte de direction en sous-ordre, une surveillance moins lointaine et plus permanente, mais contenue dans la limite des attributions et des pouvoirs du Conseil général lui-même (1). » Et combien son intervention ne sera-t-elle pas utile et salutaire dans les cas, malheureusement si nombreux, où un préfet, qui a fini par bien connaître les intérêts de son département, est appelé à un poste plus avantageux, et cède sa place à un successeur qui a tout à apprendre ! Il serait difficile pour le nouveau fonctionnaire d'avoir des guides plus sûrs, des initiateurs plus expérimentés, que les membres de la commission départementale.

Mais en dehors des pouvoirs que la commission départementale exercera comme délégation du Conseil général, nous proposons de lui en confier d'autres, qui lui seront propres et qui, jusqu'à présent, appartenaient au préfet et au Conseil de préfecture. Il s'agit surtout de la tutelle administrative exercée sur les communes.

Et d'abord on ne peut contester la nécessité d'une tutelle; en effet, il arrive quelquefois que les conseils municipaux, surtout ceux des communes rurales, ne sont ni assez éclairés, ni assez

(1) Savary, p. 11.

désintéressés, pour qu'on puisse leur abandonner sans de graves inconvénients la responsabilité entière de décisions qui engagent leurs ressources pour de longues années, ou qui disposent du patrimoine de la commune dans un intérêt présent, au préjudice des générations futures. La législation actuelle place ce contrôle généralement entre les mains des préfets; mais, dans l'esprit de la nouvelle loi, il n'était pas possible de laisser aux représentants du pouvoir central des attributions qui leur permettaient d'exercer sur les communes et sur les maires en particulier une influence qui a souvent dégénéré en pression et dont on a vu les funestes conséquences.

Une fois qu'on admet en thèse générale le gouvernement du pays par lui-même, le contrôle d'un corps électif inférieur ne peut être exercé que par un autre corps électif d'un ordre supérieur; et en principe c'est au conseil général que devrait appartenir la tutelle des conseils municipaux; mais, dans la pratique, il ne pourrait en être ainsi, parce que les réunions du Conseil général n'ont lieu qu'à de longs intervalles, tandis que les intérêts des communes exigent des solutions promptes, qui généralement ne peuvent être retardées au-delà d'un mois. La commission départementale est donc naturellement désignée pour recevoir ces nouvelles attributions, et elle les exercera de son autorité propre, aux lieu et place du préfet et du conseil de préfecture, sauf le recours au conseil d'État, qui est maintenu dans l'intérêt des communes et des autres parties intéressées. Afin d'éviter toute incertitude et tout conflit, les pouvoirs nouveaux attribués à la commission départementale sont soigneusement énumérés et définis dans le titre VI du projet de loi. Nous les examinerons en détail plus tard.

Il ne faut pas se dissimuler que cette innovation est une des réformes les plus importantes proposées par la loi, et qu'elle imposera à la commission départementale un travail considérable et une sérieuse responsabilité. Mais, ne l'oublions jamais, le travail et la responsabilité sont les conditions nécessaires et absolues de la vie des peuples libres. Les meilleures lois de décentralisation demeureront lettre morte, si les hommes éclairés et animés du plus sincère patriotisme, qui composent nos Conseils généraux, ne veulent pas entrer résolûment dans la nouvelle voie qui leur est ouverte. C'est à ce prix, et à celui-là seul, que la vie publique pourra être ranimée dans nos provinces, et pénétrer, par l'exemple donné d'en haut, dans les assemblées du canton et de la commune.

Les attributions de la commission départementale et du préfet étant ainsi définies, il était difficile de donner au préfet, comme cela a lieu en Belgique, la présidence de la commission. Chargée de contrôler, de diriger le préfet, et exerçant à cet égard une délégation du Conseil général, la commission départementale doit avoir nécessairement, tout aussi bien que le Conseil général, un président pris dans son sein; et pour donner à ce président plus d'autorité, on propose de le faire nommer directement par le Conseil général.

Ce point a une importance considérable et constitue une des dispositions essentielles du nouveau système. En effet, en donnant au préfet, comme en Belgique, la présidence de la commission, ne risquerait-on pas de mettre à sa tête précisément l'homme qui a le moins d'intérêt à étendre son action? N'arriverait-on pas infailliblement, soit à faire absorber la commission par le préfet, si elle était composée d'hommes peu énergiques, soit à provoquer des conflits continuels, si elle était décidée à remplir sa mission consciencieusement? Et même, est-il nécessaire ou désirable que le préfet assiste toujours aux séances de la commission, comme il le fait à celles du Conseil général; et ne suffit-il pas qu'il puisse s'y faire entendre, lorsqu'il le demande, ou qu'il s'y rende, lorsqu'il est appelé par la commission? De la sorte, chacun demeure dans son rôle, chacun conserve son droit d'initiative dans l'intérêt du département, et la commission reste libre dans l'exercice de son contrôle; l'entente sera toujours facile, et il ne pourra s'élever de conflits que ceux qui résulteraient d'attributions mal définies ou du caractère des hommes. Pour parer à la première éventualité, le projet de loi définit très-nettement, ainsi qu'on le verra plus loin, les pouvoirs de la commission; quant à la seconde, on ne peut y mettre fin que par un changement de personnes, et la marche à suivre dans ce cas est également indiquée dans un article spécial.

Telles sont, dans leurs traits généraux, les modifications que votre commission propose d'introduire dans la législation actuelle, et qu'elle a cru utile de formuler d'une façon générale dans le titre Ier de la loi.

Est-ce à dire qu'elles soient le dernier mot de la décentralisation administrative? Assurément non. Si la loi est sanctionnée par l'Assemblée nationale, et surtout si elle est complétement et virilement pratiquée, si elle entre dans les mœurs de la France, un grand pas aura été fait, un grand principe aura été posé. Dans l'état actuel du pays, au milieu du trouble général des esprits, il eût été imprudent de chercher à faire plus. Les meilleures réformes sont celles qui procèdent avec sagesse et mesure, parce qu'elles ne donnent pas lieu à des retours en arrière; que si plus tard nos successeurs veulent en agrandir le cadre, nous applaudirons à leurs efforts, heureux d'avoir creusé les fondements de l'édifice et d'en avoir posé la pierre angulaire.

TITRE II.

Le titre II de la loi comprend toutes les dispositions relatives à la formation et à la dissolution des Conseils généraux, aux conditions de l'éligibilité et à la vérification des pouvoirs.

L'article 4 consacre de nouveau le principe en vertu duquel les Conseils généraux sont composés d'un membre élu dans chaque canton; ce principe, introduit dans notre législation par le décret du 3 juillet 1848, a été consacré par l'usage, et il n'a pas paru opportun de le modifier en faveur des quelques départements qui sont composés d'un nombre de cantons, relativement restreint, et qui éprouveraient peut-être quelque difficulté à trouver de bons éléments pour leurs commissions départementales. Le nombre de cantons qui forme un département est extrêmement variable; la Corse en a 62; le Nord 60, la Seine-Inférieure 52, le Puy-de-Dôme 50; dans l'immense majorité des départements, il y en a de 24 à 49, mais le Cantal et l'Indre n'en ont que 23, Vaucluse 22, l'Ariége 20 et les Pyrénées-Orientales 17. Quelques membres de la commission avaient pensé à fixer à un minimum de 30 ou de 24 le nombre des membres du Conseil général; mais il a été reconnu que l'application de cette mesure rencontrerait dans la pratique de graves difficultés. Il vaudrait mieux, si le besoin s'en faisait réellement sentir, modifier les circonscriptions cantonales et augmenter le nombre des cantons dans les départements où il est inférieur à 24; ce serait l'objet d'une loi spéciale, si l'expérience en démontrait la nécessité.

C'est ici le lieu d'examiner un amendement soumis à la commission par l'honorable M. Palotte et plusieurs de nos collègues, et ainsi conçu :

« Le Conseil général est composé : 1° des députés élus dans le département, pendant toute la durée de leur mandat; 2° d'autant de membres qu'il y a de cantons dans le département. »

M. le duc Decazes, membre de la commission, a proposé également un amendement dont le but est le même, mais qui ne s'applique qu'aux députés élus et *domiciliés* dans le département.

Les auteurs de l'amendement invoquent les considérations suivantes :

« Si les députés ne font pas partie de droit des Conseils généraux, ils s'efforceront de se faire nommer par un canton, et beaucoup d'entre eux réussiront, comme cela s'est toujours pratiqué. Mais alors leur présence aux sessions sera difficile, sinon souvent impossible, à moins que les sessions des Conseils généraux ne correspondent aux vacances ou aux ajournements de l'Assemblée nationale, ce qui aura lieu s'il s'agit de l'exercice d'une des fonctions du député, et ce qui n'aura pas lieu, s'il ne s'agit que de convenances personnelles.

« Le Conseil général gagnera en force, parce qu'il réunira la double représentation des circonscriptions territoriales, et de l'importance numérique de la population. On verra cesser l'antagonisme actuel entre les cantons représentés par un député et les autres cantons.

« Enfin, il n'y aura pas absorption de la vie départementale au profit des membres de l'Assemblée centrale, et on ne neutralisera pas un des moyens de décentralisation, c'est-à-dire la diffusion de la vie publique en province.

« En temps de trouble, notre combinaison présente d'immenses avantages. Si l'Assemblée nationale est paralysée ou dispersée, soit par une révolution, soit par une guerre malheureuse, le pays tout entier se trouvera instantanément debout et les Conseils généraux pourront fonctionner sans avoir perdu de leur autorité, si importante en pareil cas, car ils représenteront toujours l'intégralité des citoyens. »

Sans méconnaître la valeur de ces arguments, votre commission a repoussé à l'unanimité l'amendement proposé par M. Palotte, et à la majorité, celui qui a été formulé par M. le duc Decazes.

En effet, il serait fâcheux de constituer, dans le sein du Conseil général, deux classes de membres ayant une origine différente, et nommés pour remplir des mandats différents. Certains cantons auraient une représentation double, ce qui est injuste; ou bien il ne faudrait donner aux députés membres de droit que voix consultative, ce qui les placerait dans une singulière situation vis-à-vis de leurs collègues. D'ailleurs, le mandat de Conseiller généra est radicalement différent de celui de député; l'un est surtout administratif, et l'autre est surtout politique; ils peuvent, sans doute, être réunis dans les mêmes mains, et il est bon qu'il en soit quelquefois ainsi, afin que les intérêts locaux aient une représentation suffisante au sein de l'Assemblée nationale; mais il faut que les électeurs l'aient voulu, et, de même que beaucoup de Conseillers généraux ne feraient pas de bons députés, il y a beaucoup de députés qui seraient de mauvais Conseillers généraux, parce que les connaissances locales et spéciales, et la pratique des détails leur feraient défaut. Pour ceux-là le Conseil général ne serait qu'une arène électorale, et bien des séances pourraient être consumées en discussions plus brillantes qu'utiles. D'ailleurs, ce n'est certes pas au moment où on donne au Conseil général des pouvoirs si étendus pour l'administration du département, qu'il serait prudent d'en changer la composition. Enfin, à un autre point de vue, puisque la nouvelle loi accorde aux Conseils généraux le droit d'émettre des vœux politiques, qui leur a été si longtemps refusé, il faut que la source d'où découleront ces manifestations ne soit pas altérée; autrement, quelle serait leur utilité? En conviant les Conseils généraux à émettre des vœux sur les questions générales, nous voulons que les groupes d'intérêts locaux puissent manifester librement leurs tendances; nous voulons savoir quels sont les courants d'opinion qui règnent dans ces 86 foyers de la vie provinciale, mais nous ne voulons pas qu'ils soient le reflet de l'opinion qui règne dans la capitale, ni l'écho de nos propres débats. Introduire les députés en masse dans les Conseils généraux, ne serait-ce pas enlever aux vœux de ces assemblées leur caractère spontané, et les soumettre à une pression qui rappellerait, sous une autre forme, le régime des candidatures officielles?

D'après l'article 5, les élections au Conseil général devront se faire sur les listes dressées pour les élections municipales. Le Conseil général n'ayant aucune attribution politique, et s'occupant exclusivement d'intérêts locaux, il n'y a aucune raison de le faire nommer par un corps électoral différent de celui qui prend part aux élections municipales.

L'article 6 reproduit la législation actuelle, en la précisant, quant au payement des contributions, conformément à la jurisprudence constante du conseil d'État. On se souviendra, en effet, que l'époque à laquelle il fallait être inscrit sur les rôles pour être éligible n'avait pas été fixée par la loi, et que cette lacune avait soulevé de sérieuses difficultés, lorsqu'il s'agissait de statuer sur une élection contestée.

L'article 7 introduit dans notre législation électorale un principe nouveau, qu'on s'étonne de n'y pas voir figurer. N'y a-t-il pas, en effet, quelque chose de choquant pour la morale publique, à voir siéger dans une assemblée, chargée d'aussi graves intérêts, celui que la justice a prononcé incapable d'administrer les siens sans l'assistance d'un conseil judiciaire? Le prodigue peut assurément être un fort honnête homme, mais il doit être exclu de toute position où il y a des exemples à donner et une responsabilité à partager.

Dans l'article suivant sont énumérées les fonctions qui rendent le titulaire absolument inéligible dans l'étendue du ressort où il exerce son autorité. Il ne s'agit pas ici de la question générale de l'incompatibilité des fonctions salariées avec un mandat électif, mais d'une question de liberté électorale. En effet, on ne peut admettre qu'un fonctionnaire, exerçant sur ses concitoyens une autorité qu'il tient de la loi, puisse en même temps venir solliciter leurs votes. Car, s'il est élu, l'indépendance du vote peut être révoquée en doute, et, s'il ne l'est pas, son autorité morale subit une atteinte fâcheuse; dans tous les cas, il sera accusé de se servir de son pouvoir pour favoriser ses amis ou se venger de ses adversaires. « C'est surtout à l'égard des magistrats et des juges de paix que ces inconvénients présenteraient une gravité particulière, parce que leurs fonctions leur imposent, d'une façon toute spéciale, le devoir de se tenir en dehors de la lutte des partis et de rester les organes impassibles de la loi. Aussi bien, une loi, récemment votée par l'Assemblée nationale, a-t-elle donné sur ce point une satisfaction immédiate à l'opinion publique (1). » Il est

(1) Savary p. 18

bon de faire remarquer que les juges suppléants et les suppléants des juges de paix ne tombent pas sous l'application de l'article 8.

Toutefois, on n'a pas cru opportun, en présence des difficultés que présente le recrutement de certains Conseils généraux, d'étendre l'exclusion à tous les magistrats des cours d'appel, et on a établi une distinction entre la magistrature assise et les membres du parquet. Ces derniers, en effet, ont seuls une action assez directe sur les justiciables, et spécialement sur les officiers ministériels, pour qu'ils puissent être soupçonnés d'en user en faveur de leurs candidatures.

L'article 9 affirme de nouveau l'incompatibilité absolue dans toute la France entre le mandat de conseiller général et les fonctions de préfet, de sous-préfet, de secrétaire général, de conseiller de préfecture et d'employé de la police, ainsi que celle des agents et comptables employés à l'assiette de l'impôt et au maniement des deniers publics. Tous ces fonctionnaires sont éligibles, mais sont tenus d'opter entre la fonction et le mandat. Cette nécessité d'opter est fondée non-seulement sur des raisons de morale et de convenance, mais aussi sur les exigences du service public, qui réclament tout le temps et toute l'attention de ces fonctionnaires. Toutefois, on a jugé utile d'inscrire dans la loi une exception, qui a presque toujours existé dans la pratique, en faveur des directeurs généraux et des administrateurs des différents services du ministère des finances; il n'y a, en effet, aucune raison pour exclure des Conseils généraux un directeur général des douanes ou du domaine et de l'enregistrement, ou tel autre fonctionnaire du même ordre.

L'article 10 étend l'incompatibilité à différentes catégories de personnes salariées ou subventionnées sur les fonds départementaux. Les articles suivants ne contiennent aucune disposition nouvelle.

L'article 16 confère, pour la première fois, aux Conseils généraux le droit de vérifier les pouvoirs de leurs membres et de valider leur élection. Il a semblé à votre commission qu'on ne pouvait leur refuser une attribution qui est en quelque sorte inhérente à toute assemblée élective d'un ordre supérieur, malgré les difficultés de détails qu'ils pourront rencontrer dans la pratique. On a écarté également le recours au conseil d'État, parce qu'en pareille matière le seul juge en dernier ressort est le suffrage universel.

La seule exception qui ait été admise est celle qui est établie par l'article 17, emprunté à la loi de 1833; lorsque la réclamation implique la solution d'une question d'État ou de domicile, la question est portée *préjudiciellement* devant les tribunaux ordinaires, pour revenir ensuite devant le Conseil général.

L'article 22, relatif à la durée du mandat, a donné lieu à un vif débat au sein de la commission; la majorité s'est prononcée pour le maintien du terme de neuf ans, tandis que la minorité aurait voulu limiter le mandat à six ans. Les arguments pour et contre sont trop connus pour qu'il soit nécessaire de les développer ici. Il nous suffira de rappeler qu'en faveur des neuf ans on invoque la nécessité de conserver dans une assemblée, essentiellement administrative, l'esprit de suite et la tradition des affaires, indispensables pour mener à bonne fin des entreprises qui demandent des années à préparer, et des années à exécuter; on ajoute qu'il est toujours fâcheux de multiplier les élections et de faire de trop fréquents appels au suffrage universel; qu'enfin les Conseils généraux ont parfaitement fonctionné avec le mandat de neuf ans et qu'il est au moins inutile de le modifier.

A cela on répond qu'un mandat aussi long n'est en rapport n avec nos institutions actuelles, ni avec les attributions nouvelles et considérables dont on veut investir les Conseils généraux; plus la responsabilité est grande, plus il est nécessaire de limiter la durée du mandat, et de remettre l'élu plus souvent en face de ses électeurs. Un conseiller élu pour neuf ans ne se laissera-t-il pas aller à une sorte de somnolence administrative, qui non-seulement lui fera perdre peu à peu la confiance de ses électeurs, mais, ce qui est bien plus grave, peut amener le discrédit des Conseils généraux eux-mêmes?

L'article 23 règle la marche à suivre, lorsqu'il y a lieu de pourvoir à une vacance survenue parmi les membres du Conseil général. D'après la législation actuelle, la nouvelle élection devait avoir lieu dans les deux mois; mais, dans la pratique des dernières années, cette disposition a été souvent violée, en partie parce qu'elle était trop absolue, en partie parce qu'elle manquait de sanction, et laissait le champ ouvert à l'arbitraire administratif. Les innovations proposées par la commission remédient à ces inconvénients en étendant le délai de rigueur à trois mois, et en décidant que l'élection partielle sera différée jusqu'au moment du renouvellement légal d'une série, si ce renouvellement doit avoir lieu avant la prochaine session ordinaire du Conseil général. « Il est inutile, en effet, de convoquer les électeurs dans le but de procéder à un vote dont le résultat serait annulé avant que le membre élu ait pu siéger dans le Conseil général (1). » Quant à la sanction qui faisait défaut, elle se trouvera désormais entre les mains de la commission départementale, qui aura le droit de requérir auprès du préfet et du ministre de l'intérieur, la convocation des électeurs dans le délai légal; le refus du ministre engagerait nécessairement sa responsabilité devant l'Assemblée nationale.

TITRE III.

Ce titre embrasse toutes les dispositions relatives aux sessions et à la dissolution des Conseils généraux.

L'article 24 contient plusieurs innovations importantes. Votre commission a adopté sans débats le principe d'une deuxième session obligatoire, principe qui avait déjà été admis dans les projets élaborés par le conseil d'État en 1850, et par la commission extra-parlementaire de 1870. La première session, consacrée plus spécialement à l'examen du budget et des comptes, aura toujours lieu au mois d'août, époque qui est sanctionnée par une longue habitude, et qu'il serait peut-être difficile de changer, bien qu'elle ne soit pas exempte de sérieux inconvénients. L'ouverture de la session est fixée obligatoirement au premier lundi qui suit le 15 août, et ce jour-là le Conseil s'assemble de plein droit, sans qu'il soit nécessaire de le convoquer. On a voulu, par cette disposition, à la fois établir un droit indépendant et supérieur à toute fantaisie du pouvoir exécutif, indiquer, tant au préfet qu'à la commission départementale, une date fixe pour l'achèvement de leurs travaux préparatoires, et faciliter aux conseillers généraux les arrangements qu'ils ont à prendre pour pouvoir s'absenter de leurs domiciles pendant un laps de temps, qui à l'avenir sera certainement plus long qu'il ne l'était naguère.

Votre commission n'a voulu admettre qu'un seul cas où l'ouverture de la session d'août pût être retardée, celui où le budget

(1) Savary, p. 22.

de l'État n'aurait pas été voté en temps utile. Cette éventualité ne peut se présenter que dans des circonstances exceptionnelles, telles que celles que nous traversons actuellement, et comme elle est nécessairement liée à une prolongation de la session de l'Assemblée nationale, l'ajournement pourra toujours être prononcé par cette assemblée elle-même. Aussi la commission a-t-elle décidé que la session d'août ne pourra être retardée que par une loi.

L'époque de la seconde session ordinaire sera fixée par le Conseil général lui-même, qui consultera les convenances de ses membres et les nécessités du service départemental, ou bien par la commission départementale, lorsque le Conseil général se sera séparé sans avoir pris de décision à cet égard. Il est présumable que dans beaucoup de départements la deuxième session pourra avoir lieu aux environs de Pâques et coïncidera avec les vacances que nos assemblées législatives ont toujours eu l'habitude de prendre à cette saison de l'année.

Enfin, le projet de loi étend à un mois la durée possible de la session d'août. Il n'est pas probable que beaucoup de Conseils généraux usent de cette faculté; mais il est certain que le délai de quinze jours sera quelquefois insuffisant, et il serait puéril d'obliger un Conseil général à se dissoudre d'abord pour recourir immédiatement après à l'expédient d'une convocation extraordinaire. Quant à l'autre session ordinaire, qui sera toujours moins chargée que celle d'août, la durée de quinze jours a paru suffisante.

L'article 25 règle la question des convocations extraordinaires de la façon la plus large et la plus libérale, en accordant à toutes les parties intéressées une initiative complète. Le Pouvoir exécutif conserve son ancienne prérogative, mais il la partage, d'une part, avec la commission départementale, qui, dans une affaire grave et imprévue, peut avoir besoin de l'appui et de la sanction du Conseil général, et d'autre part, avec le Conseil général lui-même, représenté par les deux tiers de ses membres, qui peut être mécontent des agissements de la commission ou du préfet. La sagesse et le patriotisme éprouvés des Conseils généraux sont un sûr garant qu'ils n'useront que pour des raisons sérieuses de la nouvelle faculté qui leur est accordée, et une commission départementale qui pour des motifs futiles enlèverait tous les membres d'un Conseil général à leurs occupations habituelles, ne tarderait pas à se voir retirer son mandat.

Le cas particulier d'un conflit entre la commission départementale et le préfet est réglé par un article spécial, que nous examinerons plus loin.

L'article 26 donne au Conseil général le droit de nommer son bureau, droit qui existait avant 1852 et qui n'est plus contesté par personne.

L'article 29 consacre la publicité des séances, qui a déjà été établie autrefois par le décret du 3 juillet 1848, et qui s'est maintenue pendant quatre années consécutives sans donner lieu à des inconvénients sérieux ; le Corps législatif lui-même l'avait admise dans sa dernière session (1), mais le sénat l'avait repoussée ; nous pensons que son utilité ne sera guère contestée maintenant, et il nous a paru superflu de développer les raisons qui militent en sa faveur. Nous nous bornerons à dire que la publicité est l'essence et la vie des assemblées délibérantes, que sans elle il n'y a ni responsabilité efficace, ni émulation féconde, qu'elle est d'autant plus nécessaire à une assemblée, lorsque celle-ci vient d'être investie d'attributions nouvelles et considérables, et enfin, que, si elle a l'inconvénient réel de pousser aux longs discours et à la recherche de la popularité, cet inconvénient, qui est commun à toutes nos assemblées, est inséparable de tout régime de liberté et largement compensé par les bienfaits qui en découlent.

Il était nécessaire, toutefois, de réserver au Conseil général le droit de se former en comité secret, car il sera appelé assez souvent à discuter des questions de personnes. La marche à suivre dans ce cas est réglée par le deuxième paragraphe de l'article, emprunté au règlement de l'Assemblée nationale.

Les articles 30 et 31, relatifs à la police de l'Assemblée et au mode de votation, sont empruntés en grande partie au projet de la commission parlementaire de 1851.

L'article 32 rend obligatoire pour les Conseils généraux la rédaction quotidienne d'un compte-rendu sommaire de leurs séances, qui sera tenu à la disposition de tous les journaux du département. Ce service existe déjà à l'état facultatif dans un certain nombre de départements ; avec la publicité des séances, il devient

(1) L'amendement en faveur de la publicité des séances, proposé par M. Clément Duvernois, fut voté par 191 voix contre 18.

une nécessité. En effet, si chacun doit être responsable des opinions qu'il a émises et des paroles qu'il a prononcées, il est indispensable qu'elles ne soient ni tronquées, ni altérées par la presse, et cela surtout dans les localités, comme la plupart de nos chefs-lieux de département ou d'arrondissement, où il n'existe souvent qu'un seul journal, et où le contrôle, que les journaux d'une grande ville exercent les uns sur les autres, manque d'une façon à peu près absolue. Ainsi, à côté de l'appréciation et de la discussion, le journal devra reproduire le compte-rendu officiel, ou du moins la portion qui concerne le sujet traité par l'auteur de l'article. La contravention à cette disposition de la loi est soumise à une sanction pénale.

L'article 33 traite des procès-verbaux et contient une innovation qui a été souvent réclamée dans ces dernières années. A l'avenir les procès-verbaux devront contenir les noms des membres qui auront pris part aux discussions ; cette disposition est le corollaire évident de la publicité des séances et de la responsabilité qui incombe à chacun en raison des opinions qu'il a soutenues.

Les deux articles suivants maintiennent, sauf quelques modifications de détail, les dispositions de la loi de 1833, qui frappent de nullité les délibérations du Conseil général relatives à des objets qui ne sont pas légalement compris dans ses attributions, ou prises en dehors des réunions prévues ou autorisées par la loi. Ces dispositions, nécessaires dans un intérêt d'ordre public, le sont aussi dans l'intérêt des Conseils généraux eux-mêmes, que l'étendue de leurs nouvelles attributions pourrait quelquefois entraîner au-delà de leur véritable domaine, et qui, par là même, seraient exposés à compromettre le renom de sagesse et de modération qu'ils ont si justement mérité jusqu'à ce jour.

L'article 36 enlève au pouvoir exécutif le droit qu'il a exercé jusqu'à présent de dissoudre les Conseils généraux ; à l'avenir la dissolution ne pourra être prononcée que par une loi, qui fixera en même temps la date de la nouvelle élection et statuera sur le sort de la commission départementale. Votre commission a pensé qu'un acte aussi grave et aussi exceptionnel que la dissolution d'un ou plusieurs conseils généraux ne pouvait émaner que de la souveraineté nationale elle-même et que leur indépendance ne saurait être entourée de trop de garanties. Mais ici se présente une difficulté, qui a beaucoup préoccupé votre commission.

Lorsque l'Assemblée nationale ne siége pas, comment devra-t-on procéder si le gouvernement jugeait nécessaire de dissoudre un Conseil général ? En d'autres termes, faut-il donner au Pouvoir exécutif le droit de suspendre un Conseil général, sauf à en référer à l'Assemblée nationale, dès qu'elle sera de nouveau réunie ? Certes les cas de dissolution seront infiniment rares, et, en dehors des dissolutions générales qui ont suivi nos différentes révolutions, on ne peut en citer qu'un seul depuis la loi de 1838 (1) ; mais enfin, le cas peut se présenter, et comme à l'époque de la session d'août l'Assemblée nationale sera toujours dispersée, il peut fort bien tomber dans un moment où le gouvernement ne pourrait pas en référer aux représentants du pays tout entier. De plus, en cas de suspension, il faudrait que le gouvernement avisât immédiatement au remplacement de la commission départementale, dont le fonctionnement est nécessaire à l'expédition des affaires courantes du département, et il faudrait qu'il nommât de sa propre autorité une commission provisoire. Si nous étions régis par une constitution analogue à celle de 1848, le gouvernement pourrait demander des pouvoirs à la commission permanente, qui représenterait l'Assemblée nationale dans l'intervalle des sessions. Mais en ce moment il n'y a pas de constitution, et il serait difficile de dire à qui appartiendra la délégation de la souveraineté nationale lorsque l'Assemblée ne siégera pas. Dans ces circonstances, votre commission a mieux aimé laisser provisoirement une lacune dans la loi, que de confier au Pouvoir exécutif l'exercice d'un droit aussi exceptionnel que celui de suspendre une Assemblée départementale. Des souvenirs récents, des actes présents à la mémoire de tous, lui imposaient à cet égard une extrême réserve.

TITRE IV.

Le quatrième titre de la loi comprend tout ce qui est relatif aux attributions des Conseils généraux ; il consacre de nouveau, en les débarrassant de certaines restrictions désormais inutiles, toutes celles dont ils étaient déjà investis par les lois du 10 mai 1838 et du 18 juillet 1866, il en ajoute de nouvelles, et il donne aux Conseils le droit d'émettre des vœux politiques.

(1) Le Conseil général de la Loire-Inférieure fut dissous vers 1840, par suite d'un conflit entre le préfet et M. Billault.

Les fonctions du Conseil général se divisent actuellement en quatre catégories distinctes, qui ont été parfaitement définies par M. Savary dans son exposé des motifs (p. 28) :

« 1° Il exerce souverainement, en matière de répartition et de vote de l'impôt, un certain nombre d'attributions qui lui sont délégués par le pouvoir législatif.

« 2° Il statue définitivement sur presque tous les objets d'intérêt départemental ; et les décisions relatives à ces objets sont exécutoires de plein droit, si elles n'ont été annulées, dans le délai de deux mois, pour cause d'incompétence ou d'excès de pouvoir ou pour violation d'une loi ou d'un règlement d'administration publique.

« 3° Il délibère sur certains objets qui intéressent à la fois l'État et le département. Ces délibérations ne seront exécutoires qu'après avoir été soumises à l'approbation de l'autorité supérieure. L'approbation peut toujours être refusée, mais le Gouvernement n'a pas le droit de modifier la délibération prise par le Conseil général.

« 4° Il donne son avis dans certains cas déterminés par la loi, ou lorsqu'il est consulté par les ministres. Dans les cas où cet avis est requis par les lois, le gouvernement ne peut se dispenser de le demander ; mais, obligatoire ou non, l'avis du Conseil général n'a jamais qu'un caractère consultatif. L'administration peut le rejeter en totalité ou en partie, et elle peut même substituer une solution contraire à celle qui a été proposée par le Conseil général. »

Dans la première catégorie d'attributions, il n'y a rien de changé aux dispositions de la loi de 1866, qui sont fort libérales et qu'il serait imprudent d'étendre. Elles sont formulées dans les articles 37 à 42, et n'ont été modifiées que dans la mesure nécessaire pour les mettre en harmonie avec la suppression projetée des conseils d'arrondissement et l'établissement possible des conseils cantonaux.

Nous devons signaler, toutefois, quelques modifications introduites dans la rédaction de l'article 40. D'après le texte de la loi de 1866, le Conseil général pouvait voter, dans la limite annuellement fixée par la loi de finances, des centimes extraordinaires *affectés à des dépenses extraordinaires d'utilité départementale.* Il était inutile de conserver cette restriction qui est purement nominale, et qui est constamment violée dans la pratique, par exemple lorsque ces centimes sont consacrés à l'entretien des chemins vicinaux ou au remboursement d'un emprunt. D'après l'ancienne rédaction, le paragraphe suivant se terminait par ces mots : « *remboursables sur ces centimes extraordinaires ou sur les ressources ordinaires ;* » la nouvelle rédaction porte : « *remboursables sur les ressources ordinaires et extraordinaires,* » parce qu'il arrive quelquefois qu'un emprunt est remboursé sur des recettes éventuelles, telles que le produit de la vente d'un immeuble. Enfin on a jugé utile de porter de douze ans à quinze ans le délai pour le remboursement des emprunts que le Conseil général peut voter de sa propre autorité.

A l'article 42, on n'a pas reproduit la disposition de l'article 4 de la loi de 1866, qui fixe à vingt le maximum des centimes extraordinaires que les Conseils municipaux sont autorisés à voter. Ce maximum ne peut être inscrit dans une loi organique départementale ; il doit être fixé par la loi annuelle de finances, comme celui des centimes extraordinaires départementaux, et, dans les circonstances graves où nous nous trouvons, il y aura sans doute lieu d'examiner s'il ne doit pas être modifié.

Dans la deuxième catégorie d'attributions, nous avons à signaler de nombreuses innovations.

L'article 43 ne fait que rappeler un paragraphe de la loi du 15 avril 1871 sur les élections municipales; cette loi est provisoire, il est vrai, mais l'intervention du Conseil général dans la révision des sections électorales des communes a un caractère permanent, et demeurera une de ses attributions les plus précieuses, parce qu'elle est une nouvelle garantie de la sincérité des élections.

L'article 43 donne au Conseil général le droit de prononcer la déclaration d'utilité publique des travaux à exécuter sur les fonds départementaux. Ce principe, adopté déjà par la Commission de 1870, introduit une innovation considérable dans la législation actuelle en matière d'expropriation. En effet, d'après l'article 3 de la loi du 3 mai 1841, il fallait, pour que les tribunaux pussent prononcer l'expropriation, que l'utilité publique eût été déclarée et les travaux autorisés, soit par une loi, s'il s'agissait de grands travaux publics, soit par une ordonnance royale, s'il s'agissait de routes départementales, de canaux et chemins de fer d'embranchement de moins de vingt mille mètres de longueur, de ponts et de tous autres travaux de moindre importance. Pour les chemins vicinaux une exception était admise; c'était le préfet qui autorisait l'ouverture des travaux, conformément à l'article 16 de la loi du 21 mai 1836; plus tard, par la loi du 8 juin 1864, ce pouvoir fut enlevé au préfet, lorsqu'il s'agissait d'exproprier des terrains bâtis, et remis au Chef de l'État.

Il est évident que l'expropriation pour cause d'utilité publique doit être entourée des plus sérieuses garanties, et il ne faut pas qu'elle puisse redevenir ce qu'elle a quelquefois été, une expropriation pour cause de fantaisie publique. Il s'agit de savoir de quel côté se rencontrent les plus solides garanties; nous n'hésitons pas à répondre qu'on n'en trouvera jamais de meilleures que celles que présente la composition des Conseils généraux. Y a-t-il en effet des corps plus imbus du respect de la propriété et moins disposés à y porter atteinte? Ce n'est pas chez eux qu'on a à redouter ce culte exagéré de la ligne droite, ce dédain de la chaumière et du verger dont on s'est si souvent plaint chez nos ingénieurs et nos agents-voyers, et qui a si souvent froissé nos populations rurales. De ce côté, il y a entière sécurité. Maintenant, au point de vue opposé, y a-t-il lieu de craindre que le respect excessif de la propriété puisse entraver l'exécution d'améliorations utiles? Nous ne le croyons pas, parce qu'il est bien rare qu'un travail départemental atteigne plus de deux ou trois cantons à la fois, et que, dès lors, l'immense majorité du Conseil général sera toujours parfaitement impartiale et désintéressée.

Au fond, en donnant aux Conseils généraux le droit de déclarer l'utilité publique, on ne fait que rentrer dans la logique des principes. Puisque la loi, c'est-à-dire l'Assemblée nationale, doit intervenir lorsqu'il s'agit des grands travaux de l'État, n'est-il pas juste et naturel de laisser le dernier mot à l'assemblée départementale, lorsqu'il s'agit des travaux qui intéressent le département? Pendant longtemps d'ailleurs on ne sera guère tenté de céder aux entraînements; la pénurie qui pèsera pendant bien des années sur les caisses des départements, comme sur celles de l'État, sera le plus triste et le plus salutaire des freins.

Toutefois votre commission a cru devoir maintenir une exception en faveur des chemins de fer d'intérêt local, non pas qu'elle craignit de confier au Conseil général le droit d'expropriation en ce qui touche cette catégorie de travaux publics, mais parce qu'elle a reconnu qu'il y avait là des intérêts complexes en présence, les droits des compagnies de chemin de fer à sauvegarder, et surtout parce que l'intervention habituelle de l'État par voie de subvention lui donne nécessairement le droit de décider en dernier ressort.

Telles sont les considérations qui ont décidé votre Commission à accorder ce nouveau droit aux Conseils généraux; nous aurons d'ailleurs à revenir sur ce sujet en traitant des attributions de la Commission départementale.

Aux termes de l'article 45 le Conseil général nomme et révoque les titulaires des bourses entretenues sur les fonds départementaux. Il existait en cette matière une certaine divergence dans les errements des Conseils généraux. Puisque l'entretien des bourses était une dépense facultative, ils étaient à la rigueur maîtres d'en disposer, et, en refusant de voter les fonds, ils pouvaient amener à composition un préfet qui leur refusait le droit de nomination; mais on recule devant l'emploi de pareils moyens dont les victimes sont presque toujours des innocents, et il en résulte que dans la plupart des départements les préfets exerçaient sans conteste le droit de nomination; dans d'autres il était partagé entre le Conseil et le préfet. Le projet de loi attribue définitivement l'exercice de ce patronage au Conseil général qui en fait tous les frais.

L'économie du projet de loi exigeait également que désormais les titulaires de tous les emplois salariés sur les fonds départementaux fussent nommés par le Conseil général. Dans la pratique, le Conseil général lui-même ne pourra guère nommer directement que les employés supérieurs, tels que les agents-voyers en chef et d'arrondissement, les architectes et les archivistes départementaux; les autres nominations seront nécessairement abandonnées à la Commission départementale, sur la proposition des chefs de service. Il appartiendra à chaque Conseil général de tracer la limite entre les fonctions auxquelles il nommera lui-même et celles pour lesquelles il déléguera ses pouvoirs à la Commission départementale.

On a proposé d'admettre une exception à cette disposition de la loi, en faveur des directeurs et des médecins des asiles d'aliénés, dont la nomination serait laissée au ministre de l'Intérieur. Cette exception était motivée par la nature spéciale des connaissances qu'exige la profession de médecin aliéniste, et sur la position particulière de certains asiles d'aliénés, qui possèdent une dotation propre, ou dont les revenus ne proviennent qu'en partie du budget départemental et du prix des pensions. Les médecins aliénistes forment en effet un corps à part, et il y a un intérêt réel à ce que leur recrutement et leur avancement soient soumis à certaines règles et au contrôle unique d'un ministre responsable. La majorité de votre Commission n'a pas été de cet avis; elle a pensé que les conseils généraux, qui surveillent avec tant de sollicitude les établissements d'aliénés situés dans leurs départements, sont parfaitement aptes à choisir les hommes à qui ils en confient la direction, et qu'en les choisissant eux-mêmes, il leur serait plus facile de restreindre les dépenses excessives auxquelles quelques-uns de ces établissements ont donné lieu.

L'article 46 contient l'énumération des matières sur lesquelles le Conseil général statue définitivement, soit en vertu des lois antérieures, soit en vertu du projet de loi.

Les quatre premiers paragraphes sont empruntés à la loi de 1866.

Le paragraphe 5 contient une innovation. D'après la loi de 1866, il fallait que les dons et legs faits au département fussent *sans charge ni affectation immobilière*, et ne donnassent lieu à aucune réclamation de la part des familles, pour que le Conseil général pût statuer sur leur acceptation.

Dans tous les autres cas, qui sont précisément les plus nombreux, la délibération du Conseil général n'était exécutoire qu'après avoir été approuvée par un décret rendu en Conseil d'État. Votre Commission n'a pas pensé que l'intervention du gouvernement fût indispensable en pareille matière, et n'a maintenu que la réserve en faveur des familles. Personne, en effet, n'est plus à même que le Conseil général de juger si les charges ou l'affectation immobilière attachées à un don ou à un legs sont de nature à être onéreuses ou non, et il n'y a pas lieu d'amoindrir dans ce cas particulier le contrôle souverain qu'il exerce sur tout ce qui touche à la fortune du département.

6° D'après la loi de 1866, le Conseil général ne statue sur le classement et la direction des routes départementales, que *lorsque leur tracé ne se prolonge pas sur le territoire d'un autre département*. Comme il y a peu de routes départementales qui ne se trouvent pas dans ce cas, il en résultait que le classement et la direction échappaient presque entièrement au Conseil général, et que l'exception tendait à supprimer la règle. Votre Commission n'a pas jugé à propos de maintenir cette disposition. En effet, le principe général est que chaque département est maître des chemins situés sur son territoire et il ne faut y déroger que là où il y a nécessité évidente. Le Conseil général pourra donc toujours pousser le classement de ses chemins aussi près des frontières du département qu'il le jugera utile, et, quant aux raccords pour lesquels le concours d'un département voisin serait nécessaire, il aura désormais la faculté de s'entendre directement avec lui. Il est évident d'ailleurs qu'il ne classera pas une route aboutissant à une impasse, et quand même la nouvelle route se prolongerait sur le territoire voisin par un chemin de catégorie inférieure, la circulation n'en sera pas moins assurée.

La désignation du service chargé des routes départementales soulève une grave question déjà longuement débattue au sein du Corps Législatif en 1866, et, à cette occasion, le commissaire du gouvernement déclara nettement que le but de la restriction imposée aux Conseils généraux était surtout de sauvegarder les intérêts des ingénieurs des ponts-et-chaussées. Quelque considérables que soient les mérites de ce corps célèbre et les services qu'il a rendus, — et personne assurément ne songerait à les contester, — il est bien difficile cependant d'entraver sur ce point la libre action des Conseils généraux, auxquels appartient l'appréciation souveraine et la décision finale en toute matière d'intérêt exclusivement départemental. Cette considération a paru suffisante à votre Commission et elle vous propose d'abolir la restriction imposée par la loi de 1866.

Ainsi, les Conseils généraux seront libres de confier le service tout entier des routes et des chemins soit aux ingénieurs, soit aux agents-voyers, soit enfin à continuer le partage entre les deux services, comme cela se pratique dans la grande majorité des départements ; ou bien ils pourront, comme on l'a souvent proposé, conserver le personnel du service vicinal en mettant à sa tête un ingénieur, pris dans le corps des ponts-et-chaussées. Maintenant que, dans presque tous les départements, le réseau des routes départementales est complétement terminé, il ne s'agit plus que d'en assurer l'entretien, et il faut bien le dire, le corps des agents-voyers, qui est arrivé à se créer des traditions, des méthodes et des manuels spéciaux, est parfaitement en état de suffire à cette œuvre. On peut donc leur confier sans risque la tâche modeste et uniforme de construire et d'entretenir nos voies de communication, et réserver aux ingénieurs les canaux, les chemins de fer et tous ces grands travaux, qui exigent une éducation spéciale et de grandes connaissances scientifiques. En fait, les Conseils généraux échappent pour la plupart à la contrainte que la loi a voulu leur imposer, en ne classant plus depuis longtemps que des chemins de grande communication au lieu de routes départementales; et ils pourront y échapper encore plus en profitant de la faculté de déclassement que leur accorde la loi. S'ils peuvent donc se soustraire indirectement à la disposition de la loi de 1866, ne vaut-il pas mieux les en affranchir ouvertement et expressément?

Nous ne discutons pas ici la question fort controversée de savoir si les ingénieurs travaillent mieux ou plus chèrement que les agents-voyers, mais nous devons constater ce fait, que soit au point de vue de l'extraction des matériaux et du bon emploi des prestations en nature, soit à celui de la diminution du personnel, il y aurait un grand intérêt à convertir une partie des routes départementales en chemins de grande communication, et à confier tout le réseau de routes et de chemins à un seul et même service.

C'est ici que se place une proposition émanant de la Commission de l'Assemblée nationale, chargée d'étudier l'état des voies de communication sur tout le territoire, et développée par son président, M. le comte Jaubert, devant la commission de décentralisation. Il s'agirait de répartir entre les départements, par un tableau annexé à la loi annuelle de finances, le crédit de quarante millions environ qui est affecté à la construction et à l'entretien des routes nationales; la sous-répartition dans chaque département serait confiée au Conseil général. De cette façon, le service des routes nationales rentrerait désormais dans les attributions des Conseils généraux, mais à la condition expresse de confier tout le service, tant des routes que des chemins vicinaux, aux ingénieurs des ponts-et-chaussées. Si cette combinaison était adoptée, M. le Ministre des Travaux publics serait disposé à faire entrer le personnel des agents-voyers dans les cadres du corps des ingénieurs, en lui faisant subir toutefois un examen préalable.

Quelque séduisante que parût cette proposition au premier abord, votre Commission ne pouvait l'accepter à cause de la condition qui y est attachée, condition qui ne tend à rien moins qu'à enlever aux Conseils généraux une de leurs plus importantes attributions. En effet, ils perdraient d'un seul coup toute espèce d'action sur le nombreux personnel du service vicinal, et toute liberté dans le choix du service auquel ils voudraient confier leurs routes et leurs chemins; d'un autre côté, le corps des ingénieurs, déjà en possession d'une influence considérable, deviendrait, en mettant la main sur les prestations, une véritable puissance qui étendrait son action sur toutes les communes de France. Ce n'est pas là de la décentralisation, et votre Commission ne pouvait consentir à entrer dans cette voie.

Dans sa pensée, il faudrait procéder autrement. On reconnaît généralement l'avantage qu'il y aurait à déclasser un grand nombre de routes nationales, sur lesquelles la circulation a beaucoup diminué, et de les transférer aux départements qui les classeraient soit parmi les routes départementales, soit dans la grande vicinalité. Ce travail, qui nécessiterait des études sérieuses et des vues d'ensemble, ne peut être entrepris que par le Gouvernement, et lorsque la France sera rentrée en pleine possession d'elle-même. En effet, tout le réseau de nos routes frontières est à remanier dans les départements de l'est et du nord-est; il faut le mettre en rapport avec un nouveau système de défense et avec une nouvelle ligne de places fortes. Tout cela est une œuvre qui exige du temps et de la réflexion, et ne peut être improvisé à propos d'une loi départementale. D'ailleurs, l'état de dégradation dans lequel se trouvent les grandes artères qui traversent nos provinces envahies, rendrait leur déclassement fort onéreux pour les finances départementales; et les Conseils généraux seraient peu disposés à accepter en ce moment un cadeau de ce genre.

En résumé, votre Commission appelle toute l'attention du Gouvernement sur cette grave question, mais ne croit pas que l'heure soit encore venue de la trancher définitivement.

7° La loi de 1866 laissait au préfet le soin de fixer le contingent annuel des communes appelées à concourir à la construction et à l'entretien des chemins de grande communication et d'intérêt commun; ce droit appartiendra désormais au Conseil général.

8° Il y a une distinction à établir entre le classement et le déclassement des routes et chemins. Pour le classement le Conseil général de chaque département est souverain, et il n'a qu'à agir suivant les intérêts et les convenances des populations qu'il représente. Mais il n'en est pas tout à fait de même pour le déclassement, parce qu'il y a des droits acquis qu'il faut respecter; dans ce cas une entente avec le département voisin est toujours désirable, et devra toujours être tentée, sauf au Conseil général à décider ensuite s'il doit passer outre. L'essentiel n'est pas de maintenir une route ou un chemin dans telle ou telle catégorie, mais plutôt de conserver les débouchés existants à l'état de viabilité.

Les paragraphes suivants n'appellent aucune observation particulière.

Le paragraphe 13 établit une innovation dont l'opportunité a été parfaitement démontrée par M. Savary (p. 39).

« Par une anomalie que le Gouvernement avait déjà manifesté en 1866 l'intention de supprimer, les bacs et passages d'eau qui réunissent les deux tronçons d'un chemin à la charge d'un département ou d'une commune, sont administrés par l'État. Le Ministre des travaux publics statue sur les questions qui sont relatives à leur construction et à leur entretien, mais c'est au Ministre des finances qu'il appartient de décider sur tout ce qui touche au droit de péage et à sa perception. De là des lenteurs et des entraves qu'on ne saurait justifier dans une matière d'intérêt purement départemental ou communal.

« En 1866, la commission du Corps législatif avait craint d'aggraver les charges de quelques départements en leur attribuant la propriété de ces passages qui sont inégalement productifs; et la centralisation dont ils sont l'objet lui avait paru offrir l'avantage de permettre à l'administration d'appliquer l'excédant des recettes donné par plusieurs d'entre eux à ceux dont le revenu n'égale pas la dépense.

« Mais on peut répondre que l'intérêt pécuniaire dont il s'agit est extrêmement minime, puisque la dépense brute ne s'élève pas à 150,000 francs pour toute la France, et que cinquante bacs seulement sur 1,344 nécessitent une dépense supérieure de quelques centaines de francs à leurs recettes.

« D'ailleurs, ces cinquante bacs sont situés sur des chemins à la charge des communes et non des départements, et on n'a pas à s'en préoccuper dans le projet actuel. Et même s'il devait en résulter plus tard une dépense pour les départements, qui pourraient être appelés à aider les communes par voie de subvention, cette dépense serait trop peu considérable pour prévaloir sur le principe, d'après lequel les passages d'eau qui réunissent deux sections de route doivent être soumis aux mêmes règles que la route dont ils forment une portion essentielle. Le paragraphe 13 propose donc d'insérer dans la nouvelle loi une disposition analogue à celle que le gouvernement impérial avait présentée en 1866 au Corps législatif. »

16° D'après la législation actuelle, le Conseil général statue sur les actions à intenter ou à soutenir au nom du département, et, lorsqu'il y a urgence, le préfet a le droit d'agir sans autorisation du Conseil (Art. 36 de la loi du 10 mai 1838). Nous proposons de transporter cette attribution du préfet à la commission départementale.

20° La loi de 1838 ne donnait aux conseils généraux que le droit de délibérer sur la part de la dépense des aliénés et des enfants assistés qui est mise à la charge des communes, et sur les bases de la répartition à faire entre elles. A l'avenir, ils pourront statuer définitivement.

21° Le droit d'autoriser la création d'asiles départementaux pour les indigents a été conféré au préfet par le décret du 25 mars 1852. Désormais il appartiendra au Conseil général de décider la fondation de toute institution départementale d'assistance publique, de quelque nature qu'elle soit.

22° Les caisses de retraite pour les employés des préfectures et les agents salariés sur les fonds départementaux existent maintenant dans tous les départements et ont été organisées partout sur des bases à peu près uniformes. Il n'y a donc aucun inconvénient à donner désormais aux Conseils généraux, qui actuellement ne sont appelés qu'à délibérer sur cette matière, le droit de statuer; d'autant plus que, tout en respectant les règles générales établies par le Conseil d'État, ils ont à tenir compte de la situation financière et des conditions économiques particulières à chaque département.

Les cinq derniers paragraphes concernent des objets sur lesquels le Conseil général ne faisait que délibérer ou donner un avis, parce que la tutelle des communes lui échappait complètement. Mais, puisque le projet de loi transfère cette tutelle du préfet à la commission départementale, la décision en dernier ressort doit nécessairement appartenir au Conseil général; d'après la législation actuelle elle est réservée au préfet.

D'après l'article 47, les délibérations des Conseils généraux sur les objets énoncés à l'article précédent ne peuvent être annulées que pour excès de pouvoir ou pour violation de la loi, et elles sont exécutoires de plein droit si, dans le délai de dix jours à partir de la clôture de la session, le préfet n'en a pas demandé l'annulation.

L'article 48 énumère les matières sur lesquelles le Conseil général est nécessairement appelé à délibérer; cette énumération, assez longue dans la loi de 1838, a été fort réduite, tant par la loi de 1866 que par le projet actuel. On y a ajouté les demandes des conseils municipaux pour l'assujettissement à la taxe d'octroi d'objets non encore compris dans le tarif local, l'établissement ou le renouvellement de la taxe sur les matières non comprises dans le tarif général, établi conformément à la loi du 24 juillet 1867, et l'établissement ou le renouvellement d'une taxe excédant le maximum fixé par ledit tarif. D'après la législation existante, ces demandes des conseils municipaux sont soumises directement avec l'avis du préfet, au conseil d'État, et il est statué par décret; mais puisqu'on enlève la tutelle des communes aux préfets, il faut faire intervenir les Conseils généraux, à la fois tuteurs des communes et représentants des intérêts généraux du département. Il y a tout intérêt à ne pas trancher ces questions d'octroi sans les consulter.

L'article 49 introduit une innovation dans la législation. Actuellement, les délibérations du Conseil général sur les matières non énumérées à l'article 46 ne sont exécutoires qu'après l'approbation expresse de l'autorité supérieure. Mais l'administration peut faire attendre cette approbation aussi longtemps qu'il lui plaît, et n'est même pas obligée de la refuser; elle peut agir par voie de prétérition. Au point de vue du projet de loi, toute délibération d'un Conseil général doit être tenue pour bonne jusqu'à preuve du contraire; et si le gouvernement juge à propos de s'y opposer dans l'intérêt général, il faut que sa décision soit motivée sur des raisons sérieuses. D'après le même principe, il n'est pas nécessaire que le gouvernement signifie dans tous les cas son approbation, et à l'avenir la délibération sera exécutoire de plein droit si, dans le délai de trois mois, l'exécution n'en a pas été suspendue par un décret motivé.

L'article 51 donne au Conseil général un droit qui lui a été souvent contesté, celui de charger un ou plusieurs de ses membres d'une mission dans l'intervalle de ses sessions, par exemple, de suivre telle ou telle affaire ou de réunir des renseignements et des documents en vue d'une décision à prendre dans la prochaine session.

Quant à l'émission de vœux politiques, il est inutile d'insister sur l'opportunité de sanctionner enfin ce droit, si souvent réclamé, si souvent refusé, et qui serait déjà entré dans les attributions des Conseils généraux, si la décision prise à ce sujet en 1870 par le Corps législatif n'avait été invalidée par le Sénat.

L'article 53 rappelle une disposition de la loi de 1838, dont le but est d'assurer au département le bénéfice d'une donation dans le cas où le donateur viendrait à mourir entre le moment où il avait offert sa donation et celui où intervient l'acceptation.

Les articles 54, 55 et 56 ne contiennent aucun principe nouveau.

TITRE V.

Ce titre, relatif au budget et aux comptes du département, ne contient qu'une seule innovation importante, qui forme le sujet de l'article 68 ; tout le reste est emprunté à la législation antérieure, telle qu'elle a été formulée principalement dans la loi du 10 juillet 1866.

« Cette loi a profondément remanié les règles que la loi du 10 mai 1838 avait établies en matière de budgets départementaux. Elle y a introduit d'heureuses simplifications, supprimé la plupart des dépenses obligatoires et reconnu aux Conseils généraux une liberté à peu près absolue en ce qui concerne la disposition des fonds et le vote des dépenses. On n'a pas cru qu'il fût possible d'aller au-delà sans excéder les limites d'une sage décentralisation et sans violer le principe essentiel du vote de l'impôt par le pouvoir législatif. » (Savary, p. 45.)

En effet, on ne peut songer à accorder aux Conseils généraux le droit de voter des centimes en nombre illimité sans le contrôle de l'Assemblée nationale; ce serait s'exposer à porter une grave atteinte aux ressources générales de l'État et ouvrir le champ à tous les entraînements. D'un autre côté, et pour d'autres raisons, il ne serait pas opportun de confier aux départements le soin d'opérer par des agents spéciaux le recouvrement de leurs recettes, qui se fait actuellement sans aucuns frais par les agents du trésor public. En principe, cependant, il n'y a pas d'obstacle absolu à ce que les départements eussent leurs receveurs et leurs payeurs particuliers; il en résulterait même une simplification dans le système général de comptabilité de l'État, car il ne serait plus nécessaire de rattacher au budget général le budget sur ressources spéciales. Mais il est certain que les départements y perdraient; car ce qu'ils gagneraient en recouvrant la jouissance des intérêts de leurs fonds déposés au Trésor, serait compensé et bien au-delà par les frais de perception qui retomberaient à leur charge.

D'après l'article 57, le projet de budget continuera à être préparé et présenté par le préfet, qui remplit à cet égard les fonctions du ministre des finances vis-à-vis de l'Assemblée nationale; il est tenu de le communiquer, dix jours avant la session d'août, à la commission départementale, dont la mission est analogue à celle de notre commission du budget; et enfin le Conseil général délibère tant sur le projet du préfet que sur les modifications proposées par la commission départementale. De cette façon la préparation appartient au préfet, mieux placé pour apprécier l'ensemble des besoins dans tout le département, l'initiative appartient également au préfet et à la commission départementale, et enfin le contrôle est exercé d'abord par la commission et ensuite par le Conseil général tout entier. Il serait difficile de combiner des garanties plus efficaces pour le bon emploi des finances départementales.

L'article 58 contient l'énumération des recettes ordinaires. On sait que les centimes ordinaires actuellement autorisés par la loi sont au nombre de vingt-six, dont vingt-cinq, additionnels aux contributions foncière et personnelle-mobilière, et un, additionnel aux quatre contributions directes. Les centimes applicables au service vicinal sont au nombre de sept, et ceux qui sont affectés aux dépenses de l'instruction publique, au nombre de trois; ces dix centimes spéciaux portent sur les quatre contributions directes. Quant au cadastre, il est achevé dans toute la France, excepté dans les départements de la Seine, de la Corse, des Alpes-Maritimes, de la Savoie et de la Haute-Savoie; les centimes affectés à sa confection ne portent que sur la contribution foncière.

Le paragraphe 6 mentionne le produit des droits de péage des bacs sur les routes et chemins à la charge du département; c'est la conséquence de la disposition contenue au paragraphe 13 de l'article 46. Le paragraphe suivant enlève au ministre la répartition du fonds inscrit annuellement au budget en faveur des départements pauvres et prescrit qu'il sera réparti conformément à un tableau annexé à la loi de finances.

On avait proposé, conformément au projet de la commission législative de 1851, d'inscrire parmi les recettes ordinaires, les intérêts des fonds départementaux déposés au Trésor public; mais l'examen approfondi de la question a démontré qu'il en résulterait presque toujours une aggravation de charges pour le département. Ainsi que nous l'avons dit plus haut, l'État fait gratuitement le recouvrement de l'impôt et le payement des dépenses pour le département, c'est-à-dire qu'il n'alloue aucune commission aux agents des finances de tous grades qui prêtent leur concours à ces opérations et en assument la responsabilité. De plus, il ne réclame aucun intérêt pour les avances de fonds qu'il est obligé de faire, au commencement de chaque année, à la plupart des départements, et surtout aux départements pauvres. La nécessité de ces avances s'explique facilement par ce fait bien connu que, pendant les deux premiers mois de l'année, les contribuables ne font que de faibles versements sur les quatre contributions directes, source à peu près unique des revenus départementaux.

Si le Trésor public, qui a d'autres ressources à sa disposition, n'intervenait pas, il serait généralement impossible aux départements de payer leurs employés et de faire face aux dépenses courantes, pendant les trois premiers mois de l'année. Sans doute, il arrive quelquefois que les départements, surtout les plus riches, ont en dépôt au Trésor des sommes qui n'ont pu recevoir immédiatement l'emploi auquel elles étaient destinées. Par exemple, lorsqu'un Conseil général a décidé la construction d'un édifice important, ou a voté une subvention considérable pour un chemin de fer d'intérêt local, il peut arriver que les travaux n'ont pu être entrepris dans le courant de l'année qui a vu commencer la perception des centimes destinés à couvrir la dépense ; ou bien, le règlement des comptes d'un entrepreneur peut être retardé par suite de procès ou de faillite. Dans ce cas, et dans d'autres cas analogues, des sommes importantes peuvent évidemment s'accumuler au Trésor ; mais ce sont des cas exceptionnels, et on se tromperait grandement si on voulait en tirer des conséquences générales. En effet, il résulte d'un travail détaillé, fait en 1866, par ordre du ministre des finances, que si les départements exigeaient les intérêts pour leurs fonds placés au Trésor, ils auraient à payer, tant pour commission aux agents des finances, que pour l'intérêt des avances faites, trois millions et demi de plus qu'ils ne recevaient du Trésor. Dans ces conditions, il n'y a évidemment pas lieu d'entrer dans la voie proposée par la Commission de 1851, et le législateur de 1866 a agi sagement en refusant de modifier la loi sur ce point.

L'article 59 énumère les recettes extraordinaires. Comme le produit des biens aliénés se trouve compris dans cette nomenclature, on a cru utile de trancher par une disposition formelle une question controversée depuis longtemps. On sait que le décret du 16 décembre 1811 a mis à la charge des départements un assez grand nombre d'anciennes routes impériales de troisième classe, devenues actuellement routes départementales, mais sans leur céder formellement le sol de ces routes. Aussi le Conseil d'État les a-t-il toujours considérées comme faisant encore partie du domaine de l'État, malgré une circulaire ministérielle de 1812, et cette jurisprudence a souvent donné lieu à des difficultés, lorsqu'il arrivait à un département d'aliéner des parcelles de terrain qui provenaient de ces routes. Désormais le droit des départements ne pourra plus être contesté.

Les articles 60 à 67 ne contiennent aucune disposition nouvelle. Les dépenses obligatoires demeurent limitées aux trois objets énumérés dans la loi de 1866 et aux dettes exigibles, et l'intervention du gouvernement dans le budget du département se borne à constater que ces dépenses ont reçu une allocation suffisante et que les règles de la comptabilité publique ont été observées.

L'article 68 inaugure une réforme qui a une portée considérable, et qui procède du principe même de la décentralisation, dans son acception la plus élevée.

On a souvent remarqué que, dans notre pays, la corruption électorale s'exerçait beaucoup plus sur les êtres collectifs que sur les individus. Sous le régime du suffrage universel, il n'est certainement pas impossible, mais il est généralement fort inutile de chercher à capter par des moyens illicites les votes individuels; car le nombre des votants est tel, que bien peu de candidats seraient en état de corrompre de cette façon une fraction notable de la masse, et d'ailleurs, il faut le dire à son honneur, le caractère national se prête peu à ce genre d'influence. Mais, ainsi que le dit si bien M. Raudot, tel électeur qui repousserait avec indignation le candidat qui lui proposerait d'acheter son vote, n'hésitera pas à promettre son concours le plus absolu, et celui de ses administrés, à se dévouer corps et âme à une candidature dont le triomphe assurerait à sa commune une subvention pour son église ou son école, pour un pont ou un chemin. Or, il n'y a guère chez nous que l'État qui soit en mesure de satisfaire à de pareils appétits; il n'y a que le budget de la nation qui soit assez riche pour pouvoir corrompre une portion de la nation elle-même. De là cette mendicité universelle et incessante qui, de tous les coins du territoire, vient assaillir les ministres et les préfets, et dont ceux-ci n'ont pas toujours hésité à tirer parti dans un intérêt électoral; de là cette funeste habitude de tourner en toutes circonstances ses regards vers les dépositaires du pouvoir, de tout attendre d'eux, et de leur abandonner en retour une portion de sa liberté; de là aussi cette facilité avec laquelle, à chacune de nos révolutions, le nouveau régime s'impose aux populations. Nous sommes un peuple de solliciteurs; nous sollicitons pour nous-mêmes, pour nos amis, plus souvent encore pour nos clochers, et pour beaucoup de Français, excellents citoyens d'ailleurs, qui habitent la province, l'idéal politique est d'être bien avec son préfet.

Ce serait, certes, une prétention ridicule que de vouloir modifier par une loi un des côtés du caractère national; néanmoins, en substituant l'action impersonnelle de la loi à la volonté du Ministre, même du plus intègre et du plus impartial, en ôtant à l'électeur le plus d'occasions possible de devenir solliciteur, on peut faire quelque chose pour atténuer le mal. C'est là le côté moral et vraiment élevé de la décentralisation.

En effet, à quoi bon accroître l'autorité et étendre l'influence des assemblées locales, si l'administration doit conserver, sous le régime nouveau, la plus grande partie des moyens d'action qu'elle possède actuellement? A quoi sert-il d'enlever aux préfets la tutelle des communes, s'ils gardent entre leurs mains la faculté d'agir sur les maires et les conseils municipaux, en restant la source des faveurs budgétaires?

Votre commission s'est donc préoccupée de la distribution des fonds de secours, imputés sur les fonds généraux de l'État et inscrits aux budgets des différents ministères, mais destinés à subvenir à des besoins essentiellement locaux, et elle s'est demandé s'il était bien nécessaire que l'administration restât chargée d'en opérer la répartition. La loi du 11 juillet 1868, sur l'achèvement des chemins vicinaux, a posé en matière de subvention de l'État les véritables principes, et nous n'avions qu'à suivre la voie qu'elle a inaugurée, en y introduisant certaines dispositions plus conformes à la situation actuelle. Aux termes de cette loi, une somme de dix millions est répartie annuellement entre tous les départements par un décret délibéré en conseil d'État, en ayant égard aux besoins, aux ressources et aux sacrifices des communes et des départements. La part allouée à chaque département est ensuite répartie entre les communes par le Conseil général.

Ne pourrait-on pas procéder de la même manière en ce qui touche les fonds de secours, en substituant seulement à l'intervention du conseil d'État, celle de l'Assemblée nationale, et en établissant que le tableau de répartition entre les départements sera désormais annexé à la loi de finances? Votre commission s'est rangée à cet avis.

Elle a recherché ensuite quels étaient, parmi les crédits ouverts aux différents ministères, ceux qui sont susceptibles d'être distribués dans chaque département par le Conseil général ou la commission départementale. Cinq d'entre eux présentent ce caractère. Ce sont :

1° Les secours pour travaux concernant les églises et les presbytères (ministère des cultes) ;

2° Les secours généraux à des établissements et institutions de bienfaisance (ministère de l'intérieur);

3° Les dépenses des écoles primaires imputables sur les fonds généraux de l'État (ministère de l'instruction publique) ;

4° Les subventions aux comices et associations agricoles (ministère de l'agriculture);

5° Les secours spéciaux pour pertes matérielles et événements malheureux (ministère de l'agriculture).

Ces crédits figurent au budget ordinaire de 1870 pour une somme totale de dix-huit millions environ, qui permet de mesurer l'importance de la réforme proposée. La distribution des quatre premiers appartiendrait au Conseil général, celle du cinquième crédit serait réservé à la commission départementale, en raison du caractère imprévu et accidentel des malheurs qu'il est destiné à soulager.

TITRE VI.

L'organisation et les attributions de la commission départementale forment le sujet de ce titre, qui est le plus important du projet de loi, et en constitue la principale originalité.

L'article 69 règle la composition de la commission départementale. On ne pouvait fixer le nombre de ses membres d'une manière uniforme, à cause de la grande inégalité qui existe nonseulement entre l'importance de nos départements, mais aussi entre le nombre des arrondissements qui les composent, et entre celui des cantons qui forment un arrondissement.

En effet, si l'on avait fixé d'une manière absolue à cinq, par exemple, d'un côté on aurait rencontré dans les petits départements, qui comptent moins de vingt-cinq conseillers généraux, des difficultés sérieuses pour le recrutement de la commission; et de l'autre on lui aurait rendu la besogne excessivement lourde dans les départements les plus importants, qui comptent six et jusqu'à sept arrondissements. Si on se basait uniquement sur le nombre des arrondissements, on se heurtait à d'autres obstacles; en effet, le Rhône n'en a que deux, et vingt-trois départements n'en comptent que trois, tandis que sept départements en ont six, et le Nord en compte sept. Il n'était pas possible non plus d'imposer au Conseil général l'obligation absolue de choisir un membre dans chaque arrondissement, parce que trois arrondissements, ceux de Gex, de Murat et de Sainte-Menehould, ne possèdent que trois cantons, et vingt-six n'en comptent que quatre. D'autre part, il était très-important de garantir une répartition aussi équitable que possible entre les différentes portions du département, et de représenter également les différents arrondissements, qui souvent ont des intérêts, sinon opposés, du moins de nature très-diverse. Il importait aussi d'empêcher la commission départementale de se recruter exclusivement parmi les conseillers généraux résidant, soit au chef-lieu même, soit dans l'arrondissement du chef-lieu. Le maximum de quatre est indispensable; en le réduisant à trois, la commission, qui ne peut délibérer que si la moitié plus un de ses membres est présente, eût été arrêtée dans ses travaux, chaque fois qu'une maladie ou un accident quelconque aurait empêché un de ses membres d'assister aux séances. Le maximum de sept était également imposé par l'obligation de donner satisfaction au grand département du Nord. La rédaction proposée par votre commission satisfait aux conditions si diverses que nous venons d'indiquer.

Les membres de la commission seront indéfiniment rééligibles. Sans doute, il serait fâcheux que les mêmes personnes s'éternisassent dans la commission, et il sera bon que les Conseils généraux parent à cet inconvénient en y introduisant de temps en temps de nouveaux membres; mais il n'a pas paru possible, au début d'une organisation nouvelle dont l'expérience est à faire, de limiter à cet égard le choix des Conseils généraux, qui dans certains départements ne sera pas exempt de difficultés.

L'article 70 établit deux incompatibilités. La première est la conséquence d'un fait matériel : un député ne peut à la fois siéger à l'Assemblée nationale et assister aux séances de la commission départementale, dont les fonctions exigeront une grande assiduité, et qui, à certaines époques de l'année, aura beaucoup d'affaires à expédier. La seconde se justifie par d'autres considérations. Bien qu'en thèse générale, il soit inopportun de restreindre d'aucune façon le champ dans lequel le Conseil général aura à exercer son choix, il a semblé à la majorité de votre commission que le maire du chef-lieu, déjà investi d'une double autorité par son élection au conseil municipal et par la nomination qu'il a reçue du Pouvoir exécutif, ayant de nombreux intérêts à débattre avec la commission départementale, et pouvant être appelé à la présider, deviendrait dans certains cas un rival pour le préfet, et donnerait aux conflits qui pourraient éclater un caractère de gravité contre lequel il est bon de se prémunir.

Aux termes de l'article 71, le président de la commission sera choisi annuellement par le Conseil général parmi les membres de la commission. Il est évident qu'un choix aussi important, et qui entraînera pour l'élu une grande responsabilité, ne peut être abandonné à une assemblée de quatre ou cinq personnes.

Une fois constituée, la commission aura à organiser son service, c'est-à-dire à examiner quels seront les employés spéciaux qui lui seront nécessaires. Dans la plupart des cas, un ou deux employés suffiront, à une condition toutefois, c'est que pour l'examen des délibérations des conseils municipaux, des budgets des communes, des comptes des maires ou des établissements hospitaliers ou de bienfaisance, le travail préparatoire continuera à se faire dans les bureaux de la préfecture. Il appartiendra aux Conseils généraux de décider s'ils veulent créer un bureau spécial, chargé des affaires communales et hospitalières, qui ressortissent à la commission départementale, ou s'ils préfèrent maintenir, d'accord avec le préfet, l'organisation actuelle. Sans doute, il vaudrait mieux que les employés de la commission fussent distincts de ceux de la préfecture, et si ces derniers étaient salariés sur les fonds départementaux, la question ne présenterait aucune difficulté. Mais, on le sait, ces employés sont rétribués par l'État, sur un fonds qu'on appelle le fonds d'abonnement, et il n'y a qu'un nombre restreint de Conseils généraux qui votent annuellement une subvention destinée à couvrir l'insuffisance de ce fonds. Ces conseils, il est vrai, pourront consacrer cette subvention au salaire des employés de la commission, puisque le préfet pourra réduire le nombre des siens ; mais, dans la plupart des cas, les Conseils généraux hésiteront à charger le budget départemental de nouveaux salaires, lorsque la besogne des employés de la préfecture sera si notablement diminuée. Il y a là une question pratique à débattre à l'amiable entre le Conseil général et le préfet, et qui pourra au besoin faire l'objet d'une instruction ministérielle. Le point essentiel, c'est que la nouvelle organisation n'apporte pas un accroissement sérieux de charges au budget départemental.

L'article 72 règle la tenue des séances de la commission et ne donne lieu à aucune observation particulière.

Nous avons déjà dit plus haut, au début de cet exposé, que la commission ne serait pas permanente, comme elle l'est en Belgique. En effet, si on exigeait la permanence, c'est-à-dire le séjour à peu près continuel au chef-lieu du département, ou bien il serait impossible de recruter la commission, ou bien on serait obligé de la choisir exclusivement parmi les conseillers généraux résidant à proximité du chef-lieu. D'ailleurs, la permanence n'est aucunement nécessaire, et, en inscrivant dans la loi l'obligation pour la commission d'avoir une session une fois par mois, on satisfait à toutes les nécessités d'une bonne administration. Les sessions seront fort inégalement chargées; au lendemain des quatre sessions annuelles des conseils municipaux, et surtout après celle du mois de mai, dans laquelle les maires présentent leurs comptes et leurs budgets, la commission aura sur les bras une besogne considérable; il en sera de même à la veille de la session d'août du Conseil général; mais, pendant le reste de l'année, ses sessions seront beaucoup moins longues, et, avec un peu de pratique et d'expérience, il lui sera facile de régler l'époque de ses réunions, de manière à tenir compte des convenances de ses membres, sans nuire à l'expédition régulière des affaires; enfin, en cas d'urgence, elle pourra toujours être convoquée, soit par le président, soit par le préfet. Il sera toujours utile que les époques des réunions de la commission soient connues d'avance et publiées dans les journaux du département, dans l'intérêt des maires ou des autres citoyens qui auraient des explications à donner ou des réclamations à faire valoir.

L'article 75 a été l'objet d'un long débat au sein de votre commission. Le mandat de conseiller général a toujours été essentiellement gratuit, et on s'est demandé si une exception, introduite en faveur des membres de la commission départementale, ne serait pas de nature à être mal accueillie ou mal comprise par l'opinion publique. Ainsi que le dit très-bien M. Savary (p. 51), « rien ne serait plus regrettable que de compromettre une institution dont on attend les meilleurs résultats, en lui donnant, sous une forme ou sous une autre, l'apparence d'une nouvelle fonction salariée, dans un pays qui en compte déjà un beaucoup trop grand nombre. D'ailleurs le but que poursuivent les partisans de la décentralisation ne consiste-t-il pas à créer dans le canton et dans le département tout un ordre de fonctions libres et volontaires, dont on ne saurait écarter avec trop de soin l'idée d'une rétribution pécuniaire ? »

D'autre part, il convient de reconnaître qu'en repoussant absolument toute idée d'indemnité, on écarterait quelquefois de la commission des membres, dont le concours lui serait éminemment utile, mais à qui leur position de fortune ne permettrait pas d'entreprendre de fréquents déplacements, ou de s'imposer la dépense d'un séjour souvent répété au chef-lieu du département. Il en serait ainsi, surtout dans les départements montagneux ou pauvres.

Cédant à cette double considération, votre commission a repoussé l'idée d'un traitement fixe, mais elle a admis le principe d'une indemnité analogue au jeton de présence, en usage dans beaucoup de nos administrations, et dont l'opportunité, la forme et le chiffre sont laissés à l'appréciation de chaque Conseil général.

Les articles 77 et suivants déterminent les attributions de la commission départementale. « Elles se divisent en trois catégories distinctes. Tantôt la commission agit en vertu d'une *délégation* du Conseil général ; tantôt, elle exerce sur les actes du préfet un *contrôle*, qui se manifeste, soit par des avis, soit par une autorisation préalable et nécessaire ; tantôt enfin, elle statue en vertu de *pouvoirs propres*, qui lui sont conférés par la loi. » (Savary, p. 52.)

Il appartiendra à chaque Conseil général de déterminer les objets, pour lesquels il déléguera ses pouvoirs à la commission, soit d'une façon permanente, soit dans un but temporaire. Toutefois, parmi ces objets, on peut signaler la nomination de la plupart des agents salariés sur les fonds départementaux, la surveillance générale des services, et le soin de régler les détails de certaines mesures que le Conseil général aura résolues en principe. Les décisions à prendre en cas d'urgence, autrefois confiées au préfet, seront désormais du domaine de la commission, en vertu d'une disposition expresse de la loi.

Le principe de l'article 78 est emprunté à une disposition de la loi belge, qu'il a fallu mettre en harmonie avec les règles de notre administration financière. On sait, en effet, que les ministres ont seuls le droit d'ordonnancer une dépense, soit sur les fonds de l'État, soit sur ceux des départements ; mais comme généralement ils ne peuvent ordonnancer directement en faveur de la partie prenante, ils ordonnancent en bloc les sommes qu'ils mettent à la disposition d'un certain nombre de hauts fonctionnaires, tels que les préfets, les intendants militaires et les commissaires généraux de la marine. Ceux-ci deviennent ainsi des ordonnateurs secondaires ou délégués, et délivrent des mandats de payement individuels aux créanciers de l'État. Par une exception particulière, les ingénieurs en chef des départements sont considérés comme sous-ordonnateurs délégués, c'est-à-dire qu'au lieu de s'adresser au préfet pour les mandats de payement, ils reçoivent de lui une sous-ordonnance de délégation pour les sommes dont ils ont besoin, et les répartissent ensuite eux-mêmes par mandats individuels.

Il résulte de là que, pour contrôler efficacement l'emploi des ressources du département, pour s'assurer si les dépenses liquides ont été soldées au fur et à mesure que les fonds ont été mis à la disposition du préfet, pour empêcher les retards non motivés et fermer la porte aux tours de faveur, il est nécessaire que la commission départementale reçoive tous les mois un état détaillé des ordonnances de délégation que le préfet a reçues, et des mandats de payement qu'il a délivrés. La même obligation est étendue aux ingénieurs en chef. Ces mesures seront une garantie de plus, ajoutée à celles qui existent déjà, de la parfaite régularité de la comptabilité départementale, qui doit être à l'abri de toute espèce de soupçon.

D'après l'article 79, la commission aura à faire, aussi bien que le préfet, à l'ouverture de chaque session, un rapport au Conseil général sur la situation du département, et, à la session d'août, elle lui présentera ses observations sur le budget préparé et proposé par le préfet.

L'article 80 transporte à la commission une obligation que la loi de 1866 imposait au préfet, mais que la commission, en sa qualité de tutrice des communes, sera parfaitement en état d'accomplir.

L'article 81 donne à la commission certaines attributions qui sont exercées par le préfet, soit de son autorité propre, soit comme mandataire du Conseil général dans l'intervalle des sessions. Ainsi actuellement le produit des amendes de police correctionnelle est à la disposition absolue du préfet, les subventions de différente nature que le Conseil général inscrit à son budget sont distribuées par le préfet; il exerce également un pouvoir à peu près discrétionnaire, et dont on a souvent abusé, pour la fixation de l'ordre de priorité des travaux à exécuter sur les fonds du département. Enfin on a réservé à la commission départementale la répartition des fonds de secours spéciaux pour pertes matérielles et événements malheureux, qui seraient alloués au département en vertu de l'article 68 de la loi; en effet, le Conseil général ne pouvait être investi de cette attribution, dont l'exercice est essentiellement intermittent, puisqu'il dépend de causes complétement fortuites.

L'article 83 est destiné à mettre fin à un abus qui s'est souvent révélé pendant ces dernières années. Lorsqu'il s'agissait de présenter aux populations un candidat officiel, le préfet le désignait souvent pour siéger au conseil de révision dans cinq ou six cantons différents, et annonçait ensuite sa candidature aux maires réunis. En chargeant, à l'avenir, la commission départementale de faire cette désignation, l'abus que nous venons de signaler ne pourra plus se reproduire.

L'article 84 transporte à la commission une attribution peu importante du Conseil général, et qui sera mieux exercée par la commission.

L'article 85 est emprunté à la loi provinciale belge, et étend à la commission les droits déjà attribués au Conseil général par l'article 51.

L'article 86 règle la marche à suivre en cas de désaccord ou de conflit entre la commission et le préfet. Le conseil général est juge du conflit : s'il donne tort à la commission, il peut immédiatement en nommer une autre; si, au contraire, il lui donne raison, il incombera au ministre d'aviser et d'examiner s'il y a lieu d'intervenir ou de changer le préfet.

L'article 87 énumère les cas où la tutelle administrative des communes et des établissements hospitaliers et autres du même genre sera exercée désormais par la commission départementale, aux lieu et place du préfet. Chaque cas est nettement déterminé par un renvoi à un texte de loi antérieur, de manière à éviter tout conflit. Toutes ces attributions se rattachent au même principe, qui consiste à placer le corps électif inférieur sous la tutelle d'un corps électif supérieur, et non plus sous celle d'un fonctionnaire du gouvernement. Il ne s'agit du reste ici que de la tutelle administrative proprement dite, et non de l'action politique des préfets; l'annulation des délibérations des conseils municipaux sur des objets étrangers à leurs attributions, et la déclaration d'illégalité d'une assemblée du conseil municipal, continueront à appartenir au préfet, statuant en conseil de préfecture, conformément aux articles 28 et 29 de la loi du 21 mars 1831.

Les articles 88 et 89 énumèrent les cas où l'action de la commission départementale sera substituée à celle du préfet seul ou du préfet en conseil de préfecture, en matière de vicinalité, de tarif d'évaluations cadastrales et de nomination de commissions syndicales.

L'article 90 établit un double recours contre les décisions de la commission départementale sur les matières énumérées aux articles 87, 88 et 89. Les questions d'opportunité, les appréciations de faits, pour lesquelles le recours ne pouvait avoir lieu que par la voie administrative, seront jugées définitivement par le Conseil général. Quant aux cas d'excès de pouvoir ou de violation de la loi, ils seront déférés au conseil d'État, statuant au contentieux. D'après le règlement du conseil d'État, en date du 22 juillet 1806, et toujours en vigueur, le délai de recours est fixé à trois mois, à partir de la notification de la décision attaquée; le projet de loi le réduit à deux mois. La communication de la décision, qui est obligatoire pour la commission départementale, tiendra lieu de notification et servira de point de départ au délai de deux mois. Le recours aura lieu sans frais et sera suspensif dans tous les cas.

L'article 91 est relatif aux demandes en autorisation de plaider, formées par les communes, les établissements de bienfaisance, les fabriques et les consistoires; elles seront accordées, à l'avenir, par la commission départementale, aux lieu et place du conseil de préfecture. Pour ces demandes, qui donnent lieu à des appréciations de fait, mais qui soulèvent aussi des questions délicates de droit, il a paru préférable de réserver le recours par la voie administrative, et de laisser la décision finale à un décret rendu dans la forme des règlements d'administration publique, c'est-à-dire de l'avis du conseil d'État.

Telles sont les attributions dont on propose d'investir la commission départementale; elles sont assez nombreuses et assez variées pour tenter les hommes de bonne volonté qui, dans nos provinces, sont disposés à consacrer leur temps et leurs lumières à la chose publique. Ni le loisir ni la capacité ne manqueront assurément; espérons que le dévouement ne fera pas défaut non plus, et que l'institution que nous proposons de créer, complétée et fortifiée par d'autres lois de décentralisation, marquera le point de départ d'une ère nouvelle dans la vie provinciale.

TITRE VII.

Les derniers articles du projet de loi donnent aux Conseils généraux de deux ou plusieurs départements le droit qui leur avait été refusé jusqu'à présent de se concerter ensemble et de débattre dans des conférences, où ils seront représentés par des commissions, les intérêts qui leur sont communs. Parmi ces intérêts, on peut citer la construction d'une route ou d'un chemin de fer, la création d'établissements communs pour le service des aliénés, la fondation ou la dotation d'universités provinciales, la réunion de plusieurs écoles normales primaires en une seule, et la conservation de certains monuments historiques. D'autres objets d'intérêt commun se révéleront sans doute, et il n'est imposé à cet égard, aux Conseils généraux, d'autre limite que l'obligation de ne pas sortir du cercle de leurs attributions légales. Les décisions prises dans les conférences ne seront exécutoires qu'après avoir été ratifiées par tous les Conseils généraux intéressés, et sont naturellement soumises aux restrictions imposées par les articles 34 et 47 du projet de loi.

Il y a, nous en avons la conviction, dans ce nouveau droit accordé aux Conseils généraux un germe fécond que l'avenir développera, et qui leur permettra, lorsque les plaies de l'invasion et de la guerre civile auront été pansées, d'entreprendre de grands travaux d'utilité publique, trop lourds pour les forces financières d'un seul département, et de doter le pays de monuments que l'État seul, jusqu'à présent, avait songé à édifier.

L'article 94 abroge les deux premiers titres de la loi du 22 juin 1833, relative à l'organisation des Conseils généraux, le premier titre de la loi du 10 mai 1838 sur leurs attributions, et la loi du 18 juillet 1866 qui est reproduite presque entièrement dans le projet de loi actuel.

Enfin l'article 95 et dernier ajourne au 1er janvier 1872 l'exécution des articles 87, 88, 89 et 91, afin de laisser aux commissions départementales le temps de se pénétrer de leurs attributions, et de se préparer à les exercer.

En terminant cet exposé, nous n'ajouterons que peu de mots. Le projet de loi que nous soumettons à la sanction de l'Assemblée nationale est le résultat du long et consciencieux travail auquel votre commission s'est livrée; il résume et coordonne la plupart des dispositions contenues dans les projets émanés de MM. Magnin et Bethmont, Raudot et Savary, et il en ajoute de nouvelles; il laisse de côté toutes les propositions prématurées ou dépassant les limites d'une sage décentralisation; il agrandit la sphère d'action des Conseils généraux, sans diminuer en rien les légitimes attributions du pouvoir central; il favorise le développement de l'initiative locale, qui est une des forces vives de la nation; il apporte et enseigne la responsabilité et les devoirs qu'elle impose, à des hommes qui s'en déchargeaient volontiers sur l'État; en un mot, notre projet est une loi de liberté féconde et de progrès utile, et nous le livrons avec confiance aux délibérations de l'Assemblée.

PROJET

DE

LOI ORGANIQUE DÉPARTEMENTALE.

Rédaction proposée par la commission.

TITRE PREMIER

DISPOSITIONS GÉNÉRALES.

Article 1er. Il y a dans chaque département un Conseil général.

Art. 2. Le Conseil général élit dans son sein une commission départementale.

Art. 3. Le préfet est le représentant du pouvoir exécutif dans le département.

Il est, en outre, chargé de l'instruction préalable des affaires qui intéressent le département, ainsi que de l'exécution des décisions du Conseil général et de la commission départementale, conformément aux dispositions de la présente loi.

TITRE II.

DE LA FORMATION DES CONSEILS GÉNÉRAUX.

Art. 4. Chaque canton du département élit un membre du Conseil général.

Art. 5. L'élection se fait au suffrage universel, dans chaque commune, sur les listes dressées pour les élections municipales.

Art. 6. Sont éligibles au Conseil général tous les citoyens inscrits sur une liste d'électeurs, âgés de vingt-cinq ans accomplis, qui sont domiciliés dans le département ; et ceux qui, sans y être domiciliés, y sont inscrits au rôle d'une des contributions directes, au 1er janvier de l'année dans laquelle se fait l'élection, ou justifient qu'ils devaient y être inscrits à ce jour.

Toutefois, le nombre des conseillers généraux non domiciliés ne pourra dépasser le quart du nombre total dont le conseil doit être composé.

Art. 7. Ne peuvent être élus aux Conseils généraux, les citoyens qui sont pourvus d'un conseil judiciaire.

Art. 8. Ne peuvent être élus membres du Conseil général dans les cantons du ressort où ils exercent leurs fonctions :

1° Les préfets, sous-préfets, secrétaires généraux et conseillers de préfecture ;

2° Les procureurs généraux, avocats généraux et substituts du procureur général près les cours d'appel ;

3° Les présidents, vice-présidents, juges titulaires et membres du parquet des tribunaux de première instance ;

4° Les juges de paix ;

5° Les généraux commandant les divisions ou les subdivisions territoriales ;

6° Les préfets maritimes, majors-généraux et commissaires de marine ;

7° Les commissaires et agents de police ;

8° Les ingénieurs en chef et les ingénieurs ordinaires des ponts-et-chaussées, et les conducteurs qui en remplissent les fonctions ;

9° Les ingénieurs des mines ;

10° Les recteurs et inspecteurs d'académie ;

11° Les inspecteurs des écoles primaires ;

12° Les ministres des différents cultes ;

13° Les trésoriers-payeurs généraux et les receveurs particuliers des finances ;

14° Les directeurs des contributions directes et indirectes, des domaines et de l'enregistrement, des douanes, des postes, des télégraphes et des manufactures de tabac, les contrôleurs des contributions directes et indirectes;

15° Les conservateurs, inspecteurs et autres agents des eaux et forêts;

16° Les vérificateurs des poids et mesures.

Art. 9. Le mandat de conseiller général est incompatible, dans toute la France :

1° Avec les fonctions énumérées aux numéros 1 et 7 de l'article 8;

2° Avec celles des agents et comptables, employés à l'assiette, à la perception et au recouvrement des contributions et au payement des dépenses publiques de toute nature. Néanmoins, l'incompatibilité ne s'étend pas aux directeurs généraux et administrateurs des différents services, dépendant du ministère des finances.

Art. 10. Le mandat de conseiller général est incompatible, dans le département, avec les fonctions d'architecte départemental, d'agent voyer, d'employé des bureaux de la préfecture ou d'une sous-préfecture, et généralement de tous les agents salariés ou subventionnés sur les fonds départementaux.

La même incomptabilité existe à l'égard des entrepreneurs des services départementaux.

Art. 11. Nul ne peut être membre de plusieurs Conseils généraux.

Art. 12. Les colléges électoraux sont convoqués par le Pouvoir exécutif.

Le jour de la réunion doit être un dimanche. Le scrutin est ouvert à sept heures du matin et clos le même jour à six heures.

Lorsqu'un second tour de scrutin est nécessaire, il y est procédé le dimanche suivant.

Art. 13. Immédiatement après le dépouillement du vote, les procès-verbaux de chaque commune, arrêtés et signés, sont portés au chef-lieu du canton par deux membres du bureau. Le recensement général des votes est fait par le bureau du chef-lieu, et le résultat est proclamé par son président, qui adresse tous les procès-verbaux et les pièces au préfet.

Art. 14. Nul n'est élu membre du Conseil général au premier tour de scrutin, s'il n'a réuni :

1° La majorité absolue des suffrages exprimés;

2° Un nombre de suffrages égal au quart de celui des électeurs inscrits.

Au second tour de scrutin, l'élection a lieu à la majorité relative, quel que soit le nombre des votants. Si plusieurs candidats obtiennent le même nombre de suffrages, l'élection est acquise au plus âgé.

Art. 15. Les élections peuvent être arguées de nullité par tout électeur du canton.

Si sa réclamation n'a pas été consignée au procès-verbal, elle doit être adressée au Conseil général avant l'ouverture de la plus prochaine session.

Art. 16. Le Conseil général statue sur les réclamations relatives à la validité de l'élection de ses membres et vérifie leurs pouvoirs.

Le droit de prendre part aux votes est suspendu pour ceux dont l'admission est ajournée par décision du Conseil général. Toutefois cette suspension ne peut dépasser la durée de la session dans laquelle l'ajournement a été prononcé.

Art. 17. Si la réclamation implique la solution d'une question d'état ou de domicile, cette question préjudicielle est portée devant le tribunal d'arrondissement qui statue sauf l'appel. L'acte d'appel devra, sous peine de nullité, être notifié dans les dix jours à la partie, quelle que soit la distance des lieux. La cause sera jugée sommairement, toutes affaires cessantes, et sans qu'il soit besoin du ministère d'avoué. Les actes judiciaires auxquels elle donnera lieu seront enregistrés gratis. L'affaire sera rapportée en audience publique par un des membres de la cour, et l'arrêt sera prononcé après que la partie ou son défenseur et le ministère public auront été entendus.

Art. 18. Le conseiller général élu dans plusieurs cantons est tenu de déclarer son option au président du Conseil général, dans les trois jours qui suivront la vérification de ses pouvoirs. A défaut d'option dans ce délai, le Conseil général détermine en séance publique et par la voie du sort à quel canton le conseiller appartiendra.

Lorsque le nombre des conseillers non domiciliés dans le département dépasse le quart du conseil, le Conseil général procède de la même façon pour désigner celui ou ceux dont l'élection doit être annulée.

Art. 19. Tout conseiller général qui, par une cause survenue postérieurement à son élection, se trouve dans un des cas prévus par les articles 7, 8, 9 et 10, ou se trouve frappé de l'une des incapacités qui font perdre la qualité d'électeur, est déclaré démissionnaire par le Conseil général, soit d'office, soit sur la réclamation de tout électeur, sauf le renvoi devant les tribunaux dans les cas prévus par l'article 17.

Art. 20. Lorsqu'un conseiller général aura manqué à deux sessions ordinaires et consécutives, sans excuse légitime ou empêchement admis par le Conseil, il sera déclaré démissionnaire par le Conseil général, dans la dernière séance de la seconde session.

Art. 21. Lorsqu'un conseiller général donne sa démission, il l'adresse au président du Conseil général ou au président de la commission départementale, qui en donnent immédiatement avis au préfet.

Art. 22. Les conseillers généraux sont nommés pour neuf ans; ils sont renouvelés par tiers tous les trois ans, et indéfiniment rééligibles.

En cas de renouvellement intégral, à la session qui suit ce renouvellement, le Conseil général divise les cantons du département en trois séries, en répartissant autant que possible dans une proportion égale les cantons de chaque arrondissement dans chacune des séries, et il procède ensuite à un tirage au sort pour régler l'ordre de renouvellement des séries.

Art. 23. En cas de vacance par décès, option, démission, par une des causes énumérées aux articles 18, 19 et 20, ou par toute autre cause, les électeurs devront être réunis dans le délai de trois mois.

Toutefois, si le renouvellement légal de la série à laquelle appartient le siége vacant doit avoir lieu avant la prochaine session ordinaire du Conseil général, l'élection partielle se fera à la même époque.

La commission départementale est chargée de veiller à l'exécution du présent article. Elle adresse ses réquisitions au préfet et, s'il y a lieu, au ministre de l'intérieur.

TITRE III.

DES SESSIONS DES CONSEILS GÉNÉRAUX.

Art. 24. Les Conseils généraux ont chaque année deux sessions ordinaires.

La session dans laquelle sont délibérés le budget et les comptes commence de plein droit le premier lundi qui suit le 15 août, et ne pourra être retardée que par une loi.

L'ouverture de l'autre session a lieu au jour fixé par le Conseil général dans la session du mois d'août précédent. Dans le cas où le Conseil général se serait séparé sans avoir pris aucune décision à cet égard, le jour sera fixé et la convocation sera faite par la commission départementale.

La durée de la session d'août ne pourra excéder un mois; celle de l'autre session ordinaire ne pourra excéder quinze jours.

Art. 25. Les Conseils généraux peuvent être réunis extraordinairement :

1° Par décret du chef du pouvoir exécutif;

2° Sur la convocation de la commission départementale ;

3° Si les deux tiers des membres en adressent la demande écrite au président.

La durée des sessions extraordinaires ne pourra excéder huit jours.

Art. 26. A l'ouverture de la session d'août, le Conseil général réuni sous la présidence du doyen d'âge, le plus jeune faisant fonctions de secrétaire, nomme au scrutin secret et à la majorité absolue son président, un ou plusieurs vice-présidents, et ses secrétaires.

Leurs fonctions durent jusqu'à la session d'août de l'année suivante.

Art. 27. Le Conseil général fait son règlement intérieur.

Art. 28. Le préfet a entrée au Conseil général ; il est entendu quand il le demande, et assiste aux délibérations, excepté lorsqu'il s'agit de l'apurement de ses comptes.

Art. 29. Les séances des Conseils généraux sont publiques.

Néanmoins, sur la demande de cinq membres, du président ou

du préfet, le Conseil général, par assis et levé, sans débats, décide s'il se formera en comité secret.

Art. 30. Le président a seul la police de l'assemblée.

Il peut faire expulser de l'auditoire ou arrêter tout individu qui trouble l'ordre.

En cas de crime ou de délit, il en dresse procès-verbal, et le procureur de la République en est immédiatement saisi.

Art. 31. Le Conseil général ne peut délibérer que si la moitié plus un de ses membres est présente.

Les votes sont recueillis au scrutin public, toutes les fois que le sixième des membres présents le demande. En cas de partage, la voix du président est prépondérante.

Néanmoins, les votes sur les nominations et sur les validations d'élections contestées ont toujours lieu au scrutin secret.

Le résultat des scrutins publics, énonçant les noms des votants, est reproduit au procès-verbal.

Art. 32. Les Conseils généraux devront établir jour par jour un compte-rendu sommaire et officiel de leurs séances, qui sera tenu à la disposition de tous les journaux du département.

Les journaux ne pourront apprécier une discussion ou une décision du Conseil général sans reproduire en même temps la portion du compte-rendu afférente à cette discussion ou à cette décision.

Toute contravention à cette disposition sera punie d'une amende de cinquante à cinq cents francs.

Art. 33. Les procès-verbaux des séances, rédigés par un des secrétaires, sont arrêtés au commencement de chaque séance, et signés par le président et le secrétaire.

Ils contiennent les rapports, les noms des membres qui ont pris part à la discussion et l'analyse de leurs opinions.

Tout électeur ou contribuable du département a le droit de demander communication sans déplacement et de prendre copie de toutes les délibérations du Conseil général, ainsi que des procès-verbaux des séances publiques, et de les reproduire par la voie de la presse.

Art. 34. Tout acte ou toute délibération d'un Conseil général relatif à des objets qui ne sont pas légalement compris dans ses attributions sont nuls et de nul effet.

La nullité est prononcée par un décret rendu dans la forme des règlements d'administration publique.

Art. 35. Toute délibération prise hors des réunions du Conseil général, prévues ou autorisées par la loi, est nulle de plein droit.

Le préfet, par un arrêté motivé, déclare la réunion illégale, prononce la nullité des actes, prend toutes les mesures nécessaires pour que l'assemblée se sépare immédiatement et transmet son arrêté au procureur général du ressort pour l'exécution des lois et l'application, s'il y a lieu, des peines déterminées par l'article 258 du Code pénal. En cas de condamnation, les membres condamnés sont déclarés par le jugement exclus du conseil et inéligibles pendant les trois années qui suivront la condamnation.

Art. 36. La dissolution d'un ou plusieurs conseils généraux ne peut être prononcée que par une loi. En ce cas, la loi fixe la date de la nouvelle élection, qui doit avoir lieu avant l'époque de la session suivante, et au plus tard dans le délai de trois mois, à partir du jour de la dissolution. La loi décide si la commission départementale doit conserver son mandat jusqu'à la réunion du nouveau Conseil général, ou autorise le Pouvoir exécutif à en nommer provisoirement une autre.

TITRE IV.

DES ATTRIBUTIONS DES CONSEILS GÉNÉRAUX.

Art. 37. Le Conseil général répartit chaque année à sa session d'août les contributions directes, conformément aux règles établies par les lois.

Avant d'effectuer cette répartition, il statue sur les demandes délibérées par les conseils compétents en réduction de contingent.

Art. 38. Le Conseil général prononce définitivement sur les demandes en réduction de contingent formées par les communes, et préalablement soumises au conseil compétent.

Art. 39. Si le Conseil général ne se réunissait pas, ou s'il se séparait sans avoir arrêté la répartition des contributions directes, les mandements des contingents seront délivrés par le préfet, d'après les bases de la répartition précédente, sauf les modifications à porter dans le contingent en exécution des lois.

Art. 40. Le Conseil général vote les centimes additionnels dont la perception est autorisée par les lois.

Il peut voter des centimes extraordinaires dans la limite du maximum fixé annuellement par la loi de finances.

Il peut voter également les emprunts départementaux remboursables, dans un délai qui ne pourra excéder quinze années, sur les ressources ordinaires et extraordinaires.

Art. 41. Dans le cas où le Conseil général voterait une contribution extraordinaire ou un emprunt au-delà des limites déterminées dans l'article précédent, cette contribution ou cet emprunt ne pourraient être autorisés que par une loi.

Art. 42. Le Conseil général arrête chaque année, à sa session d'août, dans les limites fixées annuellement par la loi de finances, le maximum du nombre des centimes extraordinaires que les conseils municipaux sont autorisés à voter, pour en affecter le produit à des dépenses extraordinaires d'utilité communale.

Si le Conseil général se sépare sans l'avoir arrêté, le maximum fixé pour l'année précédente est maintenu jusqu'à la session d'août de l'année suivante.

Art. 43. Chaque année, dans sa session d'août, le Conseil général, par un travail d'ensemble comprenant toutes les communes du département, procède à la révision des sections électorales, et en dresse le tableau.

Art. 44. Le Conseil général prononce la déclaration d'utilité publique des routes départementales, des chemins vicinaux de grande communication, et des autres travaux à exécuter sur les fonds du département, excepté les chemins de fer d'intérêt local.

Cette déclaration aura les mêmes effets que le décret exigé par les articles 2 et 3 de la loi du 3 mai 1841.

Il prononce également la déclaration d'utilité publique des chemins vicinaux ordinaires, lorsqu'il y a lieu d'exproprier des terrains bâtis.

Art. 45. Le Conseil général nomme et révoque les titulaires des bourses entretenues sur les fonds départementaux.

Il nomme et révoque les titulaires de tous les emplois salariés sur les fonds départementaux, dont il n'a point attribué lui-même la nomination à la commission départementale.

Art. 46. Le Conseil général statue définitivement sur les objets ci-après désignés, savoir :

1° Acquisition, aliénation et échange des propriétés départementales mobilières ou immobilières, quand ces propriétés ne sont pas affectées à l'un des services énumérés au n° 4 ;

2° Mode de gestion des propriétés départementales ;

3° Baux de biens donnés ou pris à ferme ou à loyer, quelle qu'en soit la durée ;

4° Changement de destination des propriétés et des édifices départementaux autres que les hôtels de préfecture et de sous-préfecture et les locaux affectés aux cours d'assises et aux tribunaux, au casernement de la gendarmerie et aux prisons ;

5° Acceptation ou refus de dons et legs faits au département, quand ils ne donnent pas lieu à réclamation ;

6° Classement et direction des routes départementales ;

Projets, plans et devis des travaux à exécuter pour la construction, la rectification ou l'entretien desdites routes ;

Désignation des services qui seront chargés de leur construction et de leur entretien ;

7° Classement, direction et fixation de la largeur des chemins vicinaux de grande communication, désignation des chemins vicinaux d'intérêt commun, désignation des communes qui doivent concourir à la construction et à l'entretien desdits chemins, et fixation du contingent annuel de chaque commune, le tout sur l'avis des conseils compétents ;

Répartition des subventions accordées sur les fonds de l'État ou du département aux chemins vicinaux de toute catégorie ;

Désignation des services auxquels sera confiée l'exécution des travaux sur lesdits chemins, et mode d'exécution des travaux à la charge du département ;

8° Déclassement des routes départementales, des chemins vicinaux de grande communication et d'intérêt commun, même lorsque leur tracé se prolonge sur le territoire d'un ou plusieurs départements, à la condition toutefois de consulter préalablement les départements intéressés ;

9° Projets, plans et devis de tous autres travaux à exécuter sur les fonds départementaux et désignation des services auxquels ces travaux seront confiés;

10° Offres faites par les communes, les associations ou les particuliers pour concourir à la dépense des routes et chemins, ou d'autres travaux à la charge du département;

Taux de la conversion en argent des journées de prestation;

11° Concessions à des associations, à des compagnies ou à des particuliers de travaux d'intérêt départemental;

12° Direction des chemins de fer d'intérêt local, mode et conditions de leur construction, traités et dispositions nécessaires pour en assurer l'exploitation;

13° Établissement et entretien des bacs et passages d'eau sur les routes et chemins, à la charge du département; fixation des tarifs de péage;

14° Répartition de la portion allouée au département sur les fonds de secours mentionnés à l'article 68, sauf le cas prévu à l'article 81;

15° Assurances des bâtiments départementaux;

16° Actions à intenter ou à soutenir au nom du département; sauf le cas d'urgence, dans lesquels la commission départementale pourra statuer, conformément à l'article 77;

17° Transactions concernant les droits des départements;

18° Recettes et dépenses des établissements d'aliénés appartenant au département; approbation des traités passés avec des établissements privés ou publics pour le traitement des aliénés du département;

19° Service des enfants assistés;

20° Part de la dépense des aliénés et des enfants assistés, qui sera mise à la charge des communes, et bases de la répartition à faire entre elles;

21° Création d'institutions départementales d'assistance publique, et service de l'assistance publique dans le département;

22° Établissement et organisation des caisses de retraites ou de tout autre mode de rémunération en faveur des employés des préfectures et des sous-préfectures et des agents salariés sur les fonds départementaux;

23° Part contributive du département aux dépenses des travaux qui intéressent à la fois les départements et les communes;

24° Difficultés élevées relativement à la répartition de la dépense des travaux qui intéressent plusieurs communes du département;

25° Délibération des conseils municipaux ayant pour but l'établissement, la suppression ou les changements de foires et marchés;

26° Délibération des conseils municipaux ayant pour but la prorogation des taxes additionnelles d'octroi actuellement existantes, ou l'augmentation des taxes principales au-delà d'un décime, le tout dans les limites du maximum des droits et de la nomenclature des objets fixés par le tarif général, établi conformément à la loi du 24 juillet 1867;

27° Changements à la circonscription des communes d'un même canton et à la désignation de leurs chefs-lieux, lorsqu'il y a accord entre les conseils municipaux.

Art. 47. Les délibérations par lesquelles les Conseils généraux statuent définitivement sont exécutoires si, dans le délai de dix jours, à partir de la clôture de la session, le préfet n'en a pas demandé l'annulation, pour excès de pouvoir ou pour violation d'une disposition de la loi ou d'un règlement d'administration publique.

Cette annulation ne peut être prononcée que par un décret rendu dans la forme des règlements d'administration publique, et doit intervenir dans le délai de deux mois, à partir de la date du pourvoi formé par le préfet.

Art. 48. Le Conseil général délibère :

1° Sur l'acquisition, l'aliénation et l'échange des propriétés départementales affectées aux hôtels de préfecture et de sous-préfecture, aux cours d'assises et tribunaux, au casernement de la gendarmerie et aux prisons;

2° Sur le changement de destination des propriétés départementales affectées à l'un des services ci-dessus énumérés;

3° Sur la part contributive à imposer au département dans les travaux exécutés par l'État qui intéressent le département;

4° Sur les demandes des conseils municipaux, 1° pour l'établissement ou le renouvellement d'une taxe d'octroi sur des matières non comprises dans le tarif général indiqué à l'article 46; 2° pour l'établissement ou le renouvellement d'une taxe excédant le maximum fixé par ledit tarif; 3° pour l'assujettissement à la taxe d'objets non encore imposés dans le tarif local; 4° pour les modifications aux règlements ou aux périmètres existants;

5° Sur tous les autres objets sur lesquels il est appelé à délibérer par les lois et règlements, et généralement sur tous les objets d'intérêt départemental dont il est saisi, soit par une proposition du préfet, soit sur l'initiative d'un de ses membres.

Art. 49. Les délibérations prises par le Conseil général sur les matières énumérées à l'article précédent sont exécutoires si, dans le délai de trois mois à partir de la clôture de la session, un décret motivé n'en a pas suspendu l'exécution.

Art. 50. Le Conseil général donne son avis :

Sur les changements proposés à la circonscription du territoire du département, des arrondissements, des cantons et des communes, et à la désignation des chefs-lieux, sauf le cas où il statue définitivement, conformément à l'article 46, n° 27 ;

Et généralement sur tous les objets sur lesquels il est appelé à donner son avis, en vertu des lois et règlements, ou sur lesquels il est consulté par les ministres.

Art. 51. Le Conseil général peut adresser directement au ministre compétent, par l'intermédiaire de son président, les réclamations qu'il aurait à présenter dans l'intérêt spécial du département, ainsi que son opinion sur l'état et les besoins des différents services publics, en ce qui touche le département.

Il peut charger un ou plusieurs de ses membres de recueillir sur les lieux les renseignements qui lui sont nécessaires pour statuer sur les affaires qui sont placées dans ses attributions.

Il peut émettre des vœux sur toutes les questions qui concernent l'intérêt général du pays.

Art. 52. Les chefs de service des administrations publiques dans le département sont tenus de fournir verbalement ou par écrit tous les renseignements qui leur seraient réclamés par le Conseil général, sur les questions qui intéressent le département.

Art. 53. Le préfet accepte ou refuse les dons et legs faits au département, en vertu soit de la décision du Conseil général, quand il n'y a pas de réclamation des familles, soit de la décision du gouvernement, quand il y a réclamation.

Le préfet peut toujours, à titre conservatoire, accepter les dons et legs. La décision du Conseil général ou du gouvernement, qui intervient ensuite, a effet du jour de cette acceptation.

Art. 54. Le préfet intente les actions en vertu de la décision du Conseil général, et il peut, sur l'avis conforme de la commission départementale, défendre à toute action intentée contre le département.

Il fait tous actes conservatoires et interruptifs de déchéance.

En cas de litige entre l'État et le département, l'action est intentée ou soutenue, au nom du département, par le président de la commission départementale.

Art. 55. Aucune action judiciaire, autre que les actions possessoires, ne peut, à peine de nullité, être intentée contre un département, qu'autant que le demandeur a préalablement adressé au préfet un mémoire exposant l'objet et les motifs de sa réclamation.

Il lui en est donné récépissé.

L'action ne peut être portée devant les tribunaux que deux mois après la date du récépissé, sans préjudice des actes conservatoires.

Durant cet intervalle, le cours de toute prescription demeurera suspendu.

Art. 56. A la session d'août, le préfet rend compte au Conseil général, par un rapport spécial et détaillé, de la situation du département et de l'état des différents services publics.

A l'autre session ordinaire, il présente au Conseil général un rapport sur les affaires qui doivent lui être soumises pendant cette session.

Ces rapports sont imprimés et distribués à tous les membres du Conseil général huit jours au moins avant l'ouverture de la session.

TITRE V.

DU BUDGET ET DES COMPTES DU DÉPARTEMENT.

Art. 57. Le projet de budget du département est préparé et présenté par le préfet, qui est tenu de le communiquer à la commission départementale, avec les pièces à l'appui, dix jours au moins avant l'ouverture de la session d'août.

Le budget, délibéré par le Conseil général, est définitivement réglé par décret.

Il se divise en budget ordinaire et budget extraordinaire.

Art. 58. Les recettes du budget ordinaire se composent :

1° Du produit des centimes ordinaires additionnels, dont le nombre est fixé annuellement par la loi de finances ;

2° Du produit des centimes autorisés pour les dépenses des chemins vicinaux et de l'instruction primaire, par les lois des 21 mai 1836, 15 mars 1850 et 10 avril 1867, dont l'affectation spéciale est maintenue ;

3° Du produit des centimes spéciaux affectés à la confection du cadastre par la loi du 2 août 1829 ;

4° Du revenu et du produit des propriétés départementales ;

5° Du produit des expéditions d'anciennes pièces ou d'actes de la préfecture déposés aux archives ;

6° Du produit des droits de péage des bacs et passages d'eau sur les routes et chemins à la charge du département, des autres droits de péage et de tous autres droits concédés au département par les lois ;

7° De la part allouée au département sur le fonds, inscrit annuellement au budget du ministère de l'intérieur, et réparti, conformément à un tableau annexé à la loi de finances, entre les départements qui, en raison de leur situation financière, doivent recevoir une allocation sur les fonds généraux du budget ;

8° Du contingent des communes pour le service des aliénés et des enfants assistés ;

9° Du contingent des communes et autres ressources éventuelles pour le service vicinal et pour les chemins de fer d'intérêt local.

Art. 59. Les recettes du budget extraordinaire se composent :

1° Du produit des centimes extraordinaires votés annuellement par le Conseil général, dans les limites déterminées par la loi de finances, ou autorisées par des lois spéciales ;

2° Du produit des emprunts ;

3° Des dons et legs ;

4° Du produit des biens aliénés ;

5° Du remboursement des capitaux exigibles et des rentes rachetées ;

6° De toutes autres recettes accidentelles.

Sont comprises définitivement parmi les propriétés départementales les anciennes routes impériales de troisième classe, dont l'entretien a été mis à la charge des départements par le décret du 16 décembre 1811 ou postérieurement.

Art. 60. Le budget ordinaire comprend les dépenses suivantes :

1° Loyer et entretien des hôtels de préfecture et de sous-préfecture ;

2° Casernement ordinaire des brigades de gendarmerie ;

3° Loyer, mobilier et menues dépenses des cours d'assises, tribunaux civils et tribunaux de commerce, et menues dépenses des justices de paix ;

4° Dépenses ordinaires d'utilité départementale ;

5° Dépenses imputées sur les centimes spéciaux établis en vertu des lois des 2 août 1829, 21 mai 1836, 15 mars 1850 et 10 avril 1867.

Néanmoins, les départements qui, pour assurer le service des chemins vicinaux et de l'instruction primaire, n'auront pas besoin de faire emploi de la totalité des centimes spéciaux, pourront en appliquer le surplus aux autres dépenses de leur budget ordinaire.

Les départements qui seraient en situation d'user de la faculté autorisée par le paragraphe précédent, et qui n'en feraient pas usage, ne pourront recevoir aucune allocation sur le fonds mentionné au n° 7 de l'article 58.

Art. 61. Si un conseil général omet d'inscrire au budget un crédit suffisant pour l'acquittement des dépenses énoncées aux numéros 1, 2 et 3 de l'article précédent, ou pour l'acquittement de dettes exigibles, il y est pourvu au moyen d'une contribution spéciale, portant sur les quatre contributions directes, et établie par un décret, si elle est dans les limites du maximum fixé annuellement par la loi de finances, ou par une loi, si elle doit excéder ce maximum.

Le décret est rendu dans la forme des règlements d'administration publique et inséré au *Bulletin des lois*.

Aucune autre dépense ne peut être inscrite d'office dans le budget ordinaire, et les allocations qui y sont portées par le Conseil général ne peuvent être ni changées ni modifiées par le décret qui règle le budget.

Art. 62. Le budget extraordinaire comprend les dépenses qui sont imputées sur les recettes énumérées à l'article 59.

Art. 63. Les fonds qui n'auront pu recevoir leur emploi dans le cours de l'exercice seront reportés, après clôture, sur l'exercice en cours d'exécution, avec l'affectation qu'ils avaient au budget voté par le Conseil général.

Les fonds libres, provenant d'emprunts, de centimes extraordinaires recouvrés ou à recouvrer dans le cours de l'exercice, ou de toute autre recette, seront cumulés, suivant la nature de leur origine, avec les ressources de l'exercice en cours d'exécution, pour recevoir l'affectation nouvelle qui pourra leur être donnée par le Conseil général dans le budget rectificatif de l'exercice courant.

Les Conseils généraux peuvent porter au budget un crédit pour dépenses imprévues.

Art. 64. Le comptable chargé du recouvrement des ressources éventuelles est tenu de faire, sous sa responsabilité, toutes les diligences nécessaires pour la rentrée de ces produits.

Les rôles et états des produits sont rendus exécutoires par le préfet et par lui remis au comptable.

Les oppositions, lorsque la matière est de la compétence des tribunaux ordinaires, sont jugées comme affaires sommaires.

Art. 65. Le comptable chargé du service des dépenses départementales ne peut payer que sur les mandats délivrés par le préfet, dans la limite des crédits ouverts par les budgets du département.

Art. 66. Le Conseil général entend et débat les comptes d'administration qui lui sont présentés par le préfet,

1° Des recettes et dépenses, conformément aux budgets du département;

2° Du produit des centimes spéciaux.

Les comptes doivent être communiqués à la commission départementale avec les pièces à l'appui, dix jours au moins avant l'ouverture de la session d'août.

Les observations du Conseil général sur les comptes présentés à son examen sont adressées directement par son président au ministre de l'intérieur.

Ces comptes, provisoirement arrêtés par le Conseil général, sont définitivement réglés par décret.

Art. 67. Les budgets et les comptes du département définitivement réglés sont rendus publics par la voie de l'impression.

Art. 68. Seront répartis annuellement entre les départements, conformément aux tableaux qui seront annexés à cet effet à la loi de finances, les crédits ouverts sur les fonds généraux du budget pour les dépenses des chapitres ci-après désignés :

Ministère des cultes. — Secours pour travaux concernant les églises et presbytères.

Ministère de l'intérieur. — Secours généraux à des établissements et institutions de bienfaisance.

Ministère de l'instruction publique. — Dépenses des écoles primaires imputables sur les fonds généraux de l'État.

Ministère de l'agriculture et du commerce. — Subventions aux comices et associations agricoles. Secours spéciaux pour pertes matérielles et événements malheureux.

La part attribuée à chaque département sera distribuée entre les intéressés, conformément aux dispositions des articles 46 et 81 de la présente loi.

TITRE VI.

DE LA COMMISSION DÉPARTEMENTALE.

Art. 69. La commission départementale est élue, chaque année, à la session d'août.

Elle se compose de quatre membres au moins et de sept au plus, et elle comprend un membre choisi, autant que possible, parmi les conseillers élus ou domiciliés dans chaque arrondissement.

Les membres de la commission sont indéfiniment rééligibles.

Art. 70. Les fonctions de membre de la commission départementale sont incompatibles avec celles de maire du chef-lieu du département et avec le mandat de député.

Art. 71. Le président de la commission départementale est choisi, chaque année, par le Conseil général parmi les membres de la commission.

En son absence, la commission est présidée par le plus âgé de ses membres.

La commission élit elle-même son secrétaire. Elle prend, sous l'approbation du Conseil général et avec le concours du préfet, toutes les mesures nécessaires pour assurer son service.

Art. 72. La commission départementale ne peut délibérer si la moitié plus un de ses membres n'est présente.

Les décisions sont prises à la majorité absolue des voix.

En cas de partage la voix du président est prépondérante.

Il est tenu procès-verbal des délibérations. Les procès-verbaux font mention du nom des membres présents.

Art. 73. La commission départementale se réunit au moins une fois par mois, aux époques et pour le nombre de jours qu'elle détermine elle-même, sans préjudice du droit qui appartient à son président et au préfet de la convoquer extraordinairement.

Art. 74. Tout membre de la commission départementale qui s'absente des séances pendant deux mois consécutifs, sans excuse légitime ou empêchement admis par la commission, est réputé démissionnaire.

Il est pourvu à son remplacement à la plus prochaine session du Conseil général.

Art. 75. Les membres de la commission départementale ne reçoivent pas de traitement, mais il peut leur être alloué une indemnité, dont le chiffre et la forme seront déterminés dans chaque département par le Conseil général.

Art. 76. Le préfet et les chefs des services publics dans le département doivent se rendre dans le sein de la commission départementale, lorsqu'elle le demande, et lui fournir tous les renseignements qu'elle réclame sur les affaires placées dans ses attributions.

Le préfet a le droit de se faire entendre dans la commission, lorsqu'il le demande.

Art. 77. La commission départementale règle les affaires qui lui sont renvoyées par le Conseil général dans les limites de la délégation qui lui est faite.

Elle peut, en cas d'urgence, prononcer, sans délégation préalable, sur les affaires qui rentrent dans les attributions du Conseil général, à charge de lui en rendre compte à sa plus prochaine session.

Elle délibère sur toutes les questions qui lui sont déférées par la loi, et elle donne son avis au préfet sur toutes les questions qu'il lui soumet, ou sur lesquelles elle croit devoir appeler son attention dans l'intérêt du département.

Art. 78. La commission départementale désigne un ou plusieurs de ses membres aussi souvent qu'elle le juge convenable, et au moins une fois par an, pour vérifier l'état des recettes et des dépenses du département.

Le préfet est tenu de lui adresser au commencement de chaque mois l'état détaillé des ordonnances de délégation qu'il a reçues et des mandats de payement qu'il a délivrés pendant le mois précédent.

La même obligation existe pour les ingénieurs en chef, sous-ordonnateurs délégués.

Art. 79. A l'ouverture de chaque session ordinaire du Conseil général, la commission départementale lui fait un rapport sur la situation du département, et lui soumet toutes les propositions qu'elle croit utiles.

A l'ouverture de la session d'août, elle lui présente dans un rapport sommaire ses observations sur le budget composé par le préfet.

Ces rapports sont imprimés et distribués, à moins que la commission n'en décide autrement.

Art. 80. Chaque année, à la session d'août, la commission départementale présente au conseil général le relevé de tous les emprunts communaux et de toutes les contributions extraordinaires communales qui ont été votées depuis la précédente session d'août, avec indication du chiffre total des centimes extraordinaires et des dettes dont chaque commune est grevée.

Elle soumet également au Conseil général le compte annuel de l'emploi des ressources municipales affectées aux chemins vicinaux de grande communication et d'intérêt commun.

Art. 81. La commission départementale, après avoir entendu l'avis ou les propositions du préfet :

1° Répartit les subventions diverses, portées au budget départemental, et dont le Conseil général ne s'est pas réservé la distribution, les fonds provenant des amendes de police correctionnelle, et les fonds provenant du rachat des prestations en nature ;

2° Répartit la portion allouée au département sur les fonds de secours spéciaux pour pertes matérielles et événements malheureux, conformément à l'article 68 de la présente loi.

3° Détermine l'ordre de priorité des travaux à la charge du département, lorsque cet ordre n'a pas été fixé par le Conseil général ;

4° Fixe l'époque et le mode d'adjudication ou de réalisation des emprunts départementaux ;

5° Fixe l'époque de l'adjudication des travaux d'utilité départementale.

Art. 82. Le président de la commission départementale passe les contrats au nom du département.

Art. 83. La commission départementale désigne les membres du Conseil général et des autres conseils électifs qui siégeront dans le conseil de révision.

Art. 84. La commission départementale vérifie l'état des archives et celui du mobilier appartenant au département.

Art. 85. La commission départementale peut charger un ou plusieurs de ses membres d'une mission relative à des objets compris dans ses attributions.

Art. 86. En cas de désaccord entre la commission départementale et le préfet, l'affaire peut être renvoyée d'un commun accord à la plus prochaine session du Conseil général, qui statuera définitivement.

En cas de conflit entre la commission départementale et le préfet, comme aussi dans le cas où la commission aurait outre-passé ses attributions, le Conseil général sera immédiatement convoqué, soit par son président, soit par la commission elle-même, soit par le Chef du pouvoir exécutif, et statuera sur les faits qui lui auront été soumis. Le Conseil général pourra, s'il le juge convenable, procéder dès lors à la nomination d'une nouvelle commission départementale.

Art. 87 (1). La commission départementale exercera désormais

(1) Voici le texte des principaux articles de lois, visés dans l'article 87 :

Art. 46 de la loi du 18 juillet 1837 : Les délibérations des conseils municipaux ayant pour objet des acquisitions, des ventes ou échanges d'immeubles, le partage de biens indivis, sont exécutoires sur arrêté du préfet, en conseil de préfecture, quand il s'agit d'une valeur n'excédant pas 3,000 francs, pour les

les attributions confiées au préfet seul ou au préfet en conseil de préfecture à l'égard des communes, des établissements de bienfaisance, des fabriques et des consistoires, en ce qui touche les

communes dont le revenu est au-dessous de 100,000 francs, et 20,000 francs pour les autres communes.

Art. 59 de la même loi : Toute transaction consentie par un conseil municipal ne peut être exécutée qu'après l'homologation par ordonnance royale, s'il s'agit d'objets immobiliers ou d'objets mobiliers d'une valeur supérieure à 3,000 francs, et par arrêté du préfet, en conseil de préfecture, dans les autres cas.

Art. 12 de la loi du 24 juillet 1867 : Les délibérations des commissions administratives des hospices, hôpitaux et autres établissements charitables communaux, concernant un emprunt, sont exécutoires en vertu d'un arrêté du préfet, sur avis conforme du conseil municipal, lorsque la somme à emprunter ne dépasse pas le chiffre des revenus ordinaires de l'établissement, et que le remboursement doit être effectué dans un délai de douze années.

Art. 18 de la loi du 18 juillet 1837 : La délibération du conseil municipal est exécutoire si, dans les trente jours qui suivent la date du récépissé, le préfet ne l'a pas annulée, soit d'office, pour violation d'une disposition de loi ou d'un règlement d'administration publique, soit sur la réclamation de toute partie intéressée. Toutefois, le préfet peut suspendre l'exécution de la délibération pendant un autre délai de trente jours.

L'article 6 de la loi du 24 juillet 1867 étend l'application de l'article précédent à d'autres délibérations des conseils municipaux.

Les articles 8, 9 et 10 de la loi du 7 août 1851 appliquent les mêmes dispositions aux délibérations des commissions administratives des hospices et hôpitaux.

Art. 33 de la loi du 18 juillet 1837 : Le budget de chaque commune, proposé par le maire et voté par le conseil municipal, est définitivement réglé par le préfet. Toutefois, le budget des villes dont le revenu est de 100,000 francs ou plus, est réglé par une ordonnance du roi.

Art. 39. Si un conseil municipal n'allouait pas les fonds exigés pour une dépense obligatoire, ou n'allouait qu'une somme insuffisante, l'allocation nécessaire serait inscrite au budget par ordonnance du roi, pour les communes dont le revenu est de 100,000 francs et au-dessus, et par arrêté du préfet, en conseil de préfecture, pour celles dont le revenu est inférieur.

Art. 60. Les comptes du maire, pour l'exercice clos, sont présentés au conseil municipal avant la délibération du budget. Ils sont définitivement approuvés par les préfets, pour les communes dont le revenu est inférieur à 100,000 francs, et par le ministre compétent, pour les autres communes.

Art. 61. Si le maire refusait d'ordonnancer une dépense régulièrement autorisée et liquide, il serait prononcé par le préfet en conseil de préfecture. L'arrêté du préfet tiendrait lieu du mandat du maire.

D'après les articles 1, 3 et 9 de la loi du 24 juillet 1867, en cas de désaccord entre le maire et le conseil municipal, les délibérations, qui autrement seraient exécutoires de plein droit, ne le sont qu'après approbation du préfet. L'approbation du préfet est également exigée par l'article 5 de la même loi.

acquisitions, les aliénations, les échanges, les partages, les transactions, les baux, les dons et les legs.

En ce qui touche les emprunts des hospices, hôpitaux et autres établissements charitables communaux, elle exercera les attributions dont le préfet est investi par l'article 12 de la loi du 24 juillet 1867.

En ce qui touche l'annulation des délibérations des conseils municipaux et des commissions administratives d'hospices, d'hôpitaux et d'autres établissements charitables, soit d'office, soit sur la réclamation de toute partie intéressée, elle exercera les pouvoirs conférés au préfet par l'article 18 de la loi du 18 juillet 1837, par l'article 6 de la loi du 24 juillet 1867, et par l'article 8 de la loi du 7 août 1851.

En ce qui touche le règlement des budgets municipaux, l'inscription d'office des dépenses obligatoires, le refus d'ordonnancer une dépense régulièrement autorisée et liquide, et l'approbation définitive des comptes des maires, pour les communes dont le revenu est inférieur à cent mille francs, elle exercera les pouvoirs conférés au préfet seul, ou au préfet en conseil de préfecture, par les articles 33, 39, 60 et 61 de la loi du 18 juillet 1837.

En ce qui touche les délibérations des commissions administratives des hospices, hôpitaux et autres établissements charitables, qui n'ont pas été mentionnées aux paragraphes précédents, elle exercera les pouvoirs conférés au préfet seul ou au préfet en conseil de préfecture par l'article 10 de la loi du 7 août 1851.

En cas de désaccord entre le maire et le conseil municipal, elle statuera, aux lieu et place du préfet, dans les cas prévus par les articles 1, 3 et 9 de la loi du 24 juillet 1867.

Elle statuera aux lieu et place du préfet sur les délibérations par lesquelles les conseils municipaux votent, conformément à l'article 5 de la loi du 24 juillet 1867 :

1° Les contributions extraordinaires qui dépasseraient cinq centimes sans excéder le maximum fixé par le Conseil général, et dont la durée ne serait pas supérieure à douze années ;

2° Les emprunts remboursables sur ces mêmes contributions extraordinaires ou sur les revenus ordinaires dans un délai excédant douze années.

Art. 88. La commission départementale prononcera, conformément aux délibérations des conseils municipaux :

1° La déclaration d'utilité publique de tous les travaux d'intérêt communal, sauf le cas prévu à l'article 44;

2° La déclaration de vicinalité, le classement, l'ouverture et le redressement des chemins vicinaux ordinaires, la fixation de la largeur et de la limite desdits chemins.

Elle exercera à cet égard les pouvoirs conférés au préfet par les articles 15 et 16 de la loi du 21 mai 1836.

Elle autorisera les extractions de matériaux, les dépôts ou enlèvements de terre, les occupations temporaires de terrains, et exercera à cet égard les pouvoirs conférés au préfet par l'article 17 de la loi du 21 mai 1836.

En cas de contestations relativement à l'indemnité, elle nommera les tiers-experts, et exercera à cet égard les pouvoirs attribués au conseil de préfecture par l'article cité au paragraphe précédent.

Elle réglera les subventions pour la dégradation des chemins vicinaux, lorsque l'abonnement a été demandé, et elle exercera à cet égard les pouvoirs attribués au préfet en conseil de préfecture par l'article 14 de la loi du 21 mai 1836.

Art. 89. La commission départementale approuvera le tarif des évaluations cadastrales, et elle exercera à cet égard les pouvoirs attribués au préfet en conseil de préfecture par la loi du 15 septembre 1807 et le règlement du 15 mars 1827.

Elle nommera les membres des commissions syndicales, dans le cas où il s'agit d'entreprises subventionnées par le département, conformément à l'article 23 de la loi du 21 juin 1865.

Art. 90. Les décisions prises par la commission départementale sur les matières énumérées aux articles 87, 88 et 89 de la présente loi, seront communiquées au préfet en même temps qu'aux conseils municipaux ou aux autres parties intéressées.

Elles pourront être frappées d'appel devant le Conseil général, pour cause d'inopportunité ou de fausse appréciation des faits, soit par le préfet, soit par les conseils municipaux ou par toute autre partie intéressée. L'appel doit être signifié au président de la commission, dans le délai d'un mois à partir de la communication de la décision. Le Conseil général statuera définitivement à sa plus prochaine session.

Elles pourront aussi être déférées au conseil d'État statuant au contentieux, pour cause d'excès de pouvoir, ou de violation de la loi ou d'un règlement d'administration publique.

Le recours au conseil d'État doit avoir lieu dans le délai de deux mois, à partir de la communication de la décision attaquée. Il peut être formé sans frais, et il est suspensif dans tous les cas.

Art. 91. La commission départementale statuera sur les demandes en autorisation de plaider, formées par les communes ou sections de commune, les hospices, les hôpitaux, les établissements de bienfaisance, les fabriques et les consistoires. Elle pourra prendre l'avis d'un jurisconsulte.

Les décisions de la commission pourront être déférées au Ministre de l'intérieur par les parties intéressées, dans le délai de deux mois, à partir de la communication de la décision. Elles ne pourront être annulées que par un décret rendu dans la forme des règlements d'administration publique.

TITRE VII.

DES INTÉRÊTS COMMUNS A PLUSIEURS DÉPARTEMENTS.

Art. 92. Deux ou plusieurs Conseils généraux peuvent provoquer entre eux, par l'entremise de leurs présidents, une entente sur les objets compris dans leurs attributions et qui intéressent à la fois leurs départements respectifs.

Ils peuvent faire des conventions, à l'effet d'entreprendre ou de conserver à frais communs des ouvrages ou des institutions d'utilité commune.

Art. 93. Les questions d'intérêt commun seront débattues dans des conférences, où chaque conseil général sera représenté, soit par sa commission départementale, soit par une commission spéciale nommée à cet effet.

Les décisions prises dans ces conférences ne seront exécutoires qu'après avoir été ratifiées par tous les Conseils généraux intéressés, et sous les réserves énoncées aux articles 34 et 47 de la présente loi.

Art. 94. Sont et demeurent abrogés les titres premier et second de la loi du 22 juin 1833, le titre premier de la loi du 10 mai 1838, la loi du 18 juillet 1866, et généralement toutes les dispositions de lois ou de règlements contraires à la présente loi.

Art. 95. Les articles 87, 88, 89 et 91 de la présente loi ne seront exécutoires qu'à partir du 1er janvier 1872.

1er RAPPORT SUPPLÉMENTAIRE

Présenté à la séance du 18 juillet 1871.

MESSIEURS,

Dans votre séance de samedi dernier vous avez renvoyé à la commission, sur la proposition de M. le ministre du commerce, l'examen des articles 16 et suivants, relatifs à la validation des élections des conseillers généraux.

Cette question, bien qu'elle ne touche en rien à l'économie générale de la loi, a une sérieuse importance, et il faut qu'elle soit tranchée par l'Assemblée, parce que le système actuellement en vigueur ne satisfait personne; il ne serait pas possible, en effet, de laisser aux conseils de préfecture le soin de statuer sur les réclamations en matière d'élection au Conseil général.

Le système mixte, proposé par la commission, donne lieu à des difficultés de procédure, qui ont été signalées par plusieurs des membres les plus autorisés de l'Assemblée, et il serait très-difficile, dans une loi organique, de les prévoir toutes, à moins d'y introduire un véritable code de procédure. Il est donc nécessaire d'adopter une solution plus simple et plus radicale.

Deux systèmes sont en présence. Le premier consiste à donner au Conseil général des pouvoirs absolus et sans recours, absolument semblables à ceux qu'exerce l'Assemblée nationale en pareille matière. Dans le second, au contraire, le Conseil général n'intervient d'aucune façon, et toutes les contestations sont jugées soit par la Cour d'appel, soit par le conseil d'État.

Le premier système, auquel votre commission s'est ralliée à une grande majorité a, sans doute, quelques inconvénients; mais ce sont les inconvénients de la liberté, et il faut les accepter. Les questions de validation peuvent devenir des questions de parti, comme dans l'Assemblée nationale, mais toujours dans des limites assez restreintes et pour des cas douteux; ce sera alors aux électeurs à juger en dernier ressort. La seule difficulté qui ait sérieusement préoccupé votre commission, est celle qui a été soulevée relativement aux questions d'état et de domicile; mais il a été reconnu que cette difficulté avait été exagérée. En effet, pas plus que les décisions de l'Assemblée nationale en pareille matière, les votes d'un Conseil général n'auront la valeur d'un jugement; ce sont de simples appréciations en vue d'un cas particulier, et elles n'ont aucune conséquence civile; ce n'est pas un procès qui est porté devant le Conseil général, il n'y a pas, à proprement parler, de parties en présence, le Conseil général n'est pas un tribunal et il n'a pas de jugements à rendre; il ne se préoccupe que de sa dignité, de la moralité de l'élection, et il apprécie les circonstances d'état et de domicile, selon ses lumières, qui seront certainement très-suffisantes.

Le second système a trouvé beaucoup moins d'adhérents au sein de votre commission. On invoque surtout en sa faveur la considération qu'il assurerait l'uniformité de législation en matière électorale, et si le conseil d'État était nommé par l'Assemblée nationale, comme en 1848, on serait plus disposé, qu'on ne l'est actuellement, à lui confier le jugement des contestations que soulèvent les élections aux Conseils généraux. Quant aux Cours d'appel, elles feraient certainement prévaloir l'uniformité de législation, mais elles seraient aussi exposées, à cause de leurs habitudes judiciaires, à s'en tenir trop strictement à l'application littérale de la loi, et à ne tenir aucun compte des circonstances accidentelles et variables qui occupent une si grande place dans les élections contestées. L'honorable M. Rivet, membre de la commission, a proposé un troisième système, formulé de la manière suivante :

« Jusqu'à la loi qui doit statuer sur la juridiction des conseils de préfecture, les réclamations contre la validité des élections au Conseil général continueront d'être portées devant ces conseils, conformément aux articles 50, 51, 52 et 53 de la loi du 22 mai 1833.

« Mais pour le jugement desdites réclamations, le conseil de préfecture sera assisté de magistrats, désignés par la Cour d'appel du ressort, en nombre égal à celui de ses membres. »

Cet article remplacerait les articles 16 et 17 du projet primitif. Il a rencontré un petit nombre d'adhérents au sein de la commission.

Enfin, un amendement déposé par MM. Delille et René Brice; il a pour but de laisser au Conseil général la vérification des pouvoirs de ses membres, mais en réservant un recours devant l'Assemblée nationale. Votre commission n'a pas cru devoir admettre cet amendement, parce qu'il lui a semblé que l'Assemblée nationale avait autre chose à faire que de statuer sur des réclamations électorales qui, à chaque renouvellement triennal, atteignent le nombre de cent environ.

En conséquence, votre commission vous propose d'adopter un article ainsi conçu et destiné à remplacer les articles 16 et 17 du projet :

« Le Conseil général vérifie les pouvoirs de ses membres. Il n'y a pas de recours contre ses décisions. »

Il est bien entendu d'ailleurs, qu'après le vote de l'Assemblée, il y aura lieu d'examiner si la rédaction de l'article 15, déjà adopté, devra être modifiée ou non.

Nouvelles rédactions proposées par la commission.

Art. 46, paragraphe 21e.

Création d'institutions départementales d'assistance publique et service de l'assistance publique dans les établissements départementaux.

Art. 51, 3e paragraphe.

Il peut émettre des vœux sur toutes les questions économiques et d'administration générale; tous autres vœux politiques sont interdits.

Art. 68, 4e paragraphe.

Ministère de l'instruction publique. — Subvention aux communes pour acquisition, construction et réparation de maisons d'école et de salles d'asile.

2e RAPPORT SUPPLÉMENTAIRE

(Rédaction adoptée par l'Assemblée nationale en deuxième délibération le 25 juillet 1871.)

Messieurs,

A la suite du vote de l'Assemblée nationale, par lequel elle a décidé qu'elle passerait à la troisième délibération sur la loi départementale, votre commission a dû se réunir afin d'examiner les modifications de détail et les changements de rédaction, qu'il serait nécessaire d'introduire dans le texte du projet de loi, soit en conséquence des votes de l'Assemblée, soit pour faire droit à différentes observations qui se sont produites au cours de la discussion.

La commission a aussi entendu un de nos collègues, M. le comte de Chambrun, qui est venu développer ses arguments en faveur d'un amendement, consistant à faire nommer deux conseillers généraux par canton, et à supprimer les conseils d'arrondissement.

En ce qui touche le second point, nous avons pensé que l'examen de la question se ferait plus utilement, lors de la discussion de la loi cantonale. Quant au premier point, que votre commission avait déjà examiné précédemment, elle estime toujours qu'il ne faut rien innover à la composition des Conseils généraux pour le moment ; qu'il faut laisser faire l'expérience de la nouvelle loi et bien se rendre compte de ses effets avant de toucher à une organisation consacrée par le temps et profondément entrée dans nos habitudes. Les Conseils généraux sont, en immense majorité, suffisamment nombreux pour la bonne expédition des affaires, et si on doublait le chiffre de leurs membres, on aurait, dans beaucoup de cas, de véritables petits parlements, ce qui ne serait certainement pas conforme aux tendances manifestées par l'Assemblée, pendant les débats de la deuxième lecture. D'un autre côté, il est incontestable que quelques Conseils généraux ne comptent qu'un nombre de membres relativement restreint, que dans certains départements les circonscriptions cantonales sont défectueuses et pourraient être modifiées, et que quelques grandes villes, comme Toulon et Cherbourg, pourraient être divisées en un plus grand nombre de cantons. Ce sont des cas particuliers, qui pourront être l'objet de vœux de la part des conseils généraux intéressés, ou de propositions émanant de l'initiative parlementaire ; mais, nous le répétons, il n'y a pas lieu de procéder par voie de mesures générales, qui auraient infiniment plus d'inconvénients que d'avantages, et il est indispensable de faire d'abord l'application de la loi ; on ne tardera pas à voir à la pratique si, dans certains cas, une augmentation du nombre des conseillers généraux peut être utile ou nécessaire.

Votre commission a eu ensuite à examiner si, après le vote de l'article 10, il y avait lieu de maintenir ou de modifier l'article 15, qui avait été voté dans une séance précédente, mais qui répondait à un ordre d'idées différent de celui qui a finalement prévalu dans l'Assemblée. En effet, puisque le Conseil général vérifie définitivement et sans appel les pouvoirs de ses membres, il doit rester jusqu'au dernier moment maître d'apprécier les circonstances qui ont influé sur l'élection, qu'elles aient été formulées dans des protestations ou non, qu'elles lui soient signalées par le préfet, par un de ses membres ou par un électeur, qu'elles se rapportent à des faits électoraux ou à des questions d'état et de domicile, quelquefois inconnues des électeurs; il doit conserver sa liberté entière et statuer dans les mêmes conditions que le fait l'Assemblée nationale en pareille matière. Il résulte de là qu'il faut supprimer l'obligation de déposer la réclamation dans un délai déterminé, puisque le Conseil général peut en être saisi d'office.

On nous a objecté que, lorsqu'un conseiller général a été élu deux ou trois mois avant une session du Conseil, il est fort dur pour lui de rester pendant tout ce temps sous le coup d'une protestation possible. Il y a là sans doute un inconvénient ; mais on a fait observer avec raison qu'il n'existait que pour les élections isolées, et que d'ailleurs il était fort atténué par les dispositions de l'article 22, qui accorde dans ces cas au Pouvoir exécutif un délai de trois mois pour convoquer les électeurs ; il est certain en effet que les électeurs seront généralement convoqués à l'époque qui se rapprochera le plus d'une des sessions du Conseil général.

D'un autre côté on ne peut supprimer complétement l'article 15, ainsi que quelques-uns de nos collègues l'ont demandé, parce qu'il est nécessaire d'inscrire dans la loi le droit pour tout électeur du canton d'attaquer l'élection, et d'indiquer le lieu où la réclamation doit être déposée, afin que le réclamant puisse en obtenir un récépissé, et être assuré qu'elle sera soumise au Conseil général. Il est évident d'ailleurs que le non-accomplissement de ces formalités n'emporte pas la forclusion, puisque le Conseil général statue sur l'ensemble des faits, de quelque côté et à quelque époque qu'ils lui aient été signalés.

Par ces motifs, votre commission vous propose d'adopter pour l'article 15 la rédaction suivante :

« L'élection peut être arguée de nullité par tout électeur du canton.

« Si la réclamation n'a pas été consignée au procès-verbal, elle doit être déposée au secrétariat général de la préfecture. Il en est donné récépissé. »

A l'article 30, nous proposons une légère modification de rédaction, réclamée par plusieurs de nos collègues, et destinée à trancher une difficulté qui s'est présentée dernièrement relativement aux votes de l'Assemblée nationale. Cette modification est ainsi conçue :

« Le Conseil général ne peut délibérer, si la moitié plus un des membres dont il doit être composé n'est présente. »

Au deuxième paragraphe de l'article 47, nous proposons d'ajouter les mots : « *et au président de la commission départementale,* » parce que le recours formé par le préfet interviendra généralement après la clôture de la session, et qu'en ce cas il sera nécessaire d'en informer le président de la commission.

Le dernier paragraphe de l'article 51 doit être modifié, à cause de la suppression du mot « autre », votée par l'Assemblée. Il faut que la règle précède l'exception ; voici la nouvelle rédaction proposée :

« Tous vœux politiques lui sont interdits. Toutefois, il peut émettre des vœux sur toutes les questions économiques et d'administration générale. »

Le deuxième paragraphe de l'article 80 transportait à la commission départementale une obligation imposée au préfet par la loi de 1866; ce paragraphe ayant été supprimé par un vote de l'Assemblée, il y a lieu de le reporter à la fin de l'article 66, en lui restituant son caractère primitif. Il est ainsi conçu :

« A la session d'août, le préfet soumet au Conseil général le compte annuel de l'emploi des ressources municipales affectées aux chemins vicinaux de grande communication et d'intérêt commun. »

L'article 91 a donné lieu, pendant le cours de la discussion, à diverses observations, desquelles votre commission a cherché à tenir compte, en adoptant la rédaction suivante :

« La commission départementale statuera sur les demandes en autorisation de plaider, formées par les communes ou sections de commune, ou par les contribuables agissant en leur lieu et place, par les hospices, hôpitaux et autres établissements publics de bienfaisance, par les fabriques, les consistoires et autres établissements religieux, Elle pourra prendre l'avis d'un jurisconsulte.

« En cas de refus d'autorisation, les décisions de la commission pourront être déférées, par la voie administrative, au chef du Pouvoir exécutif, statuant en conseil d'État.

« Le recours devra être formé dans le délai de deux mois à partir de la communication de la décision aux parties intéressées. »

Aux termes de l'article 49 de la loi du 18 juillet 1837, « tout contribuable inscrit au rôle de la commune a le droit d'exercer à ses frais et risques, avec l'autorisation du conseil de préfecture, les actions qu'il croirait appartenir à la commune ou section, et que la commune ou section, préalablement appelée à en délibérer, aurait refusé ou négligé d'exercer. » Ce cas ayant été omis dans la rédaction primitive de l'article 91, nous l'avons inséré dans la rédaction modifiée. Les mots « *en cas de refus d'autorisation* » montrent qu'il ne s'agit que des communes ou établissements intéressés, et non de la partie contre laquelle l'autorisation de plaider est demandée. Le reste de ce paragraphe est emprunté, avec les modifications nécessaires, à l'article 50 de la loi de 1837, ainsi conçu : « La commune, section de commune ou le contribuable auquel l'autorisation aura été refusée, pourra se pourvoir devant le roi, en conseil d'État. Le pourvoi sera introduit et jugé en la forme administrative. »

Aux termes de l'article 23 du projet de loi, il est dit que la session d'août des Conseils généraux ne pourra être retardée que par une loi. Cette année, les Conseils généraux ne pourront se réunir au mois d'août; aussi, pour ne pas obliger l'Assemblée à voter dès maintenant une loi spéciale, votre commission vous propose de modifier l'article 95 de la manière suivante : « Les articles 87, 88, 89, 91, et le deuxième paragraphe de l'article 23 de la présente loi, ne seront exécutoires qu'à partir du 1er janvier 1872. »

Enfin, votre commission vous propose, d'accord avec le gouvernement, un article additionnel, qui prendra le n° 96, et ainsi conçu :

« La présente loi n'est pas applicable au département de la Seine. Il sera statué à son égard par une loi spéciale. »

3ᴱ RAPPORT SUPPLÉMENTAIRE

(Rédaction adoptée par l'Assemblée nationale en deuxième délibération le 25 juillet 1871.)

MESSIEURS,

Dans votre séance de mercredi dernier, vous avez décidé de réserver la discussion d'un certain nombre d'articles de la loi départementale, sur lesquels M. le chef du Pouvoir exécutif avait appelé l'attention de votre commission, et contre lesquels il avait élevé des objections. A la suite de la conférence qu'elle a eue avec M. le président du conseil et M. le ministre de l'intérieur, votre commission a soumis ces articles à un examen nouveau et approfondi ; parmi les changements proposés, il en est qu'elle a admis, il en est d'autres qu'elle n'a pas cru devoir accueillir ; enfin, après de nouveaux entretiens entre M. le ministre de l'intérieur et le rapporteur de la commission, un accord complet a été établi.

Pendant le cours de ces pourparlers, votre commission s'est constamment guidée d'après deux règles, qui avaient à ses yeux une égale importance. Elle n'a consenti à abandonner aucun principe essentiel de la loi, telle qu'elle était sortie de votre deuxième délibération, mais elle a manifesté en même temps le plus vif désir de se mettre d'accord avec M. le chef du Pouvoir exécutif sur toutes les questions dans lesquelles un intérêt réellement gouvernemental était engagé. Elle avait à tenir compte à la fois des sentiments de l'Assemblée, exprimés par des votes formels, et des répugnances manifestées sur certains points par l'homme illustre, qui porte en ce moment le lourd fardeau du gouvernement de la France.

Les objections soulevées se rapportaient à deux séries de dispositions, les unes formulées dans les articles 24, 35 et 36 du projet de loi, et relatives aux sessions extraordinaires et à la dissolution des Conseils généraux; les autres, comprises dans le titre VI, et relatives aux attributions de la commission départementale.

Sur le premier point, votre commission a reconnu que l'article 35 n'accordait pas au gouvernement un pouvoir suffisant; que l'exercice du droit de la dissolution, *pendant les sessions de l'Assemblée nationale, et à la charge de lui en rendre compte immédiatement*, était un attribut du Pouvoir exécutif, nécessaire dans certains cas d'urgence, et ne présentant aucun inconvénient, au point de vue du droit constitutionnel, puisqu'il se résout en une question de responsabilité ministérielle immédiate et directe.

D'un autre côté, l'article 24, qui consacre l'obligation de convoquer le Conseil général sur la demande des deux tiers de ses membres, a été maintenu tel qu'il est sorti de vos délibérations, et tel qu'il avait été accepté par M. le ministre de l'intérieur.

L'article 36 a été également maintenu; seulement on a fixé la convocation des électeurs au quatrième dimanche, au lieu du troisième, après la dissolution, parce qu'avec la rédaction primitive, il aurait pu arriver qu'il n'y eût pas un délai de vingt jours francs entre la convocation et l'élection.

En résumé, l'article 24 est maintenu intact, l'article 36 est maintenu, sauf la substitution du mot *quatrième* au mot *troisième*, et pour l'article 35, votre commission a l'honneur de vous proposer la rédaction suivante :

« Pendant les sessions de l'Assemblée nationale, la dissolution d'un conseil général ne peut être prononcée par le chef du Pouvoir exécutif, que sous l'obligation expresse d'en rendre compte à l'Assemblée dans le plus bref délai possible.

« En ce cas, une loi fixe la date de la nouvelle élection, et décide si la commission départementale doit conserver son mandat jusqu'à la réunion du nouveau Conseil général, ou autorise le Pouvoir exécutif à en nommer provisoirement une autre. »

Sur le second point, relatif à l'organisation et aux attributions de la commission départementale, nous avons consenti, sur les instances pressantes de M. le président du Conseil, à une modification de l'article 71, et à l'ajournement de la question de la tutelle des communes.

Pour l'article 71, la rédaction suivante a été acceptée par votre commission; bien que la modification soit peu importante, elle n'a été consentie qu'à regret; car votre commission ne pouvait oublier la majorité imposante qui avait sanctionné sa rédaction primitive :

« La commission départementale est présidée par le plus âgé de ses membres; elle élit elle-même son secrétaire; elle siége à la préfecture et prend, sous l'approbation du Conseil général et avec le concours du préfet, toutes les mesures nécessaires pour assurer son service. »

L'article 76 a été modifié de la façon suivante :

« Le préfet ou son représentant assiste aux séances de la commission; ils sont entendus quand ils le demandent.

« Les chefs de service des administrations publiques dans le département sont tenus de fournir, verbalement ou par écrit, tous les renseignements qui leur seraient réclamés par la commission départementale, sur les affaires placées dans ses attributions. »

A l'article 81 nous proposons d'ajouter à la fin du premier paragraphe les mots *« sur les lignes qu'elles concernent »*, afin de préciser la portée d'une disposition qui nous a été signalée comme incomplète par plusieurs de nos collègues.

Les articles 87 et 91, relatifs à la tutelle des communes, sont abandonnés, sur la demande du gouvernement; votre commission, sans renoncer au principe qu'elle avait adopté à une grande majorité, a reconnu que ces questions, complexes et délicates de leur nature, pourraient être l'objet d'un examen plus approfondi et mieux placé, lors de la discussion de la loi municipale.

A l'article 92, il a été convenu de modifier le premier paragraphe comme suit :

« Deux ou plusieurs Conseils généraux peuvent provoquer entre eux, par l'entremise de leurs présidents, *et après en avoir averti les préfets*, une entente sur les objets d'utilité départementale compris dans leurs attributions, et qui intéressent à la fois leurs départements respectifs. »

Enfin le gouvernement a demandé l'insertion de l'article additionnel suivant :

« Si des questions autres que celles que prévoit l'article 92 étaient mises en discussion, le préfet du département où la conférence a lieu déclarerait la réunion dissoute.

« Toute délibération, prise après cette déclaration, donnerait lieu à l'application des dispositions et pénalités énoncées à l'article 34 de la présente loi. »

Votre commission avait pensé que les dispositions de l'article 33, visé à l'article 93, étaient suffisantes pour garantir complétement les droits de l'État; mais, devant l'insistance du gouvernement, elle n'a pas voulu se refuser à l'insertion de l'article additionnel, afin de bien établir qu'elle repousse de la façon la plus absolue toute usurpation d'attributions, qui pourrait être tentée dans ces conférences inter-départementales.

Telles sont les modifications que votre commission, après un accord définitif et complet avec le gouvernement, vous propose d'accepter; elle espère que l'Assemblée, tenant compte de toutes les circonstances et des difficultés d'une loi aussi importante, voudra bien les sanctionner de son approbation.

Enfin, nous avons à réparer une omission qui nous a été signalée par plusieurs de nos collègues. D'après l'usage adopté depuis plusieurs années, il doit toujours y avoir un intervalle de vingt jours francs entre la convocation des électeurs et le jour de l'élection; mais, en ce qui concerne les Conseils généraux, cette disposition n'est écrite nulle part dans les lois existantes. Nous vous proposons donc d'insérer dans l'article 12 un paragraphe additionnel qui en modifierait le commencement de la façon suivante :

« Les collèges électoraux sont convoqués par le Pouvoir exécutif. Il doit y avoir un intervalle de vingt jours francs au moins entre la date de la convocation et le jour de l'élection, qui sera toujours un dimanche. »

TABLE ALPHABÉTIQUE

DES DÉPUTÉS

qui ont pris la parole pendant la discussion, ou qui ont présenté des amendements au projet de loi sur les Conseils généraux.

Le premier numéro renvoie à l'article de la loi, le second à la page du commentaire.

[illegible] (Nord), art. [illegible], p. 90 et 93.
[illegible] art. 40, p. 1[illegible] — art. 59, p. [illegible] — art. 74,
p. [illegible] — art. 76, p. 104.
[illegible] art. 78, p. [illegible] et 87.
[illegible]
[illegible] (Hautes-Alpes), [illegible]
[illegible] art. 40, [illegible] 49, n. [illegible] et 58.
[illegible]
[illegible] (Aisne), art. [illegible]
art. 4, p. [illegible]
[illegible]
[illegible] art. 82, [illegible]
[illegible]

TABLE DES MATIÈRES.

OUVRAGE DE M. GÉLIÈRES.

Manuel du contribuable. 2e édition, 1869. 1 volume in-18 . . . . 3 fr. 50

A LA MÊME LIBRAIRIE

Manuel du maire, de l'adjoint et du conseiller municipal, par PAUL CÈRE, ancien préfet, chevalier de la Légion d'honneur. 8e édition, revue et augmentée, 1871. 1 vol. in-18 . . . . 5 fr.

Loi du 23 août 1871 sur l'enregistrement, le timbre, les baux et locations verbales, mise en concordance avec les lois antérieures visées par elle, par M. BOURGADE, ancien receveur de l'enregistrement. 1 vol. in-8° . . . . 1 fr.

Lois, décrets, arrêtés et en général tous les actes du gouvernement, depuis l'an 1200 jusqu'à ce jour.

Paris. — Imprimerie Adolphe Lainé, rue des Saints-Pères, 19.

Contraste insuffisant

NF Z 43-120-14

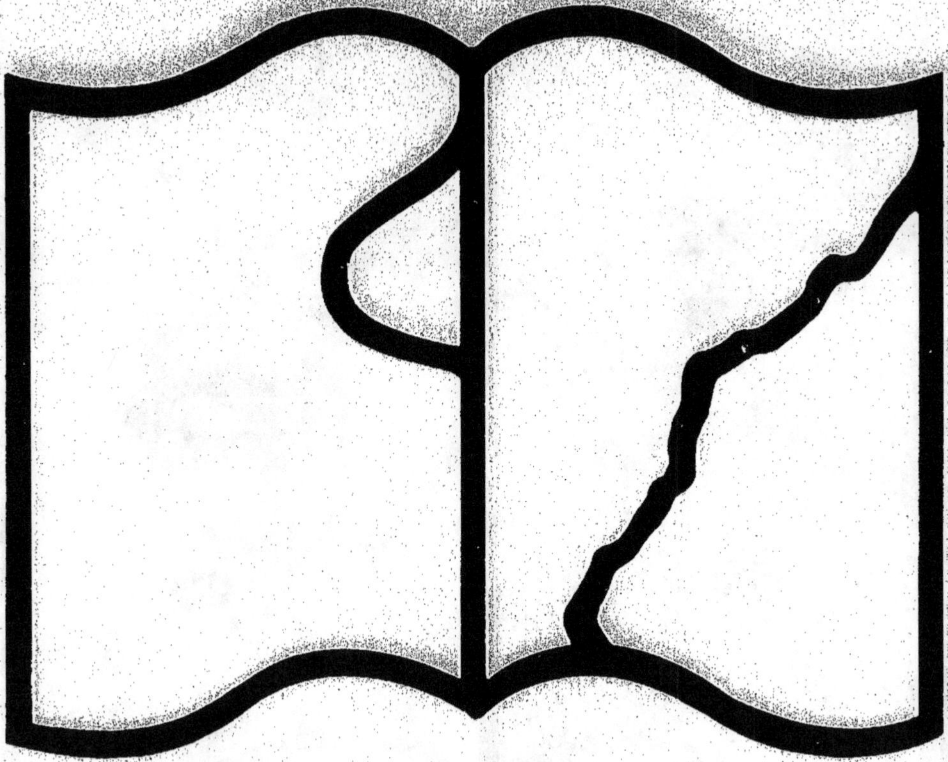

Texte détérioré — reliure défectueuse

NF Z 43-120-11

www.ingramcontent.com/pod-product-compliance
Lightning Source LLC
Chambersburg PA
CBHW070241200326
41518CB00010B/1636